Ulrike Claudia Hofmann

AKTENZEICHEN 1 KL-SO 59/42

Die Ermittlungsakte Cäzilie Bauer

Dokumentation eines Verbrechens

München 2019

Kurzinfo:

Es beginnt mit dem Tod eines Menschen und endet mit einer Kostenabrechnung:

Die junge Magd Cäzilie Bauer findet am 2. Februar 1942 auf einem Hof in Bachmehring bei Wasserburg am Inn eine Leiche. Es handelt sich um den fast 60jähringen Fuhrknecht Leonhard Eder. Er liegt mit Schnittwunden und blutüberströmt in seiner Kammer. Die Magd gibt an, dass Eder Selbstmord begangen habe. Aber stimmt das? Oder wurde Eder kaltblütig ermordet? In dem Buch dürfen Sie, liebe Leserinnen und Leser, live die Akten der Ermittlungsbehörden mitlesen. Damit können sie nicht nur den Fall, sondern auch die Aufklärung anhand der Originalquellen ungefiltert nachvollziehen. Und das Buch bietet noch mehr: Hintergrundkapitel liefern Informationen zu den Hauptprotagonisten und zu zeitgenössischen Besonderheiten. Dafür wurden teilweise bisher unberücksichtigte Quellen ausgewertet. Sie geben wertvolle, bisher noch wenig bekannte zeithistorische Einblicke.

Die Autorin:

Dr. Ulrike Claudia Hofmann, geb. in Coburg,
ist Historikerin und Archivarin. Sie arbeitet und
lebt mit ihrer Familie in München.

WIDMUNG

Für Johannes und Julius

Bibliografische Information der Deutschen Nationalbibliothek:
Die Deutsche Nationalbibliothek verzeichnet diese Publikation in der Deutschen
Nationalbibliografie; detaillierte bibliografische Daten sind im Internet über
http://dnb.dnb.de abrufbar.

TWENTYSIX – Der Self-Publishing-Verlag
Eine Kooperation zwischen der Verlagsgruppe Random House und Books on Demand

© 2019 Hofmann, Ulrike Claudia

Herstellung und Verlag: BoD – Books on Demand, Norderstedt

Grafik: B. Krause-Arndt

ISBN: 9783740744083

Vorwort

Werden auch Sie von Krimis in den Bann gezogen? Ob fiktiv oder auf historischen Begebenheiten basierend, bleiben sie erfundene Geschichten. Für mich als Historikerin und Krimifan ist allerdings nichts Spannender und Authentischer als solche Geschichten, die das Leben schreibt. Dieses Buch bietet Ihnen, liebe Leserin und lieber Leser, die Gelegenheit, in einen wahren Kriminalfall mit hineingenommen zu werden. Es dokumentiert den Mord an dem Knecht Leonhard Eder aus dem Jahre 1942 im Landkreis Wasserburg am Inn. Versetzen Sie sich in die Orte der Handlungen und in die beteiligten Personen. Lassen Sie dabei die Geschehnisse auf sich wirken. Wie beurteilen Sie die Angeklagte, schuldig oder nicht schuldig? Halten Sie die Zeugen für glaubwürdig? Der Fall erzählt sich selbst, indem die Quellen zum Sprechen kommen.

Viel Freude beim Lesen
wünscht Ihnen

Ulrike Claudia Hofmann

Inhalt

Einführung

Die Grundlage für dieses Buch bilden die Fallakte der Kriminalpolizei in München und vor allem die Ermittlungsakte der Staatsanwaltschaft München I. Beide befinden sich heute im Staatsarchiv München[1]. Der Fall lässt sich durch die Zusammenstellung der Originalquellen nahezu lückenlos verfolgen.

Das Buch ergänzt nichts und lässt nichts Wesentliches weg. Entsprechend habe ich die Originaltexte sowohl in der Orthographie und Zeichensetzung als auch der Grammatik so niedergeschrieben, wie sie in den Quellen überliefert sind. Auch unvollständige Sätze oder Formulierungen, die nach heutigem Sprachgebrauch den Lesefluss erschweren, sind unverändert wiedergegeben. Kürzungen in den Originaltexten beschränken sich auf Wiederholungen oder für den Fall irrelevante Textpassagen sowie auf biographische Angaben, die in eigenen Hintergrundkapiteln präsentiert werden.

Damit Sie in dem teilweise komplexen Gang der Ermittlungen die Orientierung behalten, gebe ich Ihnen einige Hilfsmittel an die Hand:

In einer Ermittlungsakte werden in der Regel die Dokumente in ihrer chronologischen Reihenfolge abgelegt, so dass der Handlungsablauf oft unübersichtlich ist. Für Sie habe ich den Fall thematisch und zeitlich strukturiert. Anhand dieses roten Fadens führe ich Sie Schritt für Schritt durch das Geschehen. Daneben sind die teilweise sehr umfangreichen Originaltexte durch zusammenfassende Überschriften in überschaubare Leseportionen unterteilt. Darüber hinaus bieten sog. Hintergrundkapitel und eingefügte Bemerkungen Informationen sowohl zu den Hauptbeteiligten als auch zu einigen zeitgenössischen Besonderheiten. Dafür wurden manche, bisher unberücksichtigte Quellen ausgewertet. Damit können Sie den Fall und seine Hintergründe in das Zeitgeschehen einordnen und erhalten gleichzeitig wertvolle, bisher noch wenig bekannte zeithistorische Einblicke. Außerdem führe ich in diesen Hintergrundkapiteln weiterführende und die zu Grunde liegenden Literatur- und Quellenangaben an.

[1]Signaturen: StAM, PolDir 8016; StAM, Staatsanwaltschaften 10600.

Teil I:

Tod in Bachmehring

Einwirkung Dritter ausgeschlossen

Eindeutiger Selbstmord?

Montag, 2. Februar 1942: Erster Polizeibericht des Gendarmerie-Postens Wasserburg a. Inn an die Staatsanwaltschaft Traunstein über die Auffindung der Leiche von Leonhard Eder in Bachmehring

„Betreff: Ableben des ledigen landwirtschaftl: Arbeiters Leonhard Eder, zuletzt wohnhaft und beschäftigt bei Rupert Stemmer, Realitätenbesitzer in Bachmehring, LKr. Wasserburg a/Inn, durch Öffnen der Puls- u. Halsschlagader.
Am 2.2.42 gegen 13,15 Uhr wurde der Gend. Posten Wasserburg darüber verständigt, daß sich im Anwesen des Kunstmühle u. Sägewerkbesitzers Rupert Stemmer,in Bachmehring der ledige landw. Arbeiter u. Fuhrmann Leonhard Eder seinem Leben durch Öffnen der beiden Pulsadern und der Halsschlagader in seinem Zimmer ein Ende bereitet hat. Die sofort aufgenommenen Erhebungen ergaben folgendes:
Die Schlafkammer des Eder befindet sich abseits des Wohngebäudes. Sie liegt über der Wagenremise und bildet eine Art mit einer Tür versehenen Bretterverschlag. Die Kammer selbst ist klein und mit einem Bett, einem großen Schrank und einem Tisch ausgestattet. Durch zwei Fenster wird der Raum genügend erhellt. Bei meinem Eintreffen konnte ich im Bett des Verlebten eine Menge Blut feststellen. Neben dem Bett auf dem Fußboden lag die Leiche. Das Gesicht war dem Boden zugewendet. Beide Füße waren ausgestreckt und beide Arme nicht an den Körper heran gezogen. Der Tote war nur mit ein paar Socken, Unterhose und Hemd bekleidet.
Letzteres war stark mit Blut durchtränkt. In Kopfhöhe fand sich eine große bereits gestockte Blutlache vor. Im Bett lag ein künstliches Gebiß u. ein größeres zusammenklappbares Taschenmesser. Unmittelbar hinter den beiden Handgelenken an der Innenseite

des Toten war je ein breiter sehr tief gehender Einschnitt wahrzunehmen. Weiter fand sich in der Kehlkopfgegend gegen die linke Halsseite ein 4-5cm langer, tiefer Schnitt. Drei weitere kleinere Stiche waren in unmittelbarer Nähe des Kehlkopfes sichtbar. Der Tod ist infolge Verblutung eingetreten.
Die ledige Hausgehilfin Cilli Bauer hat noch gesehen wie sich Eder den letzten Stich beigebracht hat. Sie erklärte folgende Einzelheiten:
Mit dem Taubstummen arbeite sie bereits seit 4 Jahren zusammen. Während dieser Zeit habe er öfters geäußert, daß er sich entweder aufhängen oder die Gurgel abschneiden werde. Derartige Äußerungen habe sie im Spaß angesehen, wie sie auch Eder als spaßhafte Gesten zum Ausdruck gebracht habe.
Am 1.2.1942 sei er ihr beim Wassertragen und beim Brennholz herbeischaffen behilflich gewesen. Nach dieser Tätigkeit habe er ein Zeichen gemacht, als wenn er in ein Gasthaus gehen wollte. An diesem Tag habe sie ihn nicht mehr gesehen.
Am 2.2.42 gegen 8,00 Uhr habe sie ihn zur „Suppe" rufen wollen. Um ihn in der gewohnten Weise zu verständigen, habe sie zuerst einen Schneeballen an das verdunkelte Fenster geworfen und mit einem Schaufelstiel gegen die Decke der Remise gestossen. Im Glauben, daß sie von Eder wahrgenommen worden sei, habe sie eine weitere Verständigung unterlassen. Nach kurzer Zeit habe sie die gleiche Tätigkeit wiederholt. Weil er um 8,30 Uhr noch nicht aufgewesen sei, sei sie zu ihm in die Kammer gegangen. Dort habe sie Licht gemacht und feststellen können, daß er sich scheinbar in einem tiefen Schlaf befinde. Sie habe angenommen, daß er tags zuvor wie dies schon öfter vorgekommen sei, zuviel getrunken habe. Hierüber habe sie auch ihrer Herrschaft berichtet.
Gegen 13,00 Uhr (bäuerliche Zeit 12,00 Uhr) hätte er zum Essen kommen sollen. Sie habe nun in seinem Zimmer nachgesehen. Dabei habe sie die Beobachtung gemacht, wie Eder mit einem Taschenmesser mehrmals gegen seinen Hals im Bette liegend, gestochen habe.

Beide Hände und auch das Bett seien stark mit Blut befleckt gewesen. Die Bettdecke sei in der Ecke beim Schrank gelegen. Eder sei nur mit dem Hemd und der Unterhose bekleidet gewesen. Er habe noch eine Bewegung mit dem Messer in der Herzgegend gemacht. Zu einer Ausführung sei er jedoch nicht mehr gekommen, weil sie ihm das Messer genommen habe. In diesem Augenblick sei er vom Bett herunter gefallen. Daraufhin sei sie davon gelaufen und habe im Hause Mitteilung gemacht. Die Tat habe Eder bei abgedunkelten Fenstern ausgeführt, weil sie beim Betreten der Kammer das Licht angeschaltet habe. Der bei Stemmer beschäftigte Obermüller Josef Zeitler erklärte, daß er nach der Mitteilung der Bauer in die Kammer des Eder gegangen sei. Irgendein Lebenszeichen habe er von ihm nicht mehr vernommen.
Nach den vorgeschilderten Umständen ist eine Einwirkung Dritter ausgeschlossen. Eder ist bereits seit nahezu 30 Jahren bei Stemmer beschäftigt. Er war sparsam, wenn er auch ab und zu etwas zuviel getrunken hatte. Seine früher geäußerten Selbstmordgesten wurden nicht ernst genommen. Neben allgemeinen Fleiß hatte er auch zuweilen andere besondere Eigenheiten. Des Lesens und Schreibens war er unkundig.
Die Staatsanwaltschaft Traunstein und das Amtsgericht Wasserburg wurden fernmündlich verständigt. Erstere hat die Leiche zur Beerdigung freigegeben.
Personalien: Eder Vorname Leonhard, geb. 12. Juni 1882 in Holzen, Gde.Babensham, LKr. Wasserburg a/Inn. Eltern: hier unbekannt, lediger Fuhrmann, zuletzt wohnhaft und beschäftigt bei Rupert Stemmer, in Bachmehring, LKr. Wasserburg a/Inn.“

Zweifel kamen auf

Mittwoch, 4. Februar: Nachtragsbericht des Gendarmerie-Postens

Der Mühlenbauer Stemmer glaubte nicht an Selbstmord
„Am 3. Februar 1942 wurde der hiesige Gend.- Posten von dem

Arbeitgeber des Leonhard Eder davon verständigt, daß
es sich bei dem Ableben seines Arbeitnehmers um einen
sonderbaren Vorgang handle bzw. gehandelt haben muss.
Er (Stemmer) sei bereits von seinem Nachbarn (...) darauf aufmerksam gemacht worden, daß es hier beim Stummerl (unter diesem Namen wird Eder bezeichnet) nicht
mit rechten Dingen zugegangen sei. Außerdem habe die
Hausmagd - Bauer - nicht unmittelbar nach der Wahrnehmung der Selbstentleibung des Eder seine Angehörigen verständigt, sondern sei zuerst in die Waschküche gegangen u. habe sich dort abgewaschen u. sich
dann in der Küche die Hände abgetrocknet. Erst jetzt
habe sie die beim Essen sitzenden Angehörigen mit den
Worten verständigt: „Der Stummerl hat sich die Gurgel
abgeschnitten".

Kritische Haltung von Rupert Stemmer zu Cäzilie Bauer

„Auch habe sich die Bauer etwa 10 Minuten in seiner
Kammer aufgehalten. Außerdem habe er erfahren, daß
sie einmal 10 oder 12 neue Hemden von Eder zu einem
Postpaket zusammengerichtet u. durch die Melkerin
Anna Kandler zur Postbeförderung übergeben habe. Die
Kandler habe aber (…) ihn hierüber Mitteilung gemacht.
Weiter habe sich die Bauer einmal einen Laib Brot u.
Geräuchertes ohne seinem Wissen u. jenes seiner Frau
unbefugt angeeignet. Seine Frau habe ihr diese Lebensmittel im Postamt Wasserburg weggenommen. Sie - Bauer
- hätte diese Sachen nach Hause geschickt. Die Bauer
habe nach seinen Beobachtungen mit dem „Stummerl" eine
Art „Liebelei" unterhalten. Es sei daher sehr leicht
möglich, daß sie einen größeren Geldbetrag von Eder
unter irgend einen Vorwand erhalten habe. Die Angaben
der Bauer über den Selbstmordvorgang des Eder seien
nicht ganz richtig gewesen, weil sie über den Gang in
das Waschhaus nichts gesagt habe. Außerdem komme ihm
heute (3.2.42) die Bauer ganz beeindruckt vor."

„Nachdem die Bauer bei ihren Schilderungen über den Gang in das Waschhaus, bevor sie die Angehörigen des Stemmer über den Vorfall verständigte, bei der Einvernahme nichts erwähnt hat u. im Hause des Stemmer sowie in der Nachbarschaft über das Ableben des Eder durch eigene Hand Zweifel aufgetaucht sind, wurde die Staatsanwaltschaft Traunstein um weitere Weisungen angegangen.

Insbesondere bedarf es einer Klärung, ob der Verlebte nach dem Oeffnen der Pulsadern noch soviel Kraft in seiner Hand besessen hat, daß er noch einen weiteren kräftigen Stich u. 3 kleinere in den Hals sich hat beibringen können. Außerdem ob die Wegnahme des Messers durch die Bauer wie sie angibt, einen gewissen Kraftaufwand erforderlich gemacht hätte.

Die Staatsanwaltschaft Traunstein hat auf Grund dieses Berichtes die Beschlagnahme der Leiche angeordnet. Im Benehmen mit dem Amtsgericht Wasserburg wurde die Verbringung der Leiche in das Leichenhaus Wasserburg zur Leichenöffnung veranlaßt."

Blut auf Cäzilies Schürze

„Die Bauer schilderte den Sachverhalt in gleicher Weise wie sie dies bereits bei der ersten Einvernahme gemacht hatte. Allerdings gab sie an, daß sie deshalb sogleich in das Waschhaus gegangen sei u. ihre mit Blut befleckte Schürze zu reinigen. Die Schürze sei dadurch mit Blut besudelt worden, weil sie sich beim Einschalten des Lichtes an der Längsseite des Bettes aufgehalten habe um dort den Lichtschalter (Zugschalter) zu erreichen. Diesen Zugschalter habe Eder früher einmal eingerichtet. Ein anderer weiterer Lichtschalter (Drehschalter) sei in dieser Kammer nicht vorhanden. Beim Aufleuchten der Lampe habe sie gesehen wie Eder auf der rechten Seite gelegen sei u.mit der linken Hand sich das Messer in den Hals gestochen habe. Mit der rechten Hand habe er umhergefuchtelt. Zugleich habe er einige unartikulierte Laute von sich gegeben. Sie habe ihm nun sofort das Messer genommen das er

fast krampfhaft gehalten habe. Nachdem sie das Messer
in ihrer Gewalt gehabt habe, sei Eder vom Bett herausgefallen. Sie habe sofort das Messer auf das Bett geworfen u.sei davon gelaufen. - Das Messer wurde im Bett
neben dem künstlichen Gebiß vorgefunden. - Die in der
Ecke beim Schrank vorgefundene Bettdecke, Pferdedecke
u. Joppe habe sie beim Verlassen des Zimmers aus der
unmittelbaren Nähe der Bettlade entfernt. Die Pferdedecke wurde später zum Zudecken der Leiche genommen."

Leonhard Eders Geld

„In der Hosentasche - die von ihm getragenen Hose hatte
er auf das Kopfende des Bettes gelegt - fanden sich verschiedene Schlüssel u. der Geldbeutel vor. Mit einem
dieser Schlüssel konnte der Schrank geöffnet werden.
In letzterem hatte er etwas Papier- und Kleingeld offen
aufgelegt gehabt. Im oberen Teil des Schrankes war
eine nicht fabrikmäßig hergestellte Geldkassette.
Sie war mit einem Vorhangschlosse abgesperrt. Der
am Schlüsselbund angebracht gewesene Schlüssel paßte
zwar, sperrte aber infolge der Verschmutzung des Dorn-
loches die Kasse nicht. Ein weiterer im Bereich der
Kasse gefundener Schlüssel ermöglichte ein Oeffnen
derselben. Der zugegen gewesene Arbeitgeber Rupert
Stemmer erklärte, daß Eder in der Kasse einen größeren
Geldbetrag haben müsse. In dieser fanden sich aber nur
etwa 5-6 a 5 RM-Stücke u. einige Zettel (Rechnungen)
vor. Den größeren Geldbetrag hatte er in seinem Geldbeutel verwahrt gehabt.
Insgesamt wurden 148,50 RM vorgefunden. Stemmer bemerkte, das in der Kasse etwas 600,- RM sein müssen.
Die Angehörigen des Stemmer (3 erwachsene Töchter u.
seine Ehefrau) bemerkten, daß ihnen Eder vor längerer
Zeit, etwas vor einigen Monaten bis zu 1 1/2 Jahren,
seine Ersparnisse gezeigt habe. Er habe dort mehrere
Banknoten nach der Größe der Geldscheine geordnet zu-
sammengelegt gehabt. Der genaue Betrag sei ihnen nicht
bekannt gegeben worden, weil Eder sehr mißtrauisch
gewesen sei. Er habe niemanden an seine Kasse heran-
gelassen. Er müsse sich im Laufe der Zeit mindestens

2500,- RM zusammengespart haben. Obwohl er in der
Wäsche u. mit Anzügen sehr gut gestellt gewesen sei,
habe er außerordentlich gespart. In den letzten Monaten
sei er auch nicht ins Gasthaus gegangen. Geraucht habe
er nur wenig.
Neben seinem Lohn von wöchentlich 5,50 RM u. einer
monatlichen Rente von 32,- RM habe er auch zuweilen
Trinkgelder erhalten. Ob er nun irgendwo sein Geld
angelegt habe, könne man nicht sagen. Man halte dies
aber nicht für wahrscheinlich. Irgendeine Unordnung
an seinem Schranke oder Spuren an der Geldkassette
die an eine Wegnahme eines Geldbetrages vor oder nach
dem Ableben des Eder schließen hätten lassen, konnten
nicht festgestellt werden. Eder hat sich öfters bei
seinem auswärts wohnenden Bruder aufgehalten. Dieser
konnte bis zur Stunde noch nicht angetroffen werden."

Wie stand Cäzilie zu Eder?

„Die Bauer selbst erklärte, daß sie von Eder niemals
Geld erhalten habe. Ihr wurde auch nicht gerade vorgehalten, daß sie von ihm Geld herausgelockt oder sich
auf andere Weise in den Besitz von Geld des Eder gesetzt hätte. Sie bemerkte, daß sie lediglich mit ihm 2
mal im Kino in Wasserburg gewesen sei u. anschließend
mit ihm in ein Kaffee gegangen sei. Eder habe bei diesen Anlässen alles bezahlt.
Die Bauer hatte über die von Eder erhaltenen Hemden
nichts erwähnt. Als ihr darüber Vorhalt gemacht wurde, erklärte sie, daß sie einmal von ihm in die Kammer
gerufen worden sei. Eder habe einige alte Hemden in
einem Packpapier eingewickelt gehabt. Darunter habe
sich auch ein farbiges neues Hemd u. ein weißes mit
Rostflecken befunden. Die übrigen Hemden hätten zu-
sammengeflickt werden sollen. Eder habe ihr zu verstehen gegeben, daß er diese Hemden nicht mehr tragen
wolle u. daß sie damit machen könne, was sie wolle.
Sie habe hierauf die Hemden zusammengepackt u. diese
der Kandler übergeben. Letztere hätte sie gelegentlich zur Post geben sollen. Später habe ihr diese gesagt, daß sie die Hemden nicht auf die Post gebracht

habe. (….). Frau Kandler hat dieses Packet in ihrem
Zimmer verwahrt. In diesem fanden sich neben den Hemden des Eder auch einige Wäschestücke der Bauer vor.“

Eine offene Frage: Wo war das Geld von Eder?

„Über den Verbleib des fehlenden Geldbetrages sind
noch weitere Erhebungen notwendig. Insbesondere ob
nicht sein Bruder einen größeren Geldbetrag von dem
Verlebten erhalten hat. Eder hat noch zuvor zu verstehen gegeben, daß er sich Möbel kaufe, daß er heiraten
werde u. daß er sich auch eine Zugmaschine anschaffe.
Diesen Bemerkungen kann kein besonderer Glauben beige-
messen werden, dh. sie sind nicht ernstlich zu nehmen.“

Bemerkung

Zum Vergleich: Ein Kilogramm Brot kostete 1942 ca. 37 Reichspfennige, ein
Ei 12, ein Liter Milch 27 Pfennige. Für ein Kilogramm Kartoffeln musste man etwa
11 und für einen halben Liter Bier rund 39 Pfennige bezahlen. Eine Reichsmark
würde heute in etwa drei Euro fünfzig bis vier Euro entsprechen.

Eders Leiche wurde geöffnet

Freitag, 6. Februar 1942: Leichenschau in Wasserburg

Im Sektionszimmer des Leichenhauses Wasserburg fand nachmittags um
3 Uhr die Sektion des Leichnams von Leonhard Eder statt. Durchgeführt wurde sie von Obermedizinalrat Prof. Dr. Merk, Vorstand des Gerichtlichen-Medi-
zinischen Institut der Universität zu München. Er kam u.a. zu dem Ergebnis:

„(...) Es können sehr wohl die vorgefundenen Stich- und
Schnittverletzungen sämtliche vom Verstorbenen sich
selbst beigefügt worden sein, wenn auch im einzelnen
die Reihenfolge dieser Schnitte und Stiche nicht mehr
einwandfrei festgestellt werden kann. Ein Beweis oder
nur auch eine hohe Wahrscheinlichkeit dafür, dass eine
zweite Person an der Ausführung dieser Schnitt-Stichverletzungen mit beteiligt gewesen wäre, kann nicht
festgestellt werden. Von einer Vergiftung haben sich
Spuren bei der Sektion nicht nachweisen lassen.“

Die Gendarmerie in Wasserburg legte sich fest

Sonntag, 8. Februar 1942: Meldung eines Selbstmordes nach München

Der Gendarmerie-Posten in Wasserburg schickte eine Meldung über den Selbstmord von Leonhard Eder an die Kriminalpolizeileitstelle in München mit dem Vermerk: „Beweggrund zur Tat unbekannt".

Cäzilie bei den Gendarmen in Wasserburg

Dienstag, 10. Februar 1942: Verhör von Cäzilie

Wie Cäzilie das Vertrauen Eders gewann
„(...) Ich habe jede Arbeit verrichtet. Zu dieser gehörte auch das Bettaufmachen der anderen bei Stemmer befindlichen Arbeiter. Während ich zu den Räumen der anderen Arbeiter ohne weiteres gelangen konnte, hatte Eder sein Bett nur in seiner Gegenwart aufmachen lassen. Dieses habe ich auch nur in den Abendstunden vor seinem Zubettgehen vornehmen dürfen. Das erste Jahr hat er mir außergewöhnliches Mißtrauen entgegengebracht. Auf seinem Tisch lagen verschiedene Seifenstücke. Zuweilen glaubte er, daß ich ihn vielleicht Seife genommen hätte, weil er mich an der Brust faßte u. auch die Schürzentasche ausgesucht hat. Dieses Mißtrauen dauerte fast 2 Jahre lang. Ich habe nun versucht ihn dazu zu bewegen, daß er sich ein Vorhangschloß kauft das mit 2 Schlüssel ausgestattet ist. Dies hat er nun später auch getan u. mir einen Schlüssel überlassen. Auf diese Weise konnte ich sein Bett wie die anderen auch in der Frühe machen. Von diesem Schloß hat er einen Schlüssel zu sich gesteckt u. den anderen habe ich nach Gebrauch in der Küche aufgehängt. Diese Schlüsselsache war auch bei Stemmer bekannt. Das Bettaufmachen wurde an Werktagen in der Frühe u. an Sonn- und Feiertagen gegen Abend zu vorgenommen. In gleicher Weise wurde auch dann noch verfahren, als ich bereits einen 2. Schlüssel des Eder gehabt habe. Wenn Eder beim Bettaufmachen (Sonn- und Feiertage) Zuhause

war, hat er mir bei dieser Tätigkeit zugesehen. Diese
Arbeit dauerte nicht lange. In meiner Gegenwart hatte
Eder den Schrank nie aufgemacht u. mich bei jeden
Griff beobachtet."

Stummerl erzählte Cäzilie Privates

„(…) Am 1.2.42 (Sonntag) (…) gab er mir zu verstehen, daß
er noch in ein Gasthaus gehen wolle. Eine von ihm mit
der Hand gemachte Geste ließ darüber keinen Zweifel
aufkommen. (…) Auch gab er mir zu verstehen, daß er
bald heiraten werde, daß er 11 Kühe besitzen werde,
daß ein Haus vorhanden sei u. er fortkommen werde.
Seine „Braut" schilderte er schwarzhaarig, rote Backen
u. größer als er selbst. Mich hat er dabei verächtlich
gemacht. Vom „heiraten" hat er schon vorher öfters
gesprochen. Einmal teilte er mit seinen Gesten mit
als wenn er bei der Bauerswitwe „Moar" in Höhfelden
gewesen wäre. Er verschwieg dabei nicht, daß ihn diese hinausgeworfen hat. Von ihr hat er auch Ostereier
erhalten."

Der Abend vor dem Unglück – Eder ging aus

„An diesem Tage abends um 6 Uhr 15 = 19 Uhr 15 Min
war das Abendessen hergerichtet. Auch Eder hatte sich
eingefunden gehabt. An diesem Tage fehlten der Müller
u. die beiden Fuhrknechte Breu und Voit. Lediglich die
4 Franzosen waren anwesend. Die Melkersleute Bürger,
Johann u. Maria Reihofer kamen etwas später. Auch ich
habe mit diesen Leuten zur gleichen Zeit aber in der
Küche mein Essen eingenommen. Nach dem Essen blieb
Eder in der Wohnstube zurück. Er hatte noch seine Ar-
beitskleider getragen u. war nicht umgezogen. Ich habe
aufgeräumt. Dabei sah er mir zu u. deutete an, daß ich
ihm noch seine Handschuhe und Socken flicken möchte.
Hierauf gab ich ihm zu verstehen, daß morgen u. über-
morgen (2. u. 3.2.42) Feiertage wären u. ich ihm dann
seine Sachen instandsetzen wolle. Damit war er einverstanden und deutete an, daß er zu Bett gehen werde.
Um ½ 8 Uhr (alte Zeit) = 20 Uhr 30 Min. habe ich den Hund
zur Haustüre hinausgelassen. In diesem Augenblick sah

ich, wie ein Mann in der Figur des Eder sich bei der Wagenschupfe um die Ecke rasch entfernte. Ich war bestimmt der Meinung, daß Eder noch in ein Gasthaus gehe, zumal er dies beim Wassertragen bekanntgegeben hatte. An diesem Abend hatte ich Eder nicht mehr gesehen. Ich bügelte mir einen Mantel u. ein Kleid auf u. suchte dann mein Lager auf."

Der Tag des Unglücks

„Am 2.2.42 wurde ich durch ein Geräusch von unten her aufgeweckt. Dieses wurde dadurch verursacht, weil die Melkersaushilfe Frau Reihofer durch das Fenster ihren Mantel gesteckt hat. Das Fenster war nicht zugeschlossen, weil tags vorher dh. am Abend die beiden Töchter des Stemmer in das Kino gegangen sind u. ihnen der Hausschlüssel auf das Fensterbrett gelegt wurde. - Auf Rückfrage bestätigten Fany u. Zilli Stemmer daß das Fenster nach dem Kinobesuch kaum mehr geschlossen u. nur angelehnt worden sei.
Auf dieses Geräusch hin bin ich aufgestanden. Es war 5 Uhr 45 Min = 6 Uhr 45 Min. Ich habe auch Frau Stemmer aufgeweckt u. von ihr die Schlüssel verlangt. Diese folgte sie mir aus u. kam kurze Zeit selbst zurück. Ich habe währenddessen Feuer gemacht u. zur Morgensuppe hergerichtet. Es ist nun auf ½ 7 Uhr = ½ 8 Uhr gegangen. Frau Stemmer hat noch Kaffee hergerichtet. Inzwischen kam der erste Knecht namens Breu. Ich dachte daran, daß auch Eder - Stummerl - nachkommen müsse. Nun habe ich den Melkersleuten den Kaffee in den Stall getragen. Als ich zurückkam, war Eder noch nicht da. Ich habe Breu nach Eder gefragt. Letzterer erklärte mir, daß er den Eder selbst noch nicht gesehen habe. (…) Frau Stemmer frug gleichfalls nach Eder. Ich erhielt nun Auftrag Eder zum Kaffee zu holen.
Zuerst habe ich im Rinderstall nachgesehen. Seine Anwesenheit wurde dort nicht wahrgenommen. Selbst im Pferdestall konnte ich ihn nicht finden. Auch im Abort hielt ich Nachschau. Nun dachte ich an seine beim Wassertragen gemachten Bemerkungen über den Besuch eines Gasthauses. Es war sonderbar, daß Eder noch nicht da

war, weil er sonst, wenn er wirklich ein Gasthaus besucht hat, zur rechten Zeit gekommen ist.
Ich hielt nun in seiner Kammer Nachschau. Die Treppentür war nicht eingeklingt. Auch die Tür zu seiner Kammer war nur angelehnt. Beide Fenster waren abgedunkelt. Ich wußte wo sich der Lichtzugschalter befindet. Als ich Licht gemacht hatte lag Eder noch im Bett u. bis zum Hals hinauf zugedeckt. Er konnte nur durch ein Rütteln wachgeweckt werden. Ob er nun ganz aufgewacht ist, kann ich nicht sagen, weil er nur die Augen etwas aufgemacht hat. Ich ließ ihn liegen u. machte das Licht wieder aus. Die beiden Türen habe ich nicht eingeklinkt.
Der Frau Stemmer habe ich Mitteilung gemacht, daß er nicht aufsteht und ihr gesagt, daß es beim „Stummerl" so „komisch" rieche. Frau Stemmer hat nun den Kaffee zur Seite gestellt. Inzwischen ist es ½ 8 Uhr = 8 Uhr 30 Min neue Zeit - geworden. Weil er noch nicht kam, hat Frau Stemmer gesagt, daß ich nochmals nachzusehen habe. Ich warf nun wieder einen Schneeballen an sein Fenster u. habe auch mit Schaufelstiel nach oben geklopft. Es rührte sich nichts.
Abermals besuchte ich ihn in seinem Zimmer. Ich schüttelte ihn u. er gab mir zu verstehen daß er mich verstanden habe. Auch diesesmal verließ ich seine Kammer so wie zuvor. Ich machte die Betten der anderen Knechte fertig. Nach dieser Arbeit ging ich in das Waschhaus. Dort schürte ich nach u. arbeitete anschließend im Waschhaus weiter. Ich beeilte mich, weil ich doch Nachmittags fertig werden wollte um nach Wasserburg in die Zitherstunde zu kommen. Auch hatte ich vor, mir die Haare richten zu lassen. Es war Lichtmeßtag u. daher Bauernfeiertag.
Um 9 Uhr = 10 Uhr neue Zeit - war ich mit meiner Arbeit soweit vorgeschritten. Ich beeilte mich u. teilte mein Vorhaben für den Nachmittag der Frau Stemmer mit. Ich nahm einen kleinen Imbiß ein u. überbrachte dem Müller in die Mühle die Brotzeit. Als ich an der Wagenschupfe vorbeikam habe ich den Fenstern des Eder keinerlei Aufmerksamkeit zugewendet. Nun arbeitete ich in der

Waschküche weiter bis es zum Essen war.
Gegen 12 Uhr = 13 Uhr neue Zeit - wurde mir zum Essen
gerufen. In der Küche waren der Mühlbursche, der Knecht
Breu u. in der Stube die 4 Gefangenen mit dem Melker
Bürger. Ich wollte mich zum Essen setzen. Ich sagte
zur Frau Stemmer, daß ich den Eder in der Stube nicht
habe sitzen sehen. Diese wandte sich an die Tochter
Kathi mit der Frage ob sie jeden u. jedes verständigt
habe. Ihre Tochter bejahte dies mit dem Bemerken, daß
er „angegeben" habe. Frau Stemmer stimmte zu. Ich
selbst bemerkte dabei, daß ich nun das drittemal zu
ihm gehen müsse u. Stemmer begleitete mich vor die
Haustür. Sie sah auch noch wie ich einen Schneeballen
gegen sein Fenster geworfen habe. Ich rief ihr zu,
daß mir Eder nicht angebe u. ich auch noch den Schaufelstiel hernehmen müsse. Ich klopfte damit u. bin, weil
sich nichts rührte, abermals in seine Kammer gegangen.
Beide Türe waren noch so angelehnt wie ich sie um ½
8 = 8.30 Uhr neue Zeit - verlassen habe. Beide Fenster waren ebenfalls noch abgedunkelt. Ich habe wieder an der Lichtschalterschnur gezogen u. zu meinem
Schrecken feststellen müssen, daß der Eder mit einem
Messer in der linken Hand an seinem Hals herumgemacht
hatte. Ich sah noch eine Stichbewegung gegen seinen
Hals. Mit der rechten Hand hat er in der Luft umhergefuchtelt. Er lag ganz auf der Bettkante auf seiner
rechten Seite. Bett und Rücken waren voller Blut.
Auch die beiden Hände waren über u. über mit Blut besudelt. Im Augenblick als er das Messer aus dem Halse
zog, war es mir gelungen ihn das Messer zu nehmen. Ein
kräftiger Blutstrom floß aus seinem Hals heraus. Kaum
hatte ich das Messer in meiner Hand als Eder vom Bett
heruntergefallen ist. Das Messer habe ich in das Bett
geworfen. Im Weglaufen habe ich die Bettdecke in die
Ecke geschleudert.
Ich kann nur sagen, daß Eder mit Hemd, Unterhose,
roten Pullover u. grünen Socken bekleidet war. Beide
Oberschenkel dh. die Füsse waren bis zu den Knöcheln
in eine gelbe Decke unordentlich eingewickelt. Die
Pferdedecke u. eine schwere braune Joppe habe ich

gleichfalls der Bettdecke nachfolgen lassen. (…)
Nachdem ich nun alles wahrgenommen gehabt habe, habe
ich fluchtartig die Kammer verlassen sodaß ich von
der Treppe heruntergefallen bin. Ich habe mich nun in
das Waschhaus begeben u. dort flüchtig meine Jacke vom
Blut gereinigt. Dieses habe ich deswegen getan, weil
die Jacke nicht mein Eigentum ist u. sie beim Licht-
einschalten voll Blut geworden ist. Auch meine rechte
Hand wurde mit Blut befleckt. Außerdem habe ich die
Waschküche schon deswegen aufgesucht, weil 1. Eder
bereits tot war - er lag auf dem Boden - u. 2. ich die
Jacke sofort reinigen wollte. Diese Handlung hat nur
sehr kurze Zeit gedauert.
Sofort bin ich nun in die Küche u. habe dort Mitteilung gemacht. Die Anwesenden haben sich sofort an den
Tatort begeben. Ich selbst bin mit ihnen gegangen.
Oben angekommen hat Bürger den auf dem Boden liegenden Eder eine Decke übergeworfen. Ob er ihn am Kragen
gefaßt hat, kann ich nicht sagen, weil ich mich sofort
wieder entfernt habe."

Kein Verhältnis, nur gemeinsame Freizeit
„Wenn mir vorgehalten wird, daß ich mit Eder ein Verhältnis unterhalten habe, so muß ich das entschieden
bestreiten. Ich habe ihm seine Sachen deswegen hergerichtet, dh. instandgesetzt, weil er niemand hatte
der ihn geflickt haben würde.
Ein weiterer mir vorgehaltener Vorfall bezügl. eines
Auftrittes im Herbst 1941 wonach ich von ihm Geld erhalten hatte, hat sich folgendermaßen zugetragen:
Im Jahre 1940 war eine Zirkusvorstellung in
Wasserburg. Bei dieser Vorstellung waren Eder, ich u.
die nun erkrankte Melkerin Anna Kandler anwesend. Der
Eintritt wurde von Eder bezahlt. Er machte die Bezahlung des Eintrittsgeldes davon abhängig, weil ich ihm
einige Anzüge aufbügeln mußte. Nach Beendigung dieser
Vorstellung gingen wir gemeinsam nach Hause. Nach langer Zeit trat er an mich heran mit ihm ins Kino nach
Wasserburg zu gehen. Dieses Ersuchen wurde von ihm vor
dem Zirkusbesuch gestellt. Ich sagte zu. Wir gingen

gemeinsam in die Abendvorstellung. Nach Schluß dieser
Vorstellung besuchten wir das Kaffe Obermeier. Dort
nahmen wir einen kleinen Imbiß ein, der von ihm bezahlt wurde. Die Zeche waren kaum 4.-RM. Auf dem Heimwege warf er mir bereits vor, daß ich verschiedenes
nicht hätte bestellen sollen. Diese Vorwürfe dauerten
die ganze Woche hindurch an. Es war ihm alles zu teu-
er. Dafür mußte ich bald darauf einen Pullover u. 2
Paar Socken in Ordnung bringen.
Nach langer Zeit wollte er abermals in das Kino gehen.
Ich willigte zwar ein u. ging am darauffolgenden Sonntag mit ihm. Zwar zögerte ich, aber schließlich ließ
ich mich doch herbei. Auch diesesmal besuchten wir ein
Kaffe. Die Zeche von nicht ganz 2.-RM wurde von ihm
beglichen. Auch dieser Betrag war ihm zuviel.
An einem Herbstsonntag 1941 wollte ich allein in das
Kino gehen. Ich war bereits angezogen. Als ich zur
Tür hinaus wollte kam mir Eder entgegen. Er frug
mich wohin ich zu gehen gedenke. Nachdem ich ihm
zu verstehen gegeben habe, daß ich das Kino besuchen will, wurde er ziemlich heftig u. glaubte, daß ich mit dem Müller - Zeitler - vielleicht
zusammenausgehe. Er warf mir dabei mit seinen
Gesten vor, daß er für mich schon 2 mal das Kino u.
1 mal den Eintritt für die Zirkusvorstellung bezahlt
habe. Den Geldbetrag den er für mich u. sich selbst
ausgelegt hatte, zeigte er an den Finger u. durch die
bekannte Bewegung mit Daumen u. Zeigefinger auf. (…)
Geld habe ich von Eder nicht gesehen. Als er die Zeche
bezahlte, hat er das notwendige Geld heimlich aus
seiner Tasche genommen. Auch nicht einen Pfennig sah
ich in seiner Kammer.(...)"

Cäzilie und ihr Hilfspaket
„Wenn mir wegen des einmal von Frau Stemmer bei mir
gefundenen Eierpacketes Vorhalt gemacht wird, so will
ich dies erklären.
Meine Schwester, Gusti Brandl in München, Fachnerstraße 31/0, teilte mir öfters mit, daß sie 3 kleine
Kinder habe u. bei der letzten Geburt einen Keiser-

schnitt bekommen habe. Sie sei mit Lebensmitteln sehr schlecht gestellt u. reiche mit den zur Verfügung stehenden Lebensmitteln nicht aus. Es wäre ihr viel geholfen, wenn ich ihr Eier besorgen könnte. Trotz zweimaligen Vorsprechens bei meiner Arbeitgeberin Frau Stemmer habe ich keine Eier erhalten können. Ich dachte mir nun, daß ich ihr heimlich einige Eier zur Seite leg u. sie wegschicke. Nachdem ich sie zusammengepackt habe, hätte ich es bringen lassen. Ich habe ungefähr 50 Eier in 2 Tagen zusammengebracht. Dazu habe ich aus der Speise ein Stück Fleisch u. ein Stck. Brot genommen. Zuvor habe ich mich vergewissert, ob auch Frau Stemmer über das notwendige Quantum Eier für die nächsten Tage verfügt. Ich hätte ihr die Eier nach der Beförderung bezahlt. Stehlen wollte ich sie nicht. Nachdem Frau Stemmer vom Packet erfahren hatte, hätte ich ihr dafür 30 RM geboten. Frau Stemmer hat sich darauf nicht eingelassen.
Hinsichtlich der von Eder erhaltenen Hemden muß ich erklären, daß er mir diese einmal geschenkt hat. Er rief mich einmal in seine Kammer u. zeigte mir dort verschiedene gebrauchte Hemden. Hier muß ich richtig stellen, daß er mir ein Packet bereits im Hofraum herunten gezeigt hat. Dabei erklärte er auf seine Art, daß er den Inhalt des Packetes mir zu schenken gedenke. Ich konnte zugleich erfahren, daß es sich um einige gebrauchte Hemden handelt. Ich dachte, daß diese vielleicht für meinen Bruder noch brauchbar sein könnten. Ich zeigte sie der Melkerin Kandler. Ich habe von mir einen Strang Wolle u. ein Werktagskleid von mir dazugetan. Zu einer Postbeförderung bin ich nicht gekommen, weil es mir an der notwendigen Zeit mangelte. Das Packet hatte mir die Kandler aufgeben sollen. Davon hat auch Stemmer erfahren. Ich verzichtete hierauf auf die Hemden."

Cäzilie – der Grund für Eifersucht auf dem Hof?

„Wenn zwischen dem Müller - Zeitler - u. Eder eine Eifersucht bestanden hat, so kann ich hier keine Erklärung abgeben. Ich weiß nur, daß Eder bald hier bald

dort ein Mädchen sich eingebildet hat. Öfters hat er
von Mädchen gesprochen dh. derartige Zeichen gemacht.
Man hat daraus entnehmen können, daß er wieder eine
gefunden habe u. er wieder einmal heirate.
Zu allen gegen mich erhobenen Zumutungen muß ich sagen, daß ich niemals bei Eder einen größeren oder
kleineren Geldbetrag gesehen habe. Ich habe ihm keinerlei Anlaß gegeben sich einzubilden, daß er mit mir
vielleicht des Geldes wegen eine Liebelei anfangen
könne. Ich war ihm gegenüber hilfsbereit, habe un-
entgeltlich seine Wäsche gewaschen u. in Ordnung gebracht. An seinem Tode kann mich unmöglich irgendeine
Schuld treffen. Was ihn zum Selbstmord getrieben hat,
ist mir völlig unbekannt (…)."

Für die Justiz in Wasserburg und Traunstein
herrschte Klarheit

Dienstag, 17. Februar 1942: Feststellung des Amtsgerichts Wasserburg

„I. Ein Verschulden Dritter liegt nach dem Sektions-
bericht nicht vor.
II. Beerdigungsbewilligung erteilt. (...)"

Wo war Eders Geld?

Montag, 23. März 1942: Nachforschungen der Gendarmerie
Wasserburg nach dem vermissten Geldbetrag von Leonhard Eder

„Die Nachforschungen nach den vermißten Geldbetrag
wie er seinerzeit von Stemmer als Arbeitgeber des Verlebten angegeben wurde, haben nun folgende Ergebnisse
zu verzeichnen:
Leonhard Eder besaß bei seinem Ableben einen baren
Geldbetrag von 290,- RM. Bei Stemmer hat er ein Gut-
haben von 1623,68 RM. Weiter hat er anhand vorhandener
Quittungen seit etwa 10 Jahren für Anzüge allein einen
Betrag von 736,27 RM aufgewendet. In der Zwischenzeit

hat er an Prozeßkosten (Rauferei) einen Betrag von 33,65 RM aufwenden müssen. Zusammengerechnet ergibt dies einen Geldbetrag von 2973,60 RM. Dazu kommen noch die Ausgaben die nicht verzeichnet sind.

Eder hat seit 1932 eine Rente von monatlich 32,-RM bezogen. Seit dieser Zeit ist eine Lohnzahlung an ihn nicht mehr verbucht. Hierzu erklärte Stemmer, daß er den Eder hie u. da ein ordentliches Trinkgeld gegeben habe. Auch habe Eder für Fuhrleistungen von anderen Personen Trinkgeld erhalten. Eine regelrechte Lohnzahlung ist an Eder nicht erfolgt. Eine Lohnnachkontrolle ist daher unmöglich.

Wenn man nun die verzeichneten Ausgaben des Eder u. den nachweisbar vorhandenen Barbestand mit dem ungefähren Einkommen (Rente u. Lohn) in den letzten 10 Jahren gegenüberstellt, so kann der Schluß gezogen werden, daß er bei seinem Ableben über einen größeren Barbestand nicht mehr verfügt hat.

Die Angaben der Frau Stemmer, ihrer Tochter Fany u. des Fuhrknechtes Luger, daß sie vor geraumer Zeit bei Eder einen größeren Geldbetrag in seiner Kassette gesehen hätten, ließen sich nicht mehr aufrecht erhalten. Eder hat ihnen das Geld in den einzelnen Scheinen nicht gezeigt. Sie vermögen nicht mehr mit Sicherheit einen ungefähren Betrag anzugeben. Die Bauer, von der gesagt wurde, daß sie von ihm Geld erhalten hätte, wurde eingehend vernommen. Ihre Angaben sind in einer gesondert beigenommenen Niederschrift (Es handelt sich um das Aussageprotokoll von Cäzilie Bauer vom 10. Februar 1942, Anm.d.Verf.) enthalten. Es konnte auch sonst nicht ermittelt werden, daß Eder Geld ausgeliehen hätte."

Klarer Fall von Selbstmord

Dienstag, 24. März 1942: Verfügung der Staatsanwaltschaft Traunstein

„Eingestellt. Anhaltspunkte dafür, daß die Dienstmagd Bauer den landwirtschaftlichen Arbeiter Leonhard Eder Stichwunden beigebracht hat, sind nicht gegeben. Nach

dem Ermittlungsergebnis liegt Selbstmord vor. Nach dem
Sektionsergebnis ist es sehr wohl möglich, daß Eder
sich sämtliche Verletzungen selbst beigebracht hat.
Es ist auch nicht nachzuweisen, daß die Bauer den Eder
bestohlen hat. Genaue Feststellungen, welche Geldbeträge Eder vor seinem Tod gehabt hat, sind nicht möglich. (...)"

Hintergrund:
Gehörlose in der NS-Zeit

Mit der Zeit des Nationalsozialismus brach für behinderte Menschen eine ungewisse Zeit an. Dies galt auch für Gehörlose wie es Leonhard Eder war. Es gab viele Gehörlose, die die neuen politischen Verhältnisse zunächst begrüßten, und der Reichsverband der Gehörlosen Deutschlands e.V. richtete auch seine Verbandsstrukturen nach dem nationalsozialistischen Führerprinzip aus. Im Schulwesen und in der Hitlerjugend bzw. dem Bund deutscher Mädchen wurden gehörlose Kinder und Jugendliche in eigenen Anstalten und Untergruppen zwar separiert. Sie waren aber in diesen Organisationen nicht ausgeschlossen.

Doch den Nationalsozialisten galten körperlich und geistig Behinderte als „unwertes Leben". Ihre Betreuung und Versorgung verschwendete in der Denkweise der NS-Ideologie unnötig Geld und dementsprechend hatten sie beim Aufbau einer „Herrenrasse" keinen Platz. Schon vor 1933 gab es Stimmen, die für eine Sterilisation von z.B. geistig behinderten oder alkoholkranken Menschen plädierten, da man Menschen nur nach ihrer Leistungs- und Arbeitskraft bemaß.

Bereits 1933 legten die Nationalsozialisten die gesetzlichen Grundlagen für die Sterilisation von bestimmten Personengruppen. Grundlage dafür bildete das „Gesetz zur Verhütung erbkranken Nachwuchses" vom 14. Juli 1933. Dort wurde geregelt (§1 Satz 1), dass ein Erbkranker „(...) durch chirurgischen Eingriff unfruchtbar (sterilisiert) werden (kann), wenn nach den Erfahrungen der ärztlichen Wissenschaft mit großer Wahrscheinlichkeit zu erwarten ist, daß seine Nachkommen an schweren körperlichen oder geistigen Erbschäden leiden werden." Das Gesetz (§ 1 Satz 2) legte acht Gruppen fest, die als erbkrank galten:

1. angeborener Schwachsinn,
2. Schizophrenie,
3. zirkuläres (manisch-depressives) Irresein,
4. erbliche Fallsucht,
5. erblicher Veitstanz (Huntingtonsche Chorea),
6. erbliche Blindheit,
7. erbliche Taubheit,
8. schwere erbliche körperliche Mißbildung.

Zusätzlich konnten Menschen mit schwerem Alkoholismus sterilisiert werden. (Vgl. RGBl. 1933 I, S. 529ff).

Vor allem in den 1940er Jahren verschärften sich die Maßnahmen gegen Behinderte mit systematischen Tötungen durch Medikamente und durch Vergasen. Bei Gehörlosen bezog sich das Gesetz auf Menschen mit erblicher Taubheit. Wer seine Krankheit erst im Laufe des Lebens erwarb und falls in der näheren Verwandtschaft kein Fall von Gehörlosigkeit aufgetreten war, fiel nicht unter diese Bestimmungen.

Leonhard Eder war davon nicht betroffen. Nach Aussage seines gesunden Bruders wurde Eder als Folge einer Kinderkrankheit „taubstumm". Er ging seiner regelmäßigen Arbeit nach, bezog Rente und hatte gerüchteweise mehrere uneheliche Kinder.

Literatur

https://www.euthanasiegeschaedigte-zwangssterilisierte.de/dokfilme/film-gehoerlose-opfer-zwangssterilisationen-und-euthanasie-ns-zeit/(abgerufen: 02.01.2019),
https://www.taubwissen.de/content/index.php/geschichte/gehoerlose-in-der-zeit-des-national-sozialismus.html (abgerufen: 02.01.2019).

Hintergrund:
Leonhard Eder

Über Leonhard Eder, genannt Stummerl, sind nur folgende spärliche Informationen bekannt, die die Ermittlungsakten der Polizei und Staatsanwaltschaft enthalten:

Leonhard Eder war seit etwa 30 Jahren bei dem Mühlenbauer Rupert Stemmer als Fuhrknecht in Bachmehring beschäftigt. Er galt als überaus tüchtig, gewissenhaft, zuverlässig, aber auch als misstrauisch.

Leonhard Eder achtete sehr auf sein Geld: Sein ursprünglicher Wochenlohn betrug bei freier Kost und Logis fünf Mark. Mit Trinkgeld verdiente er wöchentlich sieben bis acht Mark. Seit 1932 bezog er eine monatliche Unfallrente von 32 Mark. Um Abzüge durch eine regelmäßige Lohnzahlung zu vermeiden, einigte er sich mit dem Mühlenbauer darauf, keinen wöchentlichen Lohn mehr zu erhalten. Trotzdem kam er auf einen Betrag von sechs bis acht Mark pro Woche. Von diesem Geld verbrauchte er kaum etwas für sich, da Leonhard Eder äußerst sparsam war. Wert legte er aber auf seine Kleidung. Daran sparte er nicht, auch wenn die Kosten dafür größtenteils von seinem Arbeitgeber gezahlt wurden. Es gelang Eder somit seit 1925 über einen Zeitraum von sechs bis sieben Jahren eine Summe von ca. 1600 Mark anzusparen.

Einen Teil dieses Geldes gab Leonhard Eder seinem Arbeitgeber zur Aufbewahrung. Seit Mitte der 1930er Jahre vertraute er diesem aber kein Geld mehr an, sondern behielt es bei sich selbst. Stemmer ging davon aus, dass Eder noch eine größere Geldmenge besitzen müsste.

Leonhard Eder hatte eine körperliche Behinderung. Sein Spitzname war „Stummerl", da er im zeitgenössischen Sprachgebrauch als taubstumm galt. Eder wurde im Alter von fünf Jahren durch eine Scharlacherkrankung gehörlos. Die Gehörlosigkeit war somit nicht die Folge einer Erbkrankheit. Eine genetisch bedingte Behinderung hätte für Leonhard Eder Diskriminierung, Sterilisation bis hin zum Tod während des Dritten Reiches führen können (vgl. Gehörlose in der NS-Zeit).

Quelle
StAM, Staatsanwaltschaften 10600.

Hintergrund:
Der Obduktionsbericht

Der Obduktionsbericht wurde einer fachlichen Begutachtung unterzogen:

„Die Autopsie erfolgte vier Tage nach dem Tod „Stummerls". Sie beschreibt einen „abgemagerten", normal großen Menschen mit kräftigen Armen. Die Zähne am Oberkiefer fehlten, was auf einen schlechten gesundheitlichen wie sozialen Status hinweisen könnte. Allerdings wurden in der damaligen Zeit auch vorsorgliche Zahnextraktionen und Gebissversorgung z.B. zum Anlass der Firmung vorgenommen, um teure Zahnbehandlungen zu sparen. Die erweiterten Hirnkammern und der Leberbefund könnten auf einen Alkoholmissbrauch hinweisen. Die normalen Herzkranzgefäße stehen im Widerspruch zu den „verdickten" Schlagadern der Brust sowie des Gehirns.
Die Durchtrennung der Beugesehne der rechten Hand lässt darauf schließen, dass eine weitere Selbstverletzung mit dieser Extremität nicht möglich sein konnte. Die wohl ursächlich tödliche Durchtrennung der linken Halsschlagader hätte mit der linken Hand erfolgen müssen. „Stummerl" hätte ein Linkshänder gewesen sein müssen, um damit den kraftaufwändigen Versuch zu unternehmen, die Pulsadern am rechten Handgelenk zu öffnen sowie die Sehnen zu durchtrennen. Die oberflächlicheren Verletzungen der linken Hand könnte er sich kaum mit der bereits verletzten und motorisch funktionsgeminderten rechten Hand zugeführt haben.
Der Arbeitgeber Stemmer versicherte gegenüber der Polizei auf deren Nachfrage, dass das Opfer Rechtshänder gewesen sei. Daher kann folgender Zusammenhang angenommen werden:
Es erscheint als sehr unwahrscheinlich, dass sich ein Rechtshänder mit der linken Hand zunächst die Pulsadern und Sehnen der rechten Hand aufschneidet und sich anschließend in den Hals sticht.
Insofern berücksichtigte die Sektion einen Aspekt nicht. Daraus ergibt sich die Schlussfolgerung, dass die Schnitt-Stichverletzungen nicht von Eder selbst, sondern von einer zweiten Person ausgeführt wurden. Dass dieser Zusammenhang in der Beurteilung der Gerichtsmediziner nicht gesehen wurde, darf wohl als oberflächlich und fehlerhaft bezeichnet werden."

Der Kriminalpolizei in München fiel das später wahrscheinlich auf, da diese Rupert Stemmer ausdrücklich nach der Händigkeit seines Angestellten befragte und entsprechende Textstellen im Originalprotokoll unterstrichen sind. Im weiteren Verfahren spielte dies allerdings keine Rolle mehr. Das Gericht erwähnte den Obduktionsbericht lediglich als Beweis für seine Mordthese.

Quelle
Stellungnahme von Dr. med. Karl Ludwig Maier aus München, Oktober 2018.

Teil II

Die Ermittlungen in München

Die Wende

Rund 1,5 Monate später:
Ein schwerwiegender Vorwurf

Sonntag, 10. Mai 1942: Strafanzeige gegen Cäzilie Bauer wegen Mordes in Bachmehring im Februar 1942

Auf der Polizeiwache in München am Hauptbahnhof erschien am Abend um 20.45 Uhr Auguste Brandl und beschuldigte ihre Schwester Cäzilie Bauer, in Bachmehring den Dienstknecht Eder in seinem Schlafzimmer ermordet zu haben. Außerdem habe sie von dem Geld, das Eder ihr vor der Tat ausgehändigt hatte, noch 1700 RM bei einem Zitterlehrer Froschmeier in Wasserburg zu Aufbewahrung gegeben. Auch habe der bei Rupert Stemmer in Bachmehring angestellte Müller namens Zeitler Cäzilie 2500 RM geliehen. Denn Cäzilie habe diesem die Heirat versprochen, dies allerdings niemals in Erwägung gezogen.

Der Fall bei der Kripo München

Die Schwester packte aus

**Mittwoch, 13. Mai 1942: Vorladung von Auguste Brandl beim
1. Kriminalkommissariat**

Cäzilies auffälliger Luxus in Bachmehring

„Meine Schwester Cäzilie Bauer war seit etwa 4 Jahren bei dem Bauern und Kunstmühlenbesitzer Stemmer in Bachmehring als Hausmagd beschäftigt. Ihre Stelle hat sie am 1.3.42 verlassen müssen. Die Gründe, die hierzu führten, werde ich später angeben. Während ihrer Beschäftigung bei Stemmer habe ich meine Schwester einigemale besucht. (…) Mein letzter Besuch bei Stemmer in Bachmehring war im September 1941. Bei dieser Gelegenheit zeigte mir meine Schwester einen auf dem Hof beschäftigten Taubstummen, der sie sehr gerne sehe und der sie auch heiraten möchte. Ob meine Schwester aber zur damaligen Zeit mit dem Taubstummen in sexueller Hinsicht schon etwas zu tun hatte, ist mir nicht bekannt. Nach ihren Auslassungen mir gegenüber konnte ich annehmen, daß sie ihm nichts wollte, denn sie sagte auch, daß sie ihn ruhig auf dem Glauben lasse, aber heiraten werde sie ihn nicht. Ich habe aber schon damals vermutet, daß sie mit dem alten Manne doch irgendwie in Verbindung stehen müsse, denn sie hatte mir zu dieser Zeit zu viel Geld, das sie sich unmöglich erspart haben konnte. Mir gegenüber erklärte sie im September 1941, daß sie sich bis jetzt 2000 M erspart hätte. Das Geld habe ich allerdings nicht gesehen.
Bis zu dieser Zeit hatte sich meine Schwester vier Armbänder gekauft, die nach ihren eigenen Angaben zwischen 30 und 90 M gekostet haben. Ferner hatte sie sich eine Uhr gekauft, die 56 M kostete; eine Zahnreparatur belief sich auf 200 M. An Kleidung hatte sie sich bis zu dieser Zeit ebenfalls mehr geleistet, als ihr mit ihrem Verdienst möglich gewesen wäre. Ich habe schon damals vermutet, daß bei meiner Schwester etwas nicht in Ordnung sein konnte, zumal ich sie als diejenige

Person kannte, die sich gerne an alte Männer heran-
machte um aus ihnen Geld herauszuziehen.“

Cäzilie wollte ihrer Schwester etwas anvertrauen

„Bis Ende Februar 1942 habe ich dann meine Schwester
von diesem Besuch an gerechnet nicht mehr getroffen.
Im Februar 1942 erhielt ich von meiner Schwester einen
Brief, in dem sie mich ersuchte, daß ich zu ihr nach
Wasserburg kommen solle, ich solle sie aber nicht an
ihrer Arbeitsstelle aufsuchen, sondern solle sie am
Bahnhof Wasserburg im Wartesaal erwarten. Den eigentlichen Grund, warum ich zu ihr kommen sollte, teile
sie mir nicht mit, sie schrieb lediglich, daß ich für
sie etwas besorgen müsse. Da sie mein Kommen unbedingt
erwartete, fuhr ich am Sonntag, den 22.2.42 nach Wasserburg und habe im Wartesaal des dortigen Bahnhofes
auf meine Schwester gewartet. Gegen 9 Uhr kam mein Zug
dort an; meine Schwester ist aber erst gegen 10 Uhr
eingetroffen.
Auf meine Frage, was denn eigentlich los sei, sagte
sie, daß sie mir das jetzt nicht alles erzählen könne, weil dazu nicht die Zeit vorhanden wäre. Dabei zeigte sie sich auffallend nervös, was ich früher an meiner Schwester nie bemerkt habe. Auf mein
nochmaliges Befragen, weshalb ich kommen mußte, tat
sie mich mit dem Einwand ab, daß sie jetzt in die
Zitherstunde müsse und anschließend müsse sie dann zum
Mittagessen nach Hause und könnten uns dann erst am
Nachmittag wieder treffen. Mich schickte sie in die
Gastwirtschaft zur Krone beim Bahnhof und hieß mich
dort warten, bis sie am Nachmittag wieder kommt. Darauf entfernte sie sich von mir, um angeblich in die
Zitherstunde zu gehen. Das Musikinstrument hatte sie
allerdings nicht bei sich.
Am Nachmittag kam sie dann um 14 Uhr zu mir in die
Wirtschaft. Da ich meine Zeche schon bezahlt hatte,
machte sie den Vorschlag, daß wir sofort mitsammen
weggehen. Beim Verlassen der Wirtschaft sagte sie zu
mir, daß sie mir etwas anvertrauen müsse und schlug
daher vor, daß man einen Spaziergang nach Gabersee

macht. Auf dem Wege dorthin zeigte sie sich sichtlich sehr aufgeregt und ich merkte, daß sie mir gern etwas sagen wollte, aber immer wieder zurückhielt. Schließlich sagte sie dann, daß sie es mir gar nicht recht zu sagen getraue, weil ich mir dann vor ihr doch fürchte. Nachdem sie sich dann vergewissert hatte, daß ich von unserer nun stattfindenden Unterredung niemand etwas anvertraue, erzählte sie mir den Todesfall von ihrem taubstummen Knecht Eder."

Cäzilie gestand ihrer Schwester den Mord

„Dieser sei nicht gestorben, sondern sei von ihr umgebracht worden. Wörtlich sagte sie: `Ich habe Dir so schon einmal gesagt, daß mich der Eder gern gesehen hat und daß er mich heiraten wollte. Ich habe von ihm schon zweimal einen größeren Geldbetrag bekommen, wovon ich schon ziemlich verbraucht habe. Eder wollte mich schon auf Weihnachten heiraten und drängte mich nun erst recht. Überall ist er mir nachgelaufen, auch mit dem Messer hat er mir schon gedroht. Das Geld hat er von mir bis jetzt nicht zurück verlangt, aber ich rechnete damit, daß ich ihm das Geld geben muß, wenn ich nicht in die Heirat einwillige. Ich habe mir daher, nachdem ich ihm das Geld nicht mehr zurückgeben kann, keinen anderen Ausweg mehr gewußt, als ihn umzubringen.` Bei dieser Gelegenheit vertraute sie mir auch an, daß sie Eder schon einmal vergiften wollte, sie habe ihm schon Rattengift gegeben. Insgesamt habe sie schon drei Versuche unternommen, die aber ergebnislos verlaufen seien. Einmal habe sie ihm etwas zum Trinken gegeben, in dem angeblich Rattengift gewesen sei; Eder habe aber darauf nur einen starken Durchfall bekommen, er sei den ganzen Tag nicht mehr vom Abort weggekommen. Wann sie diese Versuche unternommen hat, sagte sie mir nicht. Wie ich mich ferner entsinne, hat sie ihm auch noch ein andermal Rattengift gegeben, worauf er sich stark erbrochen habe und ziemlich einen ganzen Tag schlecht beisammen war. Dabei sagte sie wörtlich: `Und immer wieder ist er geworden, da kannst tun, was magst.` Nun schilderte sie mir das

Ableben des Eder mit folgenden Worten:
`Ich habe mir mit Eder keinen anderen Ausweg mehr gewußt; in der Früh des 2.2.42 stand ich um 4 Uhr auf und schlich mich in die Kammer des Eder, der allein ein Zimmer hat. Eder hat um diese Zeit noch sehr gut geschlafen, er hat geschnarcht. Ich wollte bei ihm einen Selbstmord vortäuschen und habe ihm daher die Pulsadern aufgeschnitten. Eine Hand habe ich ganz durchgeschnitten und die andere halb`. - Mit welchem Messer sie dies machte, sagte sie nicht, ich kann es in meiner Aufregung auch überhört haben. ,Dann bin ich wieder in die Küche zurück habe im Herd Feuer gemacht und habe, da Waschtag war, die Wäsche hergerichtet. Inzwischen sind auch die Herrschaften aufgestanden und es fiel ihnen auf, daß Eder heute noch nicht auf ist. Im Auftrage der Frau Stemmer bin ich dann auf das Zimmer des Eder geschickt worden. Ich bin aber nicht hinaufgegangen, sondern habe einen Stein an das Fenster geworfen, weil mir Frau Stemmer nachgesehen hat. Sodann bin ich wieder in die Küche zurück. Inzwischen wurde es Zeit zum Kaffeetrinken und alle Knechte waren schon anwesend, nur Eder fehlte noch. Von Frau Stemmer wurde ich dann nochmals beauftragt, nach Eder zu sehen, zugleich sollte ich auch in die Waschküche gehen und nachheizen. Nachdem ich mich nochmals vergewisserte, ob auch tatsächlich alle Angestellten beim Kaffeetrinken in der Küche sind, bin ich nochmals auf das Zimmer des Eder. Dort sah ich, daß Eder auf seinem Bett saß und beide Hände nach unten hängen ließ. Am Boden befand sich eine große Blutlache. Da ich der Meinung war, daß Eder nun doch hinuntergehen könnte, wäre ich verloren gewesen. Ich faßte nun den Entschluß, daß ich Eder nun den Garaus mache. Ich nahm ihn bei der Brust und warf ihn in sein Bett zurück. Aus seiner Hosentasche - die Hose befand sich am Bettende - nahm ich sein Taschenmesser und durchschnitt ihm die Kehle, außerdem versetzte ich ihm noch 4 Stiche im Hals und einen in die Herzgegend. Bei der Ausführung des Halsschnittes spuckte er mir noch in das Gesicht. Sodann nahm ich Eder, obwohl er noch etwas

lebte und warf ihn aus dem Bett und zwar mit dem
Gesicht auf den Boden. Anschließend ging ich in die
Waschküche und reinigte dort meine Hände. Hernach kam
ich ganz aufgeregt in die Stube zu Stemmer und habe
dort erklärt, daß etwas Furchtbares passiert ist, der
Stummerl hat sich umgebracht, ich habe ihm das Messer
abgenommen'.“

Cäzilie versprach Entlohnung gegen Schweigen

„Nachdem mir meine Schwester dies alles anvertraut
hatte, bat sie mich eindringlich, daß ich davon niemand etwas erzähle, weder meinem Manne noch unseren
Eltern. Zugleich versprach sie, mir schon etwas geben
zu wollen, aber ich müsse den Mund halten. Sie habe
mir dies alles nur deshalb anvertraut, weil sie keine
Ruhe mehr gehabt habe; erst jetzt sei es ihr wieder
leichter. Wie sie mir ferner noch sagte, habe sie
schon mehrere polizeiliche Vernehmungen mitgemacht,
eine stehe ihr noch bevor und sie werde auch diesmal alles in Abrede stellen. Am gleichen Tag fuhr ich
dann wieder nach Hause. Einige Tage vor dem ersten
März 1942 rief sie mich fernmündlich an, daß sie wieder
vernommen worden sei und die Sache nun erledigt sei,
sie sei nun außer Verdacht. Zugleich ersuchte sie
mich, daß ich zu ihr kommen und ihr beim Umzug behilflich sein solle, weil ihr auf diesen Fall hin
gekündigt worden sei.“

Cäzilie war intim mit Stummerl

„Ich muß noch folgendes einflechten: Als mir meine
Schwester die Tat anvertraute, frug ich sie ob sie
mit dem Eder auch geschlechtlich verkehrt habe. Sie
erklärte darauf, daß dies nur einmal der Fall gewesen
sei. Dies habe sie nur gemacht, damit der Eder glauben
solle, daß sie ihm tatsächlich etwas wolle.“

Plante Cäzilie auch einen Mord an dem Müller Zeitler?

„Am 2.3.42 fuhr ich dann nach Bachmehring. Dort erfuhr
ich auch von Stemmer, daß meiner Schwester gekündigt
wurde. Dabei sagte sie mir, daß sie noch 1700 M bei

dem Zitherlehrer Froschmeier in Wasserburg hinterlegt
habe. Außerdem habe sie auch von dem Obermüller Zeitler
2500 M leihweise erhalten. Diesem habe sie ebenfalls
das Heiraten versprochen was sie aber nicht im Sinn
habe. Zeitler wolle sie ebenfalls gern weg haben, aber
auf diese Art und Weise wie sie Eder erledigt habe,
könnte sie niemand mehr beseitigen, das wolle sie
nicht mehr mitmachen."

Cäzilie führte ein verschwenderisches Leben nach der Tat

„Meine Schwester hat nun bis vor 8 Tagen bei mir gewohnt. In dieser Zeit fuhr sie jede Woche einmal nach
Wasserburg in die Musikstunde; auch ich mußte jedesmal mitfahren. Die Fahrt sowie die sonstigen Auslagen
wurden jeweils von meiner Schwester bestritten. Ich
durfte aber nie mit zu dem Zitherlehrer hin, sondern
mußte immer in einem Cafe auf sie warten. Seit ihrer
Entlassung bei Stemmer hat meine Schwester sehr viel
Geld ausgegeben, sie hat inzwischen wiederum verschiedene Kleidungsstücke und auch Hüte gekauft. Zur Zeit
verkehrt sie mit unserer jüngeren Schwester Frieda
Bauer - 19 Jahre - wohnhaft bei den Eltern. Ihr hat
sie ebenfalls Kleider und einen Hut gekauft, desgleichen
auch Schuhe."

Cäzilie eine eiskalte Mörderin?

„Soweit ich meine Schwester kenne, bin ich der sicheren
Annahme, daß sie tatsächlich den alten Eder umgebracht hat, ich halte sie für so etwas ohne weiteres
fähig, zumal sie keinen anderen Ausweg mehr gefunden hat. Wenn die Sache nicht auf Wahrheit beruhen
würde, so glaube ich kaum, daß meine Schwester mir so
etwas erzählt hätte. Ich habe von der Sache bisher
geschwiegen, weil ich meine Schwester vor Strafe
schützen wollte, habe es nun aber doch zur Anzeige
gebracht, weil ich es schließlich mit meinem Gewissen
nicht mehr verantworten konnte und weil mein Mann mich
dazu anhielt, die Sache zur Anzeige zu bringen. Ich
versichere, daß ich nur das wiedergegeben habe, was
mir von meiner Schwester anvertraut wurde. Ich werde

meine Angaben auch im Falle einer Gegenüberstellung
mit meiner Schwester aufrecht halten.
Meine Schwester ist körperlich und geistig vollauf
gesund. In unserer Familie ist mir kein Fall einer
geistigen Erkrankung bekannt."

Eine Familientragödie

Der Vater glaubte an Cäzilies Unschuld und an
Augustes Rachsucht

Freitag, 15. Mai 1942: Aussage von Josef Bauer,
wohnhaft in Wolfratshausen, bei der Polizei

Ein fassungsloser Vater suchte seine Tochter

„Ich habe durch meine Tochter Auguste Brandl, wohnhaft in München, Straße weiß ich nicht, am Sonntag in meiner Wohnung in Wolfratshausen erfahren, daß meine Tochter Cäzilie Bauer dringend des Mordes verdächtig sei. Sie soll an dem früheren Dienstplatz bei Stemmer in Bachmehring einen Knecht umgebracht haben. Ich kann so etwas von meiner Tochter Cäzilie nicht glauben. Ich weiß von dem Falle durch die Wolfratshauser Zeitung und durch meine Tochter Cäzilie selbst. Ich habe in dieser Zeitung gelesen, daß sich dieser Knecht selbst gerichtet hat und meine Tochter hat mir einmal geschrieben, daß sie wegen der Sache in Verdacht gestanden sei und daß man sie schwer herumgezogen hätte, sie möchte das nicht mehr mitmachen.
Um die Zeit, als ich am vergangenen Sonntag von der Brandl besucht wurde, war meine Tochter nicht zu Hause in Wolfratshausen. Sie ist aber am Montag und Dienstag daheim gewesen. Am Dienstag habe ich meine Tochter Cäzilie gefragt, ob es wahr sei, was die Auguste hinschlich dieses Verdachts sage. Sie erwiderte, daß sie so etwas nicht gemacht habe. Meine Tochter ist am Dienstag, 12.5.42 um 5,40 Uhr nachmittags mit dem Zuge in Richtung München weggefahren. In ihrer Begleitung befindest sich die Tochter Frieda, 19 Jahre alt, die wegen Krankheit zu Hause war. Seit dieser Zeit sind beide nicht mehr zurückgekommen und haben auch nichts mehr von sich hören lassen. Weil sie nicht mehr gekommen sind, nahm ich an, daß sie vielleicht verhaftet sind.
Auguste Brandl sagte nämlich am Sonntag zu mir, die

Sache sei schon im Gange, die laufe schon. Ich kann nicht glauben, dass meine Tochter Cäzilie ein solches Verbrechen begehen kann, ich glaube vielmehr, daß die Brandl, wenn sie eine Anzeige gemacht hat, diese nur aus Rachsucht gemacht hat. Frau Brandl hat keinen guten Leumund."

Cäzilie schickte Geld und Lebensmittel an ihre Eltern

„(...) Meine Tochter Cäzilie war etwa 4 Jahre bei dem Bauern Stemmer in Bachmering im Dienst. Sie hatte dort monatlich 50 Mark Lohn. Von ihrem Verdienst hat sie uns während dieser Zeit einmal 30 Mark, ein anderesmal 20 Mark, im ganzen etwa 100 Mark geschickt. Das letzte Geld und zwar 30 Mark bestehend aus einem Zwanzig- und einem Zehnmarkschein, hat sie glaublich im September 1941 geschickt. Es war in einem gewöhnlichen Brief.

Außerdem hat sie uns während der ganzen Zeit etwa 10 Lebensmittelpakete geschickt. Das schwerste war etwa 10 Pfund. Es enthielt von allem etwas und zwar Brot, etwas Kuchen, ein paar Eier, Käschen u.a. Wir nehmen an, daß sie die Sachen gekauft hatte. Davon, daß sie vielleicht Wäsche und Kleider geschickt hätte, weiß ich nichts.

Mir ist nicht bekannt, ob meine Tochter Cäzilie Geld erspart hat. Seit sie ihre Stellung in Bachmering aufgegeben hat, wohnte sie in München bei meiner Tochter, Frau Brandl."

Die Schwester Karolina stand auf Cäzilies Seite

Freitag, 15. Mai 1942: Freiwillige Aussage von Karolina Bauer, wohnhaft in München, bei der Polizei

Die gesamte Familie Bauer glaubte Cäzilie

„(...) Am Sonntag abends habe ich meine Schwester Auguste Brandl (...) in der Gaststätte zur Post an der Bayerstrasse getroffen. Bei dieser Gelegenheit hat sie mir gesagt, dass sie soeben bei der Kriminalpolizei war.

Sie behauptete, dass ihr die Schwester Zäzilie bereits vor etwa 2 Monaten anvertraut habe, dass sie einen Mord begangen habe. Ich wusste bereits um welchen Mord es sich handeln sollte, da ich den Vorfall in der Zeitung gelesen hatte. Als ich ihr sagte, dass ich dies nicht glauben könnte, erwiderte sie, dass ich dies glauben müsste. Da ich meine Schwester Auguste bereits näher kannte, riet ich ihr an, mich aus dem Spiel zu lassen. Meine Schwester Auguste hatte auch meine Mutter bereits unterrichtet und zwar in Gegenwart des Bruders Franz Bauer (…).
Ich fuhr nun gestern nach Hause und habe mit meiner Mutter persönlich gesprochen, die mir die Angaben der Schwester Auguste bestätigte. Auch meine Mutter wollte nicht glauben, dass Zäzilie einen Mord begangen haben soll.“

Was Karolina über Cäzilie wusste

„Ich war mit meiner Schwester Zäzilie am Sonntag vor 8 Tagen letztmals in der Gaststätte zur Post an der Bayerstrasse beisammen. Mit ihr habe ich über diese Angelegenheit kein Wort gesprochen. Allerdings habe ich mit ihr bei ihrer Rückkunft von Wasserburg über den angeblichen Selbstmord des Eder gesprochen, wobei sie betonte, dass es ein furchtbarer Anblick gewesen sei. Sie sprach davon, dass Eder sie angeblich heiraten wollte, sie ihm aber nichts wollte. Er sei auch in letzter Zeit ihr wie auch anderen Personen mit dem Messer nachgelaufen und sie hätte sich vor ihm furchtbar gefürchtet. Er sei offensichtlich nicht mehr normal gewesen und habe sich selbst umgebracht. Sie sei dazu gekommen, wie er sich umgebracht habe und zwar habe sie ihm zum Essen rufen wollen.
Meine Schwester wollte über diese Sache nicht mehr sprechen. Sie sei ihm auch noch mit in die Kirche gegangen und habe für ihn gebetet. Diesem Manne sei es eben so aufgesetzt gewesen, aber sie hätte doch keinen derart alten Mann heiraten können, denn sie hätte sich ja vor den Geschwistern schämen müssen. Sie wollte nun vorerst bei der Schwester Auguste bleiben, lieber wäre

sie aber noch zu der Mutter nach Hause gegangen, um sich etwas zu erholen.
Über meine Schwester Zäzilie ist mir bekannt, dass sie seit 4 Jahren bei dem gleichen Bauern in Stellung war, einen Monatsverdienst von 40 oder 50 Mark hatte und überaus sparsam war. Sie hat sich immer nur das notwendigste gekauft und dürfte bestimmt einen grösseren Geldbetrag erspart haben. Sie hatte auch meines Wissens mehrere Verehrer, die ihr grössere Geschenke an Schmuck udgl. machten.
Gestern kam ich nun nach Hause und erfuhr durch meine Mutter, dass die Zäzilie und die Schwester Frieda glaublich seit Montag von zuhause fort und vermutlich nach Wasserburg gefahren seien. Nachdem die beiden bis heute nicht zurückgekommen waren, vermutete mein Vater, dass die beiden möglicherweise durch die Polizei festgehalten wurden. Er wollte sich deshalb heute darüber erkundigen und ist mit mir nach München gefahren."

Karolina zweifelte an Gusti

„Ich bin nach wie vor davon überzeugt, dass die Zäzilie unmöglich eine solch grausige Tat begangen haben kann. Auch meine übrigen Geschwister haben die gleiche Überzeugung.
Es ist mir bekannt, dass die Zäzilie und die Auguste, während sie in letzter Zeit beisammen waren, einen Wortwechsel hatten. Die Zäzilie äusserte sich dahin, dass wenn diese Sache nochmals aufgetischt werde, dann wüsste sie schon Bescheid. Die Auguste würde sich selbst einen Schiefer einrennen. Sie hätte sich nicht zu fürchten und würde sich jederzeit der Polizei stellen. Angaben meiner Schwester Auguste sind mit Vorsicht aufzunehmen. Meine Angaben entsprechen der Wahrheit."

Samstag, 16. Mai 1942: Einlieferungsanzeige

Cäzilie und ihre Schwester Frieda wurden am 16. Mai 1942 in Wolfratshausen vom dortigen Gendarmerieposten auf Veranlassung der Kripo München in Wolfratshausen festgenommen und um 16 Uhr zur Kriminalwache nach München gebracht.

Krim.Wache.
(Dienststelle)

München, den 16.5. 1942.

16

Tgb. Nr. 1 K 127/42

Haft.

Einlieferungsanzeige

wegen

Verdacht des Mordes

an dem led.Fuhrknecht

Leonhard E d e r, 12.6.82 Holzen, zuletzt wohnhaft in Bachmehring bei Wasserburg.

eingeliefert um 16 Uhr   Min.

Beweisstücke:

Abgenommen und aufbewahrt

RM   Rpf.

Vom Revier um   Uhr   Min. entlassen nach

Aushändigung der abgenommenen Gegenstände.

Anerkannt:

Zugeführt bei Kriminalwache

am 16.5.1942   16 Uhr

Entlassen am   Uhr

nach Aushändigung der abgenommenen Gegenstände.

Anerkannt:

Wird steckbrieflich   gesucht

von

zu

Unterschrift

Dienstgrad

Form 13 a KM. 1425 Sp.

Gend.P.Wolfratshausen
Dom XXXXXXXXX wurde heute XX — die

Zuname: Bauer

Vorname: Cäzilie

Beruf: Magd

Geb. am 6.5.1917

Geburtsort: Wolfratshausen

und Kreis

wohnhaft in: Wolfratshausen

Bad   -Straße Nr. 101½ eingeliefert.

Tatbestand:

Wurde auf Veranlassung von 1.K. in Wolfratshausen zuammen mit ihrer Schwester Frieda B. festgenommen, weil sie im Verdacht des Mordes steht.

Bauer, Kr.Sekr.

Nach 1 K

Bauer

Gerichtsgefängnis am Neudeck in München.
Eingeliefert am 26. Mai 1942
Vorm.
Nachm. 15 Uhr 05 Minuten.

Der Gefängnis-Ober-Verwalter.

ER 1 Gs 484 / So.

Spurensuche in Wasserburg

Die Kripo München begann nochmal von vorne

Ab Donnerstag, 14. Mai bis Samstag, 16. Mai 1942: Dienstreise nach Traunstein

Kriminalsekretär Koppmeier fuhr im Auftrag der Kriminalpolizeileitstelle München nach Traunstein, um bei der Staatsanwaltschaft die Ermittlungsakten zum Tod von Leonhard Eder einzusehen und sich das Taschenmesser, mit dem Stummerl die tödlichen Verletzungen zugefügt worden waren, übergeben zu lassen.
Die Angestellten und Familienmitglieder des Mühlenbesitzers Stemmer aus Bachmering wurden ab dem Donnerstag, 15. Mai 1942, erneut von der Kriminalpolizei München vernommen. Die Aussagen hinsichtlich des Todestages und der Todesumstände von Leonhard Eder wichen im Wesentlichen nicht von den früheren Ermittlungsergebnissen der Gendarmerie in Wasserburg und der Staatsanwaltschaft Traunstein ab. Der Kripo München ging es daneben aber auch um die Einschätzung der Personen Leonhard Eder und Cäzilie Bauer. Erkenntnisse dazu brachten die Angaben der Personen, deren Verhöre im Folgenden abgedruckt werden:

Leben und Beziehungen in der Mühle

**Aussage von Maria Stemmer, geb. 30.10. 1895,
Ehefrau des Mühlenbesitzers**

Liebschaften, Eifersucht und Geld
„(…) Am 2.5.38 wurde von meinem Manne die ledige Hausmagd Cäzilie Bauer eingestellt. Hinsichtlich ihrer Arbeitsleitung war ich mit ihr sehr zufrieden, jedoch war sie sehr lügenhaft und ich konnte zu ihr kein rechtes Vertrauen finden. Mit dem verstorbenen Eder hat sich Bauer von allem Anfang an sehr gut verstanden, zwischen den Beiden bestand ein überaus herzliches Einvernehmen. Etwa im Herbst 1941 fiel mir auf, daß sie sich um den Stummerl (…) in ganz besonders fürsorglicher Weise annahm. Auch von den übrigen Dienstboten mußte ich erfahren, daß Eder und Bauer sich ganz besonders

zugetan waren.

Im vergangenen Winter, nähere Zeit kann ich nicht mehr angeben, merkte ich dann ab und zu, daß die Freundschaft der Beiden schon so weit ging, daß die Bauer dem Eder sein Frühstück mehrmals gesondert verabreichte, was bei uns nicht üblich ist. Der Morgenkaffee wird für sämtliche am Tisch sitzende Personen in einer großen Schüssel auf den Tisch gestellt und gemeinschaftlich herausgegessen. In der Regel bekam der Stummerl an den Sonntagmorgen von Bauer seinen Kaffee allein. Dies konnte sie deshalb machen, weil ich um diese Zeit meistens schon in der Kirche war. Ich habe dies Bauer mehrmals verboten, worauf sie mir erklärte, daß der Stummerl wieder ins Bett gehen wollte.

Der verstorbene Eder hat sich mit meinen übrigen Dienstboten sehr gut vertragen, machte aber doch mit unserem Müller insoferne eine Ausnahme, daß er ihm stets aus dem Wege ging. Mit dem Müller, namens Josef Zeitler, hatte er im Herbst 1941 einmal in einer Wirtschaft eine Rauferei. Der Grund hiezu dürfte die Einstellung des Eder zur Bauer gewesen sein, denn Eder und Zeitler haben offensichtlich mitsammen geeifert.

Das Verhältnis der Bauer zu Zeitler war gleichfalls ein sehr herzliches und von meinen Dienstboten wurde auch davon gesprochen, daß die Bauer sowohl den Eder als auch den Zeitler gerne sieht. Ob sie aber vom Zeitler evtl. Geld bekommen hat, ist mir nicht bekannt.

Dagegen wurde von meinen Dienstboten allgemeine davon gesprochen, daß die Bauer vom Eder Geld bekommen haben soll. Eder hat meiner Tochter Katharina selbst einmal erzählt, daß er der Bauer 2500 RM zum Kauf der Aussteuer übergeben hätte und verbot ihr zugleich hierüber mit jemanden zu sprechen.

Wieviel Geld nun Eder tatsächlich im Besitze hatte, kann ich nicht sagen. Im Mai 1941 (...) zeigte er mir seine Geldkassette, in der sich ein Bündel 100-Markscheine, ein Bündel 50-Markscheine, ein Bündel 20-Markscheine und eine größere Anzahl 5-Markstücke befanden. Ich kann zwar die Höhe des Betrages nicht nennen, schätze

aber das mir gezeigte Geld immerhin auf 3-4000 Mk.
Dieses Geld hatte Eder auch im Herbst 1941 noch im Besitz,
denn er zeigte es damals dem z.Zt. bei der Waffen-SS
befindlichen Knecht Josef Voit aus Burgstall.
Eder ging regelmäßig an den Sonn- und Feiertagen in
ein Wirtshaus, hat aber an sich nicht viel Geld gebraucht. Mit einem Rausch kam er im Jahr höchstens 3-4
mal nach Hause.
Er war an sich sehr sparsam, hat aber an Kleidung und
dergl. für sich nicht gespart. Dazu muß ich aber bemerken, daß seine Kleidung zum weitaus größten Teil
von uns bezahlt wurde, nur besondere Anschaffungen
mußte er selbst bestreiten. In den letzten 3 Jahren
hat er sich aber auch in dieser Hinsicht infolge des
Kartenzwanges nur ganz wenig geleistet. Wenn man seine
geringen Ausgaben in Betracht zieht, so ergibt sich
die Tatsache, daß er bei seinem Ableben unbedingt
einen größeren Geldbetrag im Besitz gehabt haben müßte.
Es wird unter den Dienstboten allgemein davon gesprochen, daß Bauer mit Eder ein Verhältnis unterhalten
und ihm das Geld herausgezogen haben soll. Ich selbst
kann hierüber zwar keine bestimmten Angaben machen,
weil ich darauf auch weniger geachtet habe. (…) Ich
entsinne mich aber, daß Eder im Herbst 1941 einmal bei
der Nacht auf dem Zimmer der Bauer gewesen sein soll,
er wurde von verschiedenen Dienstboten beim Herunter-
gehen in der Frühe beobachtete.“

Der Unglückstag aus Sicht der Mühlenbäuerin

„Am 2.2.42 - Feiertag - wollte ich die Bauer gegen
½ 7 Uhr wecken. Sie war aber schon wach und kam bereits aus ihrem Zimmer heraus. Es fiel mir auf, daß
sie an diesem Tage von selbst aufstand, weil sie sonst
ständig von mir geweckt werden mußte. An diesem Morgen übergab ich ihr dann, wie auch sonst immer, die
Hausschlüssel, damit sie überall aufsperren konnte.
Der Kaffee wurde auch, wie sonst, von der Bauer gekocht. Wie üblich ging sie auch an diesem Tag nach dem
Kaffeekochen auf die Knechtkammer um angeblich die
Betten zu machen. Um ½ 8 Uhr wurden die Dienstboten

zum Kaffeetrinken gerufen, die auch mit Ausnahme des Eder alle gekommen sind.

Als ich sie frug, wo heute der Stummerl sei, gab sie mir zunächst keine Antwort. Ich schickte sie sodann auf das Zimmer des Stummerl um diesen zu wecken. Bei ihrer Rückkunft erklärte sie mir, daß der Stummerl noch so gut schlafe, er schnarche sehr stark, auf seinem Zimmer stinke es nach Bier und Wein, er müße gestern einen starken Rausch gehabt haben.

Ich konnte aber nicht gut annehmen, daß Eder am Abend vorher noch in einem Wirtshaus war, weil er nämlich an diesem Abend - 1.2.42 - noch um 20.30 Uhr bei mir in der Stube war. Er hat auch nicht davon gesprochen, daß er noch fortgehen wolle und er war dazu auch gar nicht angezogen. Zu solch später Zeit ist der Stummerl überhaupt nie mehr fortgegangen.

Obwohl am 2.2.42 bei uns Feiertag war, habe ich der Bauer den Auftrag erteilt, am vormittag zu waschen und zwar mit Rücksicht darauf, weil auch am anderen Tag ein Bauernfeiertag gehalten wurde. An diesem Vormittag habe ich dann die Bauer überhaupt nicht mehr zum Stummerl geschickt und auch ich habe mich um ihn nicht mehr weiter gekümmert. Von meinem Melker Johann Bürger wurde mir aber gesagt, daß die Bauer an diesem Vormittag bei Eder öfter auf der Kammer war. Im Laufe des Vormittags kam sie dann einmal in die Küche und sagt, daß sie in der Mühle Mehl hole, was ihr aber nicht angeschafft und von ihr auch sonst nie gemacht wurde. Was sie damit für eine Absicht verfolgte, ist mir nicht erklärlich.

Zwischen 12,30 und 13 Uhr schickte ich dann meine Tochter Katharina zu Eder auf das Zimmer, um ihn zum Mittagessen aufzuwecken. Sie ging aber nicht auf das Zimmer, sondern stieß von der Wagenremise aus mit einem Schaufelstiel an den Kammerboden des Eder. Als sie zurückkam, erklärte sie mir auf Befragen, daß sich der Stummerl gemeldet hätte. Ich konnte bis dahin keine Erklärung dafür finden, daß der Stummerl heute nicht aufstand; es ist zwar schon vorgekommen, daß er an einem Sonn- oder Feiertag am Vormittag schlief, wohl

aber ist er jedesmal in der Frühe aufgestanden und hat seine Pferde versorgt.
Etwa um 12,45 Uhr haben wir gemeinsam Mittag gegessen. Alle Dienstboten waren anwesend, nur Eder fehlte noch. Zu dieser Zeit kam dann auch Bauer aus der Waschküche. Ich kann nun nicht mehr sagen, ob ich ihr den Auftrag gegeben habe, nochmals zum Stummerl zu gehen, jedenfalls ging sie bei der Haustüre hinaus, nahm einen Schneeballen und warf diesen an das Fenster des Eder. Ich bin dann wieder in das Haus zurück. Mir fiel nun auf, daß die Bauer nicht kommt. Nach etwa 10 Minuten hörte ich sie in das Haus hineingehen, habe sie aber nicht gesehen. Sie ging auch nicht gleich zum Essen herein, sondern ging zunächst noch in die Waschküche. Sodann kam sie in die Küche und trocknete zunächst ihre Hände ab.
Erst jetzt kam sie zu mir an den Tisch und sagt: „Frau, darf ich es ihnen sagen, der Stummerl hat sich da und da alles abgeschnitten", wobei sie auf die beiden Handgelenke und auf den Hals zeigte. Als ich sie dann näher anschaute merkte ich, daß sie an der Bauchgegend und an einem Arm mit Blut befleckt war. Nachdem auch die anderen Dienstboten sagten, daß sie ja voll Blut sei, erklärte sie, daß sie den Stummerl im letzten Moment noch retten wollte, sie hätte ihm das Messer herausgerissen. Die Mitteilung, daß sich Eder die Pulsadern aufgeschnitten und auch Halsverletzungen beigebracht hat, machte Bauer in aller Seelenruhe, eine besondere Aufregung habe ich an ihr nicht wahrgenommen, wohl aber hat sie ganz verstört geschaut.
Nun ging ich zu den in der Stube beim Essen befindlichen Knechten und ersuchte sie auf das Zimmer des Eder zu gehen. Mein Mann war an diesem Tag in Wasserburg und wurde erst nachträglich telefonisch herbeigerufen. Ich selbst bin nicht auf das Zimmer gekommen und kann daher zu der Auffindung des Eder keine Angaben machen.
Auf Vorhalt der Angaben von Bauer (gemeint sind ihre früheren Aussagen in Wasserburg): Ich kann mit Sicherheit sagen, daß Eder am Abend des 2.2.42 nicht

mehr ins Wirtshaus gegangen ist und somit auch keinen Rausch haben konnte. Es ist nicht wahr, daß mich Bauer an diesem Tag geweckt hat, es ist vielmehr so, daß ich sie wecken wollte und sie zu dieser Zeit soeben aus ihrem Zimmer kam. Ob ich sie am Mittag zu Eder geschickt habe oder ob sie von selbst hinausgegangen ist, kann ich nicht mehr sagen und ich entsinne mich auch nicht, daß sie zu mir gesagt hätte, daß sie nun das Drittemal zu Eder gehe. Wenn Bauer angab, daß Eder mit einem roten Pullover und mit grünen Socken bekleidet aufgefunden wurde, so handelt es sich um die Kleidung, die er am Abend vorher getragen hat. Daraus ergibt sich für mich die unumstrittene Tatsache, daß Eder nicht mehr fortgegangen ist, weil er in dieser Kleidung noch nie ein Wirtshaus besucht hat. Ob nun Bauer, nachdem sie das letztemal bei Eder auf dem Zimmer war, die Treppe herunterfiel, kann ich nicht genau sagen, und ich glaube auch gar nicht daran. Sie hatte zwar an einem Bein eine kleine Verletzung, wovon sie mir erzählte, daß sie in Wasserburg auf der Gehbahn zusammen gefallen sei, ein andermal wiederum führte sie die Verletzung darauf zurück, daß sie in die Mühle gefallen wäre."

Stummerls ungewöhnliche Unpässlichkeit im Herbst

„Wenn ich gefragt werde, ob Eder in letzter Zeit einmal krank gewesen sei, so entsinne ich mich lediglich an einen Tag im Herbst 1941, an dem er einen sehr starken Durchfall hatte. Er klagte damals über starke Bauchschmerzen und kam so ziemlich den ganzen Tag vom Abort nicht mehr weg. Was die Ursache hiezu war, ist mir nicht bekannt. Ich habe zunächst angenommen, daß sein Durchfall evtl. auf das Essen zurückzuführen wäre, wogegen aber doch wiederum feststeht, daß von den anderen Dienstboten über keinerlei derartige Beschwerden geklagt wurde. Daß er noch an einem weiteren Tag einmal schlecht beisammen gewesen wäre, kann ich mich nicht entsinnen."

Cäzilie im Geldsegen

„Bauer hatte bei mir anfänglich einen Lohn von monatlich 25 Mk. und ab 1.10.39 bekam sie 30 Mk. Der Lohn wurde ihr an jedem Monatsersten ausbezahlt, sie hat auf das Geld stets schon gewartet. Nur in letzter Zeit konnte man die Wahrnehmung machen, daß sie auf ihren Lohn nicht mehr so angewiesen war. Bei ihrem Dienstantritt hatte sie nur die allernotdürftigste Kleidung. Sie hat sich bei uns sehr viele und auch größere Anschaffungen gemacht, was ich insbesondere auch dadurch feststellen kann, daß sie zu ihrem Auszug einen größeren Reisekorb und auch mehrere Koffer benötigte. Ihre Ausgaben standen in keinem Verhältnis zu ihrem Verdienst.“

Aus der Aussage von Katharina Stemmer, geb. 20.2. 25, Tochter des Mühlenbesitzers

Eder reagierte auf ihr Wecken

(…) Am 2.2.42 bin ich etwa um 9 Uhr aufgestanden. Bauer war um diese Zeit bereits mit der Hausarbeit fertig und begann sodann mit dem Waschen. Im Laufe des Vormittags erzählte sie mir, daß der Stummerl heute nicht aufgestanden sei und daß er einen Rausch gehabt hätte. Da Eder am Mittag nicht zum Essen kam, wurde ich von meiner Mutter beauftragt, den Stummerl zu rufen. Dies habe ich wie auch sonst immer in der Weise gemacht, daß ich mit einem Schaufelstiel an den Kammerboden des Eder stieß, was er durch die dadurch hervorgerufene Erschütterung wahrnehmen konnte. Ich kann mich heute noch mit Sicherheit daran erinnern, daß Eder auf das Klopfen einen Laut von sich gegeben hat. Eine Täuschung liegt in diesem Falle bei mir bestimmt nicht vor. Ich glaube aber, daß dieser Laut doch etwas anders war, als sonst, als wenn der Eder gestöhnt hätte. Von Eder weg bin ich dann in die Mühle habe dort Zeitler zum Essen gerufen und habe dann nochmals bei Eder geklopft. Ob er bei diesem Klopfen nochmals angegeben hat, kann ich nicht sagen. Anschließend bin ich in die Küche zurück und habe mich zum Mittagessen hingesetzt. Die Bauer, die ihr Essen mit meinen Eltern und uns Schwestern an einem Tische einnimmt, war noch nicht anwesend. Meiner Mutter gegenüber habe ich auf Befragen erklärt, daß mir der Stummerl auf mein Klopfen angegeben hat."

Cäzilie wirkte völlig unaufgeregt

„Bauer kam dann erst später in die Küche. Zunächst begab sie sich an den Brunnen und hat sich glaublich an dem dort hängenden Handtuch ihre Hände abgetrocknet. Sodann kam sie an den Tisch, blieb vor meiner Mutter stehen und sagte entweder Frau ich muß es ihnen sagen oder darf ich ihnen sagen, daß sich der Stummerl da und da alles aufgeschnitten hat. Sie zeigte dabei auf die Handgelenke und auf den Hals. Eine sonderliche Aufregung habe ich dabei an ihr nicht wahrgenommen. Wie sie ferner sagte, habe sie den Stummerl im letzten Moment noch retten wollen, sie habe ihm das Messer herausgerissen. Sie selbst war am linken Arm mit Blut besudelt. Anschließend begaben sich dann die Knechte auf die Kammer des Eder, ich kann aber nicht sagen, ob auch die Bauer mitgegangen ist. Mehr kann ich zur Sache nicht angeben."

Aus der Aussage des Melkers Johann Bürger, geb. am 06.03.1914

Hochstapelei, Drohungen und Eifersucht

„(…) Vor etwas 1 ½ Jahren vertraute mir der Stummerl, mit dem ich mich sehr gut verständigen konnte, an, daß er die Bauer heiraten werde. Wie er mir dabei erzählte, besitze die Bauer ein Anwesen mit 3 Stück Vieh. Auch die Bauer hat mit Eder in meiner Gegenwart davon gesprochen, daß sie Eder heiraten werde und sie hat auch in meiner Gegenwart zu Eder gesagt, daß sie ein Haus mit 3 Stück Vieh besitze. Aus der Unterhaltung der Beiden habe ich entnehmen können, daß es sowohl dem Eder als auch der Bauer mit der Heirat ernst war. Eder war der Bauer überaus sehr zugetan und war auf sie eifersüchtig. Im Herbst vergangen Jahres und zwar während der Grummeternte bemerkte dann Eder einmal, wie die Bauer mit dem Müller Zeitler nach Wasserburg ins Kino ging. Darüber wurde Eder ganz wild und hat von der Zeit an erst recht mit Zeitler geeifert. (…) Etwa 4 Wochen vor Lichtmeß 1942 war ich einmal in der Küche, als Eder vor der Bauer sein feststehendes Messer herausnahm und ihr damit drohte. Er deutete ihr an, daß er ihr das Geld gegeben habe und nun heiraten möchte. Etwas später waren wir dann am gleichen Tag noch beisammen im Stall. Dabei deutete er mir an, daß er der Bauer die Gurgel abschneide, falls sie ihn nicht heirate. Eder war bei mir sehr viel im Stall und hat mir ständig von seinen Beziehungen zu Bauer erzählt. In letzter Zeit erklärte er mir öfter, daß die Bauer nun 8 Stück Vieh hätte, das sie von seinem Gelde gekauft habe. Wie er mir ferner andeutete, soll die Bauer auch ein Pferd für 2000 Mk. gekauft haben. Ich bin der Anschauung, daß Eder alles für ernst hingenommen hat, was ihm die Bauer vormachte."

Vorgetäuschte Heirats- und offene Tötungsabsicht

„Wie mir Eder selbst erzählte, sollte bereits an Weihnachten 1941 die Hochzeit mit Bauer stattfinden. Eder wurde aber von der Bauer in meiner Gegenwart auf eine spätere Zeit, und zwar auf Lichtmeß 1942 vertröstet. Sie hat ihm durch Zeichen zu verstehen gegeben, daß sie einen Bruder bei den Fliegern hätte und erst wenn dieser komme, könnte die Heirat stattfinden. Eder hat der Bauer sogar geglaubt, daß ihr Bruder mit dem Flugzeug käme und Beide dann zur Hochzeit wegfliegen könnten. Ich habe Eder mehrmals erklärt, daß das Vorbringen der Bauer doch nur Schwindel sei, worauf er jedesmal ganz wild wurde. Er konnte es eben absolut nicht fassen, daß er von der Bauer an der Nase herumgeführt wurde. Auch von Bauer wurde mir erklärt, daß Eder sie auf Lichtmeß heiraten wollte. Wie sie mir aber bei dieser Gelegenheit sagte, werde sie Eder nie heiraten und er werde ihr jetzt schon zu aufdringlich, er müsse weg. Dabei sprach sie davon, daß ihr Vater Tabletten hätte, die sie Eder geben möchte. Wenn sie ihm davon 4 oder 5 Stück geben würde, schlafe er ein, dann wäre er so dahin."

Liebesdienste gegen Geld?

„Ich weiß bestimmt, daß Eder mit Bauer in intimen Beziehungen gestanden ist. Er hat mir wiederholt angedeutet, daß er mit der Bauer Geschlechtsverkehr hat. Im Sommer vergangen Jahres habe ich selbst die Wahrnehmung gemacht, daß Eder bei der Bauer geschlafen hat (…). Bauer selbst hat sich in dieser Hinsicht nicht ausgelassen, hat aber dem Stummerl in meiner Gegenwart schon angedeutet, daß er zu ihr auf das Zimmer kommen darf. Die Andeutungen der Bauer habe ich für ernst genommen und ich nehme an, daß sie sich mit Eder nur deshalb eingelassen hat, um von ihm Geld zu bekommen. Ich bin auch der festen Überzeugung, daß Bauer auch mit dem Müller Zeitler in intimen Beziehungen gestanden ist. Wie sie mir selbst einmal sagte, hat sie von Zeitler Geld bekommen. Sie hat sich mir gegenüber im Herbst 1941 auch einmal geäußert, daß sie nun zum Sepp - Zeitler - gehe, dann dürfe er draufhupfen, dann bekomme sie Geld von ihm. Bei Zärtlichkeiten habe ich die Beiden jedoch noch nie beobachtet, wogegen ich aber solche Wahrnehmungen zwischen Bauer und Eder öfters machen konnte. Bauer hat für Eder in jeder Hinsicht gesorgt und hat ihm an den Samstagen auch den Kopf gewaschen."

Eder und der Melker am Vorabend des Unglückstags

„Am 1.2.42 war ich am Abend gegen 20.45 Uhr mit Eder noch im Stall beisammen. Er kam um diese Zeit zu mir herein und wir haben uns mitsammen noch längere Zeit unterhalten. Dabei deutete er mir an, daß er am Lichtmeßtag - also tags darauf - heiraten werde. Dabei erzählte er wiederum, daß die Bauer 8 Stück Vieh besitze, das sie von dem Geld gekauft, das er ihr gegeben habe. Er war dabei überaus gut aufgelegt. Etwa um 21.30 Uhr ist er von mir weg und begab sich auf sein Zimmer. Ich bin dann ebenfalls auf mein Zimmer und habe gesehen, daß Eder Licht hatte. Inzwischen ging ich dann nochmals in den Stall, um nach einer

Kälberkuh zu sehen. Es dürfte mittlerweile 22.30 Uhr
geworden sein, und ich habe um diese Zeit gemerkt, daß
Eder das Licht ausschaltete. Es ist daher nach meinem
Dafürhalten gänzlich ausgeschlossen, daß Eder an diesem Abend noch fortgegangen ist. Er war dazu vorher
auch gar nicht angezogen, denn ich weiß noch sicher,
daß er nur einen Pullover trug und in Pantoffeln war."

Stummerls Zustand beim Eintreffen des Melkers in der Kammer

„(…) Ich hörte auch, wie sie (gemeint ist Cäzilie, Anm. d. Verf.) zu
Frau Stemmer sagte: "Ich muß Ihnen sagen, der Stummerl
hat sich erstochen." Ich bin dann sofort mit Zeitler
auf das Zimmer des Eder. Die Türe zu seinem Zimmer war
zu und da ich Zeitler voraus ging, wurde sie von mir
geöffnet. Eder lag vor seinem Bett auf dem Zimmerboden,
mit dem Gesicht zum Boden zugekehrt, die Arme standen
nach rückwärts. Er hat sich um diese Zeit nicht mehr
gerührt. Ich habe ihm den Kopf hochgehoben und habe
dabei bemerkt, daß aus dem Halse viel Blut herausfloß
und auch die Kehle noch ging - es strömte Luft aus -.
Eder hat sich noch warm angefühlt. Von den Verletzungen an den Handgelenken ist mir aufgefallen, daß diese
schon älter sein mußten, als die am Hals, weil nämlich
das Blut an den Handgelenken schon angetrocknet war.
Ich täusche mich hier nicht, denn dieser Umstand ist
mir sofort aufgefallen. Das Messer lag im Bett unterhalb des Kopfkissens, desgleichen befand sich darin
auch das Gebiß des Eder. Das Oberbett war ebenfalls
auf dem Boden, es lag hinter dem Bett und zwar am Fuß-
ende auf dem Boden. Die Füße des Eder waren mit einer
Pferdedecke umwickelt.
Ich habe noch nie daran geglaubt, daß Eder Selbstmord
verübt hat, denn nach meinem Dafürhalten hätte er nie
so schön aus dem Bett fallen können. Außerdem habe ich
dann an Eder am Abend vorher absolut keine Anzeichen
davon finden können, daß bei ihm etwas nicht stimmen
könnte, denn er war überaus gut aufgelegt."

Aussage des ledigen Obermüllers Josef Zeitler, geb. am 27.08.1884

Zeitlers Beziehung zu Eder und Cäzilie

„Ich bin seit November 1938 bei Stemmer als Obermüller beschäftigt und dort auch wohnhaft. Mein Wochenlohn beträgt bei freier Verpflegung und Wohnung 18 Mk. Mit dem auf dem Hofe beschäftigt gewesenen Eder war ich schon früher bekannt, da ich schon immer in dieser Gegend gearbeitet habe. Mit ihm habe ich mich wenig unterhalten, weil ich mich mit ihm nicht richtig verständigen konnte. Einen Streit hat es aber zwischen uns nicht gegeben. Lediglich im April 1941 kam ich mit ihm einmal in einer Wirtschaft in eine Auseinandersetzung. Die Ursache hiezu war, daß Eder davon sprach, daß er heiraten wolle und zwar, daß ihn die Bauer heiraten werde, weil er Geld habe. Als ich ihm darauf zu verstehen gab, daß er gar nicht heiraten dürfe, da er weder sprechen noch hören könne, wurde er wütend und warf mich über den Stuhl hinunter. Weiter hatte ich mit ihm nichts, auch bestand zwischen uns keine offene Feindschaft. Ob sich nun Eder eingebildet hat, daß evtl. ich der Bauer etwas will, kann ich nicht sagen. Mit der Bauer bin ich ganz gut ausgekommen. Auf die Auseinandersetzung, die ich mit Eder hatte, hatte ich mit ihr einmal eine Aussprache, weil ich glaubte, daß sie bei Eder gegen mich hetzt. Ich habe ihr damals auch vorgehalten, ob sie sich denn mit dem Eder abgebe. Sie erwiderte mir darauf, daß sie in keiner Weise gegen mich hetze und daß sie den Eder auch nichts wolle. Weiter hatte ich mit der Bauer nichts zu tun. Ich bestreite daher, daß ich mit ihr in intimen Beziehungen gestanden bin."

Cäzilies Werben um Zeitler

„Dagegen gebe ich zu, daß ich Bauer anfangs September 1941 einen Betrag von 400 Mk. geliehen habe, womit sie angeblich den Zahnarzt bezahlen müsse. Sie versprach mir auf Ehrenwort, daß sie mir das Geld wieder zurückgibt. Bereits vor der Hingabe des Geldes hat sich Bauer schon früher einmal mir gegenüber bereit

erklärt, daß sie am Abend einmal auf mein Zimmer komme.
Ich konnte daraus ohne Zweifel entnehmen, daß ich mit
ihr hätte tun können, was ich wollte. Ich habe mich
aber auf ihr Angebot nicht eingelassen, weil ich befürchtete, daß sie sich unter diesen Umständen auch
mit anderen Männern einläßt. Nach der Hingabe des
Geldes, bot sie sich mehrmals an, daß sie halt doch
einmal zu mir kommen werde, sie meinte damit, daß ich
mit ihr geschlechtlich verkehre. Ich habe mich aber
sicher auf nichts eingelassen. Im November 1941 trat
sie dann an mich wieder heran ihr zum Kauf eines Pel-
zes 60 Mk. zu leihen, weil ihr ihr Barbestand nicht
ausreiche. Mit Zögern habe ich ihr auch diesen Betrag
gegeben, sodaß sie von mir insgesamt 460 Mk. erhalten
hat. Sie versprach mir auch diesmal, das Geld wieder
zurückzugeben, zumal sie ja auch selbst Geld auf der
Sparkasse habe. Das Geld habe ich bisher noch nicht
erhalten, ich habe sie auch erst bei ihrer Entlassung
zur Rückgabe aufgefordert. Wenn mir nun vorgehalten
wird, daß die Bauer von mir einen Betrag von 2500 Mk.
erhalten haben soll, so versichere ich nochmals, daß
sie von mir nur 460 Mk. bekommen hat."

Zeitler über Cäzilie und Stummerl

„Ich hatte schon immer die Vermutung, daß es zwischen
Bauer und Eder nicht ganz sauber ist. Ich schließe
dies daraus, weil beide häufig beisammen waren und
weil Bauer den Eder überhaupt nicht aus dem Auge ließ.
Bauer war dem Eder in jeder Hinsicht sehr zugetan. Ich
habe ihr deswegen öfters Vorhalt gemacht, worauf sie
stets erklärte, daß sie ihm nur deshalb schön tue, daß
sie mit ihm gut auskomme. Ob sie nun vom Stummerl auch
Geld bekommen hat, weiß ich nicht und ich kann auch
nicht sagen, ob der Stummerl überhaupt einen größeren
Geldbetrag hatte. Bei Stummerl war ich im Frühjahr
1939 einmal auf dem Zimmer. Er hatte sich damals eine
neue Wanduhr gekauft, wobei er mir auch seine Kleider
und seine Geldkassette zeigte, letztere aber nicht
öffnete. Eder hat früher gerne viel getrunken, hat
aber doch nicht allzuviel Geld verbraucht. Solange

ich hier bin, habe ich ihn noch nie mit einem Rausch gesehen und ich kann mich auch nicht entsinnen, daß er einmal in der Frühe nicht aufgestanden wäre."

Der Tag des Unglücks aus Zeitlers Sicht

„Am 2.2.42 war ich den ganzen Tag in der Mühle beschäftigt. Etwa um 7.45 Uhr begab ich mich in die Küche zum Kaffeetrinken, die anderen Dienstboten hatten das Frühstück schon eingenommen. Schon bei dieser Gelegenheit wurde mir bekannt, daß der Stummerl nicht aufgestanden sei. Nach dem Kaffeetrinken habe ich die Bauer in den frühen Morgenstunden glaublich 2 mal gesehen, daß sie zum Stummerl auf das Zimmer gegangen ist. (…) Gegen 12.30 Uhr wurde ich von der Tochter Käthe zum Essen gerufen. Ich nehme meine Mahlzeiten mit der Herrschaft, den Töchtern sowie mit Bauer in der Küche ein. Bauer war aber noch nicht anwesend. Sie kam erst später in die Küche, wobei sie von Frau Stemmer den Auftrag bekam, daß sie den Stummerl holen soll. Sie ging dann auch tatsächlich aus dem Haus. Bald darauf, ich war mit dem Essen noch nicht fertig, kam sie in die Küche und stellte sich vor Frau Stemmer hin und sagte: "Darf ich es ihnen sagen, der Stummerl hat sich da und da und den Hals abgeschnitten." Dabei zeigte sie auf die beiden Pulse und auf den Hals. Sie war dabei nach meinem Dafürhalten schon aufgeregt, man kann aber von keiner starken Erregung sprechen. Ich habe dann auf sie weiter nicht mehr geachtet, sondern bin sofort hinaus und begab mich zusammen mit dem Knecht Bürger auf das Zimmer des Eder. Die Türe zu seinem Zimmer stand etwas offen. Schon vor Betreten des Zimmers sah ich daher Eder auf dem Boden liegen. Er lag vor seinem Bett, das Gesicht dem Boden zugekehrt und mit dem Kopfe in Richtung zum Fenster. Das Bett war stark mit Blut beschmiert. Eder war mit einer Wolldecke eingewickelt, mit der er herausgefallen ist. Das Oberbett ist glaublich ebenfalls am Boden gelegen. Bürger faßte den Eder beim Kopf und hob ihn etwas hoch. Eder machte dabei lediglich den Mund auf, einen Laut hat er nicht mehr von sich gegeben. Er hatte

Verletzungen am Halse und an beiden Handgelenken. Mir
ist aber aufgefallen, daß die Verletzungen an den beiden Handgelenken nicht mehr so frisch waren, wie die
am Halse. Aus den Handgelenken bezw. aus diesen Verletzungen ist kein Blut mehr herausgelaufen, das Blut
an diesen Wunden war schon etwas gestockt. Das Blut im
Bett war ebenfalls schon eingesickert. Das Messer des
Eder lag im Bett unterhalb des Kopfkissens. Wir ließen Eder auf dem Boden liegen und deckten ihn mit einer
Decke zu. Sodann wurde die Gendarmerie verständigt.
Bauer habe ich nicht mehr auf dem Zimmer des Eder
gesehen.“

Cäzilies Heiratsangebot an Zeitler

„Auf Vorhalt: Es ist richtig, daß sich Bauer mir
gegenüber einmal angeboten hat, mich zu heiraten. Es
dürfte dies im Frühjahr 1941 gewesen sein. Wir hatten
öfters mitsammen eine Gaudi, wobei sie mich auch
öfters frug, ob ich sie nicht heirate. Ich habe daraus
entnommen, daß es ihr mit ihrer Anfrage und mit ihrem
Anerbieten ernst ist. Ich hätte nur zugreifen brauchen, und hätte mit der Bauer machen können, was ich
wollte. Ich versichere aber nochmals, daß zwischen mir
und Bauer keine intimen Beziehungen bestanden haben.“

Aus der Aussage des Mühlenbesitzers Rupert Stemmer, geb. am 06.05.1882

Dem Mühlenbauer missfielen Cäzilies Beziehungen

„(…) Seit etwas 2 Jahren merkte ich, daß Eder die
Bauer gern sieht. Ich habe Bauer darüber auch Vorhalt
gemacht und sie ernstlich aufgefordert, dem alten Manne
seine Ruhe zu lassen. Sie gab mir darauf stets zur
Antwort, daß sie ihm doch nichts wolle. Eder dürfte
aber doch anders gedacht haben, denn er hat mir selbst
schon unmißverständlich angedeutet, daß er heiraten
möchte, insbesondere auch in letzter Zeit noch. Wenn
ich ihm entgegen hielt, daß er doch schon so alt wäre,
wurde er ganz wütend.
Wiederholt bin ich dazu gekommen, daß die Beiden an

den Abenden in der Küche zärtlich beisammen waren. Ob jedoch intime Beziehungen bestanden, kann ich nicht sagen, nehme dies aber ohne weiteres an. Auch mit meinem Obermüller Zeitler ist Bauer öfters ins Kino und ins Kaffee nach Wasserburg gegangen. Sie sprach auch öfters davon, daß sie bei derartigen Anlässen Zechen von etwas 7 Mk. gemacht hätten, die natürlich von Zeitler bezahlt wurden. Es war bei uns auf dem Hofe ein offenes Geheimnis, daß die Bauer mit Eder und auch mit Zeitler eine intime Beziehung unterhielt. Nebenbei möchte ich bemerken, daß die Bauer auch jede Woche einmal nach Wasserburg ging und sich von dem Musiklehrer Froschmeier Zitherunterricht geben ließ."

Stemmer traute Cäzilie „alles" zu

„Seit etwa 4 bis 6 Wochen vor Lichtmeß war Eder ab und zu etwas kränklich, er klagte viel über Bauchschmerzen und hatte auch einmal starken Durchfall. Zwischendurch war er wieder sehr gut beisammen und bald darauf konnte man schon wieder merken, daß er sich in keinem guten Zustand befand. Ich habe die Bauer daher veranlaßt, dem Eder ausser der Reihe ab und zu Milch oder auch einmal ein Ei zu geben, damit er wieder zu Kräften komme, wie ich mich aber noch entsinne, habe ich meiner Frau meine im Stillen gehegten Befürchtungen ausgesprochen, daß sie ihm hoffentlich nicht einmal etwas hineintut. Auf diesen Gedanken bin ich deshalb gekommen, weil ich diesem Weibe absolut nicht getraute und ihr alles zutrauen würde.
Obendrein habe ich auch von Frau Kandler erfahren, daß die Bauer einmal mit Tabletten zu ihr gekommen sei und gesagt habe, daß sie Eder davon nur 10-12 Stück geben bräuchte, dann wäre er hin. Dies habe ich allerdings erst erfahren, als die ganze Sache schon vorbei war. Rattengift ist auf meinem Hofe nicht vorhanden, wohl aber hat meine Frau ein Russenvertilgungsmittel, das ebenfalls giftig ist.
Am 1.2.42 war Eder den ganzen Tag zu Hause. An diesem Tage habe ich ihm mitgeteilt, daß auch am 2. und am 3.2.42 Feiertag ist. Ich habe ihn an diesem Tage gegen

20.45 Uhr beim Schweizer im Stall gesehen. Der Bauer
habe ich nach Bekanntwerden des Vorfalles darüber Vorhalt gemacht, wie sie denn behaupten könnte, daß Eder
am Abend vorher noch fort gewesen sei, zumal ich ihn
doch noch im Stall gesehen hätte. Sie erklärte darauf,
daß sie das eben nur gemeint hätte."

So verbrachte Stemmer den Unglückstag

„Am 2.2.42 war ich am Vormittag in Wasserburg. Bereits am Tage vorher habe ich, wie auch sonst üblich, zu Hause allgemein gesagt, daß ich am anderen Tag nach Wasserburg fahre, sodaß jedes
Gefolgschaftsmitglied, insbesondere aber auch Bauer
wußte, daß ich am anderen Vormittag nicht zu Hause
bin. Am 2.2.42 befand ich mich gegen 13 Uhr in Wasserburg bei dem Forstmeister Hengl. Als ich mich dort soeben verabschieden wollte, wurde ich von zuhause fernmündlich angerufen, daß ich sofort nach Hause kommen
solle, da sich der Stummerl die Gurgel abgeschnitten
hätte. Ich wurde sodann von dem Preiskommissar in Wasserburg im Auto nach Hause gefahren, der unmittelbar
zuvor die Gendarmerie an den Tatort verbrachte.
Bei meiner Ankunft begab ich mich sofort auf das Zimmer des Eder. Er lag noch vor seinem Bett auf dem
Boden, mit dem Gesicht nach unten, die Arme nach rückwärts haltend. Ich habe Eder dann umgedreht und habe
erst jetzt seine Wunden am Hals richtig gesehen. Diese haben noch frisch geblutet, während mir aber auf-
fiel, daß die Wunden an den Handgelenken nicht mehr so
frisch waren, sie haben gar nicht mehr geblutet. Das
Blut an den Handgelenken war ganz gering und war schon
so, als wenn die Verletzungen etwa 3-4 Stunden vorher
schon verursacht worden wären. Ich habe bisher noch
nie glauben können, daß Eder Selbstmord verübt hat."

Stemmer hoffte auf Cäzilies Überführung

„Schon immer hegte ich den Verdacht, daß die Bauer
damit im Zusammenhang steht und habe sie aus diesem
Grunde am 1.3.42 entlassen. Wenn ihre Entlassung nicht
sofort erfolgte, so nur deshalb, weil ich sie noch un-

bedingt 3 Wochen halten wollte, in der Annahme, daß
sie schließlich doch überführt werden kann. Als Begründung der Kündigung habe ich ihr gegenüber erklärt,
daß mir wegen ihr niemand mehr ins Haus gehe, weil alles
davon spreche, daß sie den Eder umgebracht hätte. Sie hat
sich aber gegen diesen Vorwurf absolut nicht gewehrt.
Das mir vorgezeigte Messer war Eigentum des Eder. Er
hatte früher ein feststehendes Messer, das ich aber
schon lange Zeit nicht mehr gesehen habe."

Stemmer belastete Cäzilie

„Eder hat sich früher selbst rasiert und er besass
auch sehr schöne Rasiermesser. Bei seinem Ableben habe
ich weder das feststehende Messer noch die Rasiermesser gesehen. Wo diese hingekommen sind, weiß ich
nicht. In letzter Zeit hatte sich Eder mit einem Apparat
rasiert.
Ich bin der festen Überzeugung, daß Eder keinen Selbstmord begangen hat, sondern von Bauer umgebracht wurde.
Das Motiv zur Tat dürfte darin zu suchen sein, daß
Bauer von Eder einen größeren Geldbetrag bekommen hat,
der bei seinem Ableben unbedingt hätte vorgefunden
werden müssen."

Eine zentrale Frage: War Eder Rechts- oder Linkshänder?

„Wenn ich gefragt werde, ob Eder Rechts- oder Linkshänder war, so kann ich dazu mit Sicherheit erklären,
daß er alles mit der rechten Hand gemacht hat. Sofern
er beim Fuhrwerk war, hatte er die Peitsche und das
Leitseil in der rechten Hand, was das sicherste Zeichen
dafür ist, daß er Rechtshänder war. Ich möchte noch
erwähnen, daß ich bei Auffindung des Eder zu den anwesenden Gendarmen gesagt habe, daß ich jetzt die Geldkassette des Eder aus dem Schrank nehme und sie werden
schauen, was Geld vorhanden sei. Ich hoffte nämlich,
einen Betrag von immerhin 4000 Mk. vorzufinden, jedoch
war die Kasse zu meinem größten Schrecken leer."

Erneute Befragung der Ehefrau Stemmer zu den Angaben ihres Mannes

Gift auf dem Hof

„Es ist richtig, daß ich ein Russenvertilgungsmittel zu Hause habe. Es handelt sich hier um ein Gift mit der Bezeichnung Sichorol. Dieses Pulver verwendete ich letztmals im Herbst 1941 im Hühnerstall. Eine halb gefüllte Dose habe ich von dieser Zeit an in meinem Küchenschrank aufbewahrt. Als ich nun im Frühjahr das Pulver wieder benötigte, stellte ich fest, daß es nicht mehr vorhanden war. Wo es hingekommen sein mag, kann ich allerdings nicht sagen. Bauer wusste jedoch, wo sich das Gift befand und sie hat auch von sich aus den Russen gestreut. Nach der letzten Benützung war mit Sicherheit noch eine halbe Dose vorhanden. Andere Gifte habe ich nicht zu Hause.“

Vorrat an Schlaftabletten

„Etwa um die Kirchweihzeit 1941 herum hatte die Bauer an der Hand einen wehen Finger und stand hiewegen auch in ärztlicher Behandlung. Wie sie mir selbst erzählte, habe sie sich von dem behandelnden Arzt Dr. Schwarz in Wasserburg deshalb Schlaftabletten verschreiben lassen. Ich habe ihr damals auch den Vorhalt gemacht, warum sie wegen ihrer geringfügigen Verletzung Schlaftabletten benötige, denn ich war der Überzeugung, daß ihr der Finger keine solchen Schmerzen verursachte, daß sie nicht schlafen konnte. Anmerkung: Bei Sichorol handelt es sich laut Aufschrift auf der Packung um ein kieselflorsäurehaltiges grünes Pulver, das für Menschen und Tiere giftig ist.“

Aus der Vernehmung der verheirateten Aushilfsmelkerin Maria Reihofer, geb. am 17.11.1909

Cäzilie und die Männer

„Ich bin schon seit etwa 6 Jahren bei dem Müller Stemmer als Aushilfe beschäftigt. Schon seit 2 Jahren ist mir bekannt, daß die dortige Hausmagd Bauer mit Eder ein Verhältnis unterhielt. Dies erfuhr ich von

der Melkerin Frau Kandler. (…) Von Eder habe ich selbst
erfahren, daß er Bauer heiraten will. Bauer soll ein
Anwesen mit 8 Stück Vieh und 6 Schweinen besitzen (…).
Mit Bauer habe ich hierüber ebenfalls gesprochen, sie
hat mir aber dazu nur gelacht. Ihr allgemeines Sprich-
wort lautete: „Alte muß man ausziehen und Junge heiraten.“
Mit dem Obermüller Zeitler hat sie es auch nach meinem
Dafürhalten genau so gemacht. Zeitler und Eder waren
aufeinander auch furchtbar eifersüchtig. (…) Wie mir
Frau Kandler erzählte, habe ihr Bauer auch einmal Geld
gezeigt, daß sie von Zeitler bekommen haben will. Ferner
erfuhr ich von Kandler, daß Bauer auch von Eder Geld
bezogen hat. Es wurde von einem Betrag von 2-3000 Mk.
gesprochen. Auch der verstorbene Eder hat mir erklärt,
daß er Bauer Geld gegeben habe, wovon diese ein Radio,
einen Bulldog und ein Schlafzimmer gekauft habe. (…)“

Cäzilies Vorrat an Schlaftabletten

„Einige Wochen vor Weihnachten 1941 soll Bauer beim
Arzt in Wasserburg gewesen sein. Nach den Erklärungen
der Frau Kandler seien ihr vom Arzt Schlaftabletten
verschrieben worden. Hievon hat Bauer der Kandler gegenüber geäußert, daß sie sich nun 14 Tabletten zusammen gespart habe, diese werde sie den Eder in den
Kaffee tun, dann schlafe er ein und wache nicht mehr
auf; dann könne sie ihm seine Sachen nehmen. (…)“

Cäzilies Version von Eders Tod?

„Am folgenden Tag, 3.2.42, erzählte mir die Bauer,
daß sie gestern - 2.2.42 - gegen 9 Uhr auf dem Zimmer des Stummerl gewesen sei. Eder habe um diese Zeit
noch so geschlafen und habe geschnarcht, es habe in
seinem Zimmer so gestunken, als ob er einen Rausch
gehabt hätte. Ferner erzählte sie, daß Eder am Abend
des 1.2.42 vor der Haustüre gestanden und dann noch
fortgegangen sei. Wie ich mich noch bestimmt entsinne,
hat Bauer später geleugnet, daß sie gesagt hat, daß
Eder an diesem Abend noch fort gegangen sei. Als ich
ihr Vorhalt machte machte, daß sie noch ausdrücklich
gesagt hat, daß der Stummerl am 1.2.42 fortgewesen

sei, erklärte sie, daß sie damit einen anderen Sonntag gemeint habe. Sie erzählte mir sodann auch, daß sie am Tage vorher, also am 2.2.42, am Mittag auf dem Zimmer des Eder gewesen sei und gesehen habe, wie sich dieser gerade die Gurgel abschnitt. Sie habe dann den Moment abgewartet, bis Eder etwas ruhig wurde und dann sei sie auf ihn hin und habe ihm das Messer herausgezogen. Nach ihrer Schilderung hätte Eder auch ihr das Messer bald in das Herz gerennt. Am Finger hätte sie sich etwas verletzt. Eine Wunde habe ich aber in ihrem Finger nicht gesehen, d.h. sie hat es mir auch gar nicht gezeigt. Wie sie mir weiter erzählte, sei Eder als sie ihm das Messer herausgezogen habe, aus dem Bett gefallen. Hernach sei sie davon."

Skepsis unter den Dienstboten

„Wie ich mich noch entsinne, wurde unter den Dienstboten allgemein davon gesprochen, daß die Verletzungen an den Handgelenken des Eder schon 2 Stunden früher als die Verletzungen am Halse erfolgt sein müssen. Hierüber sagte Bauer zu mir, daß sie um 9 Uhr auf dem Zimmer des Eder gewesen sei und um diese Zeit in seinem Bett noch kein Blut zu sehen war. Nach dem Ableben des Eder zeigte mir Bauer ihren linken Oberschenkel, woran sie eine kleine Verletzung hatte. Sie erklärte mir, daß sie beim Wassertragen zusammengefallen sei und sich dadurch die Verletzung zugezogen habe; dann behauptete sie wieder, daß sie zusammengefallen sei, als sie von Eder weg zu Zeitler gelaufen sei. (...)"

Die Melkerin Kandler konnte von den Münchner Kripobeamten während ihres Aufenthaltes in Wasserburg nicht vernommen werden, da sie bei ihrer Schwester in München zu Besuch war. Sie wurde für den 17. Mai 1942 ins Polizeipräsidium einbestellt.

Weitere Details zur Person Leonhard Eder

Samstag, 16. Mai 1942: Befragung von Stummerls Bruder Georg Eder, geb. am 16.11.1883, auf dem Anwesen Stemmer

„Mein verstorbener Bruder Leonhard war letztmals an Weihnachten 1941 bei mir auf Besuch, jedoch habe ich ihn bei dieser Gelegenheit selbst nicht getroffen. Ich bin mit ihm letztmals nach Weihnachten einmal kurz zusammen gekommen. Bei früheren Zusammenkünften, insbesondere am Kirchweihsonntag 1941, erzählte er mir von seinen Ersparnissen, bei denen es sich nach seinen Andeutungen immerhin um eine Summe von 4000 Mk. handelte.
Ich glaube nie und nimmer, daß mein Bruder Selbstmord begangen hat, trotz seiner Taubstummheit war er sehr lebenslustig und hat nie Selbstmordgedanken geäussert. Soferne in der Umgebung ein Selbstmord bekannt wurde, hat er über den betreffenden Selbstmörder jeweils heftig geschimpft.
Wie mir mein Bruder erzählte, wollte er sich verheiraten, ich wußte aber nicht wohin. Die Hochzeit sollte an Lichtmeß sein und er solle dann weit fort kommen. Seine Braut sollte ein Anwesen und Kühe besitzen.
Mein Bruder ist nicht von Geburt auf taubstumm, sondern ist erst im Alter von 5 Jahren infolge Erkrankung an Scharlach von Taubstummheit befallen worden. Wir waren insgesamt 9 Geschwister, darunter 3 Stiefgeschwister. Eine erbliche Belastung ist in unserer Familie nicht bekannt, insbesondere ist kein Fall von Geisteskrankheit vorgekommen."

Ein dritter Mann in Cäzilies Leben?

Samstag, 16. Mai 1942: Vernehmung des verwitweten Zitterlehrers Josef Froschmeier, geb. am 24.5.1863, auf der Gendarmeriestation Wasserburg

„Ich bin von Beruf Sattler und Tapezierer und da ich

schon immer ein guter Zitherspieler war, habe ich nebenbei Musikunterricht gegeben. Unter meinen Schülern befindet sich auch die led. Hausmagd Cäzilie Bauer aus Bachmehring. Sie kam erstmals vor etwa einem Jahr zu mir und war damals noch Anfängerin. Für den Unterricht bezahlte sie pro Stunde anfänglich 0,80 M und später dann eine Mark.

Das Instrument hatte sie selbst, ich weiß aber nicht, wo sie es gekauft hat. Bauer war sehr nett und freundlich zu mir und wir haben uns oft sehr gut mitsammen unterhalten. Ich habe mir sogar einmal erlaubt, ihr einen Kuss zu geben, wo sie sich aber nicht herbei liess. Ich bestreite ganz entschieden, dass ich mit ihr intime Beziehungen unterhalten habe.

Etwa drei Wochen nach dem Tode des taubstummen Leonhard Eder aus Bachmehring kam sie wieder einmal zu mir in die Musikstunde. Dabei erzählte sie mir, dass sie im Verdacht stehe, den Stummerl umgebracht zu haben, sie habe aber diesem Manne noch nie etwas getan. Bei dieser Gelegenheit übergab sie mir eine gestrickte Handtasche, die ich für sie aufbewahren sollte. Bei der Übergabe erklärte sie mir, dass sich darin 700 M befinden, die aus ihren Ersparnissen stammen. Wenn ich mich noch recht entsinne, hat sie mir das Geld noch vorgezählt, ich kann aber nicht mehr sagen, welche Geldscheine es waren. Ich weiß aber sicher, dass es sich um einen Betrag von 700 M handelte. Für die Aufbewahrung schenkte sie mir 100 M, die ich ursprünglich nicht annehmen wollte. Da sie aber ständig darauf drang, dass ich das Geld nehme, habe ich es schliesslich doch angenommen. Ich habe in keiner Weise daran gedacht, dass das Geld evtl. gestohlen oder gar aus dem Besitz des verstorbenen Eder stammen könnte.

Etwa 6 Wochen später, etwa um die Osterzeit herum, kam Bauer von München aus zu mir in die Musikstunde. Bei dieser Gelegenheit verlangte sie von mir den Betrag von 700 M nebst der Tasche wieder zurück und wurde ihr von mir ausgehändigt. Das Geld verlangte sie mit der Begründung zurück, dass auch ihr Vater es haben wolle, dass sie das Geld zu sich nimmt. Den Betrag von 100 M,

den sie mir schenkte, habe ich auf die Sparkasse auf
mein Sparkassenbuch eintragen lassen. Ob dieser Betrag von der Summe von 700 M in Abzug zu bringen ist
oder ob sie damals etwa insgesamt 800 M hatte, kann
ich nicht sagen.
Seit ihrer Entlassung bei Stemmer war sie jede
Woche einmal bei mir in der Musikstunde. Letztmals
war sie am Donnerstag, den 14.5. bei mir. Sie kam
angeblich von Rosenheim her. In ihrer Begleitung
befand sich ihre Schwester, wenigstens hat sie so zu
mir gesagt, gesehen habe ich die Schwester nicht. Bei
ihrer Verabschiedung hat sie mir gegenüber erklärt,
dass sie nun 14 Tage lang nicht mehr käme, sie werde
mir ihre Ankunft brieflich mitteilen.
Den Betrag von 100 M gebe ich freiwillig heraus und
bin mit der Hinausgabe an den Empfangsberechtigten jederzeit einverstanden. Mehr kann ich zur Sache nicht
angeben.“

Cäzilies teure Arztbesuche und Medikamentenbeschaffung in Wasserburg

Montag, 18. Mai 1942: Bericht der Kripo München über Erkundigungen bei Cäzilies Ärzten in Wasserburg

„Wie festgestellt wurde, befand sich Bauer vom 14.10.41
an, wegen eines wehen Fingers bei dem prakt. Arzt
Dr. Schwarz in Wasserburg in Behandlung und wurde am
1.11.41 wieder arbeitsfähig geschrieben. Der prakt.
Arzt Dr. Schwarz teilte auf fernmündliche Anfrage mit,
daß der Bauer auf eigenes Verlangen am 18.10.41 ein
Schlafmittel verschrieben wurde und zwar bekam sie
eine Packung Phanodorm, die 8 Tabletten enthält. Bei
Phanodorm handelt es sich um ein starkes Schlafmittel,
das aber keineswegs zur Tötung eines Menschen geeignet
sei.
Da die Tabletten von Bauer in Wasserburg gekauft wurden, wurden auch in der dortigen Apotheke Ermittlungen darüber angestellt, in welchen Stück Packungen

Phanodorm zum Verkauf kommt. Der Inhaber der Apotheke erklärte, daß in diesen Packungen 10 Stück enthalten seien, soferne die Tabletten auf einmal genommen würden, würde damit die Vergiftungsgrenze erreicht werden, auf jeden Fall könne aber bei Einnahme von mehreren Tabletten ein sehr guter Schlaf hervorgerufen werden, der die ganze Nacht über und auch am anderen Morgen noch anhalten wird.
Die weiteren Feststellungen haben ergeben, daß Bauer bei dem Zahnarzt Dr. Englberger am 10.11.40 bis zum 16.2.41 in ärztlicher Behandlung stand. Es wurden verschiedene Reparaturen ausgeführt, für die sie aus eigener Tasche insgesamt 125 Mk. bezahlen mußte. Es handelte sich um Reparaturen, die von der Ortskrankenkasse nicht beglichen werden. Des weiteren wurde festgestellt, daß Bauer vom 23.6.41 bis 26.10.41 bei dem Zahnarzt Dr. Huber in Wasserburg in Behandlung stand und dort einen Betrag von 90 Mk. aus eigener Tasche bezahlen mußte. Sie hat somit für Zahnbehandlung einen Gesamtbetrag von 215 Mk. ausgegeben. Daraus ergibt sich, daß sie sich von Zeitler nicht nur den für den Zahnarzt benötigten Betrag von 215 Mk. geben ließ, sondern unter der falschen Vorspiegelung, daß sie 400 Mk. zur Begleichung der Zahnrechnung benötigte, einen viel höheren Betrag herausschwindelte."

Bemerkung

Bei Phanodorm handelt es sich um ein ab 1925 häufig verwendetes Schlafmittel. Eine Tablette beinhaltet 0,2 g des Wirkstoffes Cyclobartbital und wirkt dosisabhängig dämpfend, beruhigend bis betäubend auf das Gehirn. Der Schlaf setzt eine bis anderthalb Stunden nach der Einnahme ein, auch höhere Dosierungen bis zu vier Tabletten werden vertragen. Die Pharmaunternehmen Bayer und Merck vertrieben es weltweit. In der Bundesrepublik ist es mittlerweile ein verkehrsfähiges, aber nicht verschreibungsfähiges Betäubungsmittel, ein unerlaubter Umgang damit ist grundsätzlich strafbar. Uwe Barschel soll sich damit 1987 das Leben genommen haben. Die an Eder verabreichte Dosis dürfte zu gering gewesen sein, um seinen Tod herbei zu führen. (Vgl. Lackerbauer, J.: „Phanodorm in der Anstaltspraxis. In: Zeitschrift für die gesamte Neurologie und Psychiatrie, Dezember 1925, Band 99, S. 329-332; „Die menschenwürdigste Art zu sterben" Die letzten Medikamente des Uwe Barschel In: Der Spiegel 1/1988).

Wieviel Geld bekam Cäzilie vom Obermüller Zeitler tatsächlich?

Montag, 18. Mai 1942: Aus der zweiten Vernehmung Zeitlers in Bachmehring durch die Kripo München

„Da die Ehefrau Brandl bei ihrer Mitteilung davon sprach, daß ihre Schwester Bauer von dem Obermüller Zeitler einen Betrag von 2500 Mk. erhalten habe und damit zu rechnen ist, daß Bauer bei ihrer evtl. Vernehmung über die Herkunft des bei Froschmeyer hinterlegten Geldes einwenden könnte, daß dieses nicht von Eder, sondern von Zeitler stammt, wurde am 16.5.42 eine nochmalige Vernehmung des Zeitler in Bachmehring vorgenommen. Zeitler wurde nochmals eingehend zur Wahrheit ermahnt und machte dabei folgende Angaben:
„Ich bleibe nach wie vor darauf bestehen, daß ich Bauer nicht mehr als einen Betrag von 460 Mk. gegeben habe. Ich gebe aber zur, daß ich ihr nebenbei schon noch kleinere Beträge gegeben habe; so bezahlte ich ihr einigemale die Zitherstunde, ging mit ihr mehrmals ins Kino und in das Kaffee nach Wasserburg, wobei ich jedesmal auch für sie den Kinoeintritt und die Zeche bezahlt habe. Ich habe dabei Zechen von 2-3 Mk. bezahlt, während der Kinobesuch auf 2. Platz nur 50 Pfg. kostete. Sonst habe ich für sie nichts bezahlt, insbesondere habe ich ihr keine Kleidung und dergl. gekauft. Ich bleibe nach wie vor darauf bestehen, daß ich mit ihr keinen Geschlechtsverkehr hatte; wenn Bauer dies aber trotzdem behaupten sollte, so lügt sie."

Anna Kandler, eine Schlüsselfigur?

Sonntag, den 17. Mai 1942: Aus der Vernehmung der verheirateten Melkerin Anna Kandler, geb. 12.04.1910, auf dem Polizeipräsidium in München

Stummerls Liebesleben
„Ich bin bei dem Müller Stemmer in Bachmehring seit 9 Jahren als Melkerin beschäftigt. Mit dem taubstummen

Eder bin ich täglich zusammen gekommen und habe mich
mit ihm auch häufig unterhalten. Trotz seiner Taubstummheit konnte ich mich mit ihm genau
so unterhalten, wie mit irgend einem anderen Menschen. Soweit ich ihn kannte, war er auf Frau-
en sehr scharf und war ständig zum Heiraten bereit.
Soviel mir bekannt ist, soll er auch ledige Kinder
gehabt haben, von denen aber glaublich nur eines im
Alter von etwa 20 Jahren am Leben ist. Solange ich
jedoch bei Stemmer bin, könnte ich nicht sagen, daß er
mit Ausnahme der Bauer ein Verhältnis gehabt hätte.“

Eindeutige Liebschaft zwischen Stummerl und Cäzilie

„Etwa im Sommer 1939 wurde mir erstmals bekannt, daß
der Stummerl mit der Bauer ein Verhältnis unterhält.
Zur damaligen Zeit erzählte er mir selbst, daß er der
Bauer u.a. auch Strümpfe gekauft hätte. Erst von da
ab habe ich den Beiden mehr Aufmerksamkeit geschenkt
und habe sodann auch feststellen können, daß zwischen
den Beiden mehr als ein gutes Einvernehmen besteht.
Im Sommer 1941 machte ich einmal die Wahrnehmung, daß
Eder in der Früh um 4 Uhr schon vom 1. Stock, in dem
die Bauer wohnte, herunter kam. Ich habe sofort vermutet, daß Eder bei der Bauer auf dem Zimmer war. Auch
Frau Stemmer hat ihn damals herunterkommen hören und
Bauer erklärte auf entsprechenden Vorhalt, daß der
Stummerl zwar bei ihr auf dem Zimmer gewesen, aber nur
auf dem Stuhl vor ihrem Bett gesessen sei.
Seit etwa einem Jahr sprach Eder immer davon, daß er
die Bauer heirate. (…) Wie ich aus seinen Andeutungen
zweifelsfrei entnehmen konnte, wollte er an Weihnachten 1941 heiraten. Ganz genau drückte er sich jedoch
in dieser Hinsicht nicht aus, sondern schob die Heirat
bei seinen neuerlichen Erzählungen immer wieder um
einen Sonntag hinaus.
Bauer selbst habe ich über ihre Beziehungen zu Eder
Vorhalt gemacht und habe ihr eindringlich vor Augen
geführt, daß sie den Stummerl stehen lassen solle, sie
werde mit ihm noch schlimme Erfahrungen machen. Sie
erwiderte mir darauf, daß sie ihm doch nichts wolle

und es käme gerade heraus, als ob ich mit ihr eifern wolle. Auf Grund ihrer unsinnigen Äußerungen habe ich zu ihr in letzter Zeit in dieser Hinsicht auch nichts mehr gesagt."

Eders Eifersucht

„Im Sommer vergangenen Jahres kam es zwischen Eder und Bauer einmal zu einem Streit und zwar deshalb, weil die Bauer mit Zeitler ins Kino nach Wasserburg fuhr. Als Eder dies sah, wurde er ganz wild und fing zu schreien an. Auf das hin kehrte die Bauer wieder um und ging mit dem Zeitler an diesem Abend nicht ins Kino. (…) Eder (…) hat mir dann nachträglich davon selbst erzählt. Dabei deutete er mir an, daß die Bauer mit Zeitler ins Kino gehe, während sie von ihm doch das Geld habe. Durch Andeutungen mit den Fingern gab er mir zu verstehen, wieviel Geld er der Bauer gegeben hat, es müßte sich demnach um einen Betrag von 2500 Mk. handeln. Ob dieser Betrag nun auch tatsächlich dieser Höhe entspricht, kann ich nicht genau sagen."

Vergiftung des Stummerl – nur ein Gedankenspiel?

„Im Herbst 1941 kam die Bauer einmal zu mir und klagte darüber, daß der Stummerl in letzter Zeit ihr gegenüber so zuwider sei. (…) Glaublich vor dieser Aussprache war Bauer einmal wegen eines wehen Fingers bei einem Arzt in Wasserburg, der ihr auch Schlaftabletten verschrieben hat. Sie zeigte mir einmal ihren Finger und sagte dabei, daß sie Tabletten habe, sie hätte sich 10 oder 12 Stück zusammengespart und meinte dabei, wenn sie diese dem Stummerl gebe, dann sei er hin. Mir ist bekannt, daß Bauer an sich gegen eine Heirat mit Eder war, sagte aber andererseits doch zu mir, daß sie es beim Stummerl nicht schlecht hätte, der Stummerl wird an die Arbeit gehen und sie könne zu Hause bleiben."

Eder und Zeitler – Cäzilies Geldquellen

„Wie das Verhältnis der Bauer mit Zeitler war, kann ich nicht genau sagen, ich wurde mir hierüber nicht ganz schlüssig. Bauer zeigte mir aber einmal im Herbst

1941 auf meinem Zimmer einen Geldbetrag von 1200 Mk.
Sie sagte wenigstens, daß es 1200 Mk. seien und sie
hatte auch tatsächlich mehrere Hundert- und Fünfzig-
markscheine, die sie in die Hand steckte, als ob sie
damit Karten spielen möchte. Dabei sagte sie, daß dieses Geld von Zeitler stamme. Ob es nun auch tatsächlich
von Zeitler war, kann ich natürlich nicht behaupten.
Wie sie mir selbst erzählte, habe sie auch von Eder
Geld bekommen, nannte aber keine Summe. Es ist richtig,
daß ich mit Reihofer darüber gesprochen habe, wieviel Geld die Bauer von Eder haben könnte. Ich nannte
ihr gegenüber einen Betrag von 2-3000 Mk., weil ich
diese Summe aus den Andeutungen des Stummerls auch
entnommen habe."

Stummerls Unpässlichkeit vor seinem Tod

„Etwa ein halbes Jahr vor seinem Tode hatte der Stummerl einmal einen sehr starken Durchfall. Dies war auf
dem Hof allgemein bekannt. Der Stummerl selbst glaubte
damals, daß er kaltes Bier erwischt habe müßte. Bei
dieser Gelegenheit hatte er in seinem schlechten Zustand auch angedeutet, daß er sich aufhängen werde,
ich glaube aber nicht, daß er dies ernstlich gemeint
hat. Er hat sonst nie Selbstmordgedanken geäußert.
Z.Zt. der Tat war ich nicht auf dem Hofe. (...) Mehr
kann ich zur Sache nicht angeben."

Cäzilie im Verhör

Dienstag, den 19. Mai 1942 bis Mittwoch, 20. Mai 1942
Cäzilie wurde mehrfach aus dem Polizeigefängnis beim 1. Kriminalkommissariat vorgeführt und während zwei Tagen verhört. Ein Anwalt war nicht zugegen.

Cäzilie verstrickte sich in Widersprüche

Dienstag, 19. Mai 1942: Cäzilies erste Befragung vor der Kripo München

Eine gute Stelle - Cäzilies Arbeitsalltag bei Stemmer
„(...) Bei Stemmer wurde ich hauptsächlich im Haushalt verwendet, mußte aber in letzter Zeit infolge des Krieges auf dem Felde mitarbeiten: An dieser Stelle war ich sehr gerne und glaube nicht, daß ich nochmals so eine gute Stelle bekommen werde. Es hat dort allerdings sehr viel Arbeit gegeben, denn es waren ständig 9 Dienstboten vorhanden, für die ich teilweise auch mitkochen mußte. Ich mußte dort täglich und zwar im Sommer über nach der alten Zeit ½ 4 Uhr und im Winter um ½ 5 Uhr aufstehen. Es war so üblich, daß ich jeden Tag in der Frühe von Frau Stemmer geweckt wurde. Sie kam jeden Tag an meine Zimmertüre, klopfte dort an und hängte die Hausschlüssel an die Türklinke, womit ich hernach überall aufsperren mußte. Frau Stemmer legte sich hernach regelmäßig wieder nieder. Die übrigen Dienstboten wurden von Herrn Stemmer geweckt.
Meine erste Arbeit in der Frühe war Kaffeekochen und die sonstigen Hausarbeiten zu erledigen. Zum Kaffeetrinken wurde den Dienstboten an den Werktagen durch Herrn Stemmer gerufen, während dies an den Sonn- und Feiertagen von mir besorgt wurde. Der Morgenkaffee wurde von mir in einer großen Schüssel auf den Tisch gestellt und von sämtlichen Angestellten gemeinsam herausgegessen. Es ist nie vorgekommen, daß mal einer unserer Arbeiter eigens zum Kaffeetrinken gekommen wäre oder ihm der Kaffee gesondert vorgesetzt wurde. Von dieser Regel habe ich keine Aussnahme gemacht, weil ich dies von

Frau Stemmer aus auch gar nicht tun durfte. Es mußte ein Arbeiter wie der andere behandelt werden. Wer an dem gemeinsamen Frühstück nicht teilnahm, hat dann eben nichts mehr bekommen. Es ist auch nie vorgekommen, daß mich mal ein Arbeiter darum angegangen hätte, ihm den Morgenkaffee eigens oder einmal früher, d.h. vor oder nach dem allgemeinen Frühstück zu geben. An den Sonntagen ist es jedoch ab und zu vorgekommen, daß dieser oder jener beim Frühstück fehlte, aber auch nur dann, wenn einer von tagsvorher besoffen war. Am meisten fehlte an den Sonntagen der Fuhrknecht Bräu, ganz selten auch einmal der Stummerl und auch der dritte Knecht Voit, der z.Zt. eingerückt ist. Soferne sie aber nicht zum gemeinsamen Frühstück erschienen, hat es hernach nichts mehr gegeben. Nur ganz selten hat Bräu nachträglich noch Kaffee bekommen, aber auch nur dann, wenn dies Frau Stemmer angeordnet hat."

Schüchtern und sparsam - Cäzilies Freizeit in Bachmehring

„Solange ich in Bachmehring war, habe ich mit keinem Manne ein Verhältnis unterhalten und ich hatte auch mit niemand eine Freundschaft. In den ersten zwei Jahren meiner dortigen Beschäftigung bin ich überhaupt nirgends hingekommen, ich war jeden Sonntag zu Hause und habe meine Sachen geflickt. Ich bin schon deshalb nicht fortgegangen, um mir etwas zu ersparen. Mehrmals wurde ich von den Töchtern der Stemmer gefragt, weshalb ich denn nicht auch einmal nach Wasserburg ins Kino oder sonstwo hingehe. Da ich mich keinem Menschen näher anvertrauen konnte, hätte mich das Fortgehen auch gar nicht gefreut. An den Sonntagen kam ich in den ersten 2 Jahren nirgends hin, nur vormittags nach Eiselfing zur Kirche und ab und zu, soferne ich zum Zahnarzt mußte, suchte ich in Wasserburg eine Kirche auf."

Kaum Möglichkeit zu sparen – Cäzilies Geldausgaben

„In den ersten 2 Jahren war ich längere Zeit und zwar zuerst bei Dr. Engelberger und zuletzt noch bei Dr. Huber in Wasserburg in zahnärztlicher Behandlung.

Damals hatte ich nur Plombierungen, die von der Krankenkasse bezahlt wurden. In der letzten Zeit habe ich mir jedoch nach und nach verschiedene Kronen anfertigen lassen. Ich war hiewegen fast 1 Jahr lang bei den gleichen Ärzten in Behandlung. Die Zahnkosten beliefen sich auf insgesamt 165 Mk. wofür die Kasse keinen Ersatz leistete. Bei Dr. Engelberger bezahlte ich 115 Mk. und bei Dr. Huber 50 Mk. Diese Beträge habe ich nach und nach abbezahlt und zwar habe ich sie in drei Raten beglichen. Das Geld, das ich dazu verwendete, stammte aus meinem Verdienst. Ich habe mir zu diesem Zweck kein Geld zu Leihen nehmen brauchen, weil ich ja doch selbst monatlich 30 Mk. verdiente. An Bargeld habe ich mir während meiner Tätigkeit bei Stemmer soviel wie nichts gespart, ich habe mir dafür aber immer Neuanschaffungen an Kleidung, Wäsche, und dergl. gemacht. Bei meiner Entlassung bei Stemmer hatte ich an Ersparnissen 220 Mk., wozu noch mein letzter Lohn kam und 10 Mk. wurden mir von Stemmer noch geschenkt. Ich hatte somit einen Barbetrag von 260 Mk. in Händen. Über weitere Geldmittel habe ich nicht verfügt, und habe auch sonst nie eine größere Geldsumme in Händen gehabt."

Von Zurückhaltung geprägt - Cäzilie über ihr Liebesleben

„Wie ich bereits schon angegeben habe, hatte ich in Bachmehring kein Liebesverhältnis. Im Alter von 17 Jahren hatte ich meinen ersten Geschlechtsverkehr, der auch zugleich der letzte war. Ich versichere, daß ich seit dieser Zeit mit keinem Mann mehr etwas zu tun hatte. Meine Zurückhaltung in dieser Hinsicht ist darauf zurückzuführen, daß ich mich krank fühle und ich habe nur das Bestreben gesund zu werden um auch einmal heiraten zu können. Bisher habe ich mich aber mit dem Heiratsgedanken noch nie befaßt, wenn der Krieg zu Ende ist, werde ich schon einen Mann kriegen."

Kein Verhältnis mit einem altem Mann - Cäzilies Beziehung zum Müller Zeitler

„Auf dem Hofe Stemmer war mir jeder Arbeiter gleich, das hat es bei mir nicht gegeben, daß ich den einen oder den anderen bevorzugt hätte, ich bin mit jedem gleich gut ausgekommen. Mit dem Müller Zeitler bin ich auch nicht näher in Berührung gekommen. Ihm habe ich, gleich den übrigen, sein Zimmer gerichtet womit für mich alles erledigt war. Mit Zeitler bin ich nie fortgekommen und ich weiß daher auch nicht, wo er verkehrte. Er ist allerdings fast jeden Sonntag fort gewesen und erst spät abends nach Hause gekommen, was ich allerdings nicht mehr gesehen habe. Mit einem Rausch habe ich ihn nicht gesehen. Ob er für sich viel Geld verbrauchte, weiß ich nicht, denn ich war in seine Verhältnisse in keiner Weise eingeweiht. Ich weiß daher auch nicht, ob er überhaupt Bargeld besitzt. Dieser Mensch ging mich überhaupt nichts an. Mit Ausnahme des Bettmachens bin ich nie auf sein Zimmer gekommen. Zeitler ist mir gegenüber auch nie nahe getreten, er wäre von mir auch jederzeit abgewiesen worden, weil ich mich mit einem alten Manne grundsätzlich nicht einlasse. Es ist daher auch gar nicht daran zu denken, daß ich von Zeitler einmal Geld geschenkt oder leihweise bekommen hätte. Mit ihm stand ich, wie schon erwähnt, in keinerlei Beziehung und bin mit ihm weder in ein Kino noch sonstwo hingekommen."

Distanz und Misstrauen - Cäzilie über „Stummerl"

„In gleicher Weise habe ich mich auch Eder gegenüber verhalten. Eder ist genau so, wie alle übrigen Dienstboten, in der Frühe zum Kaffeetrinken gekommen und hat nie eigens seinen Kaffee bekommen, es sei denn, daß es mir von Frau Stemmer angeschafft wurde. Ich erinnere mich auch in letzter Zeit überhaupt nicht, daß Stummerl einmal von mir extra etwas bekommen hätte. So etwas hat es nicht gegeben. Eder war immer der Erste, der in der Frühe aufgestanden ist. Auch an den Sonntagen ist er als erster aufgestanden, hat regelrecht zuvor seine Pferde versorgt und kam dann regelmäßig in die Küche, schaute nur einen kurzen Blick herein, ob ich da bin, begrüßte mich und ging sodann in die Stube und legte sich auf den Diwan. Solange ich bei Stemmer war, ist es überhaupt nie vorgekommen, daß der Stummerl am Sonntagmorgen

nicht aufgestanden und seine Pferde versorgt hätte.
Er war ein durchaus tüchtiger und verlässiger Arbeiter
und Stemmer wird kaum einen zweiten bekommen. Ich kann
ihm in keiner Weise etwas nachsagen, jedoch ist er
gerne ins Wirtshaus gegangen. Innerhalb 4 Jahren werde
ich ihn etwa schätzungsweise 15 mal mit einem Rausch
gesehen haben. In diesem Zustand bin ich ihm aus dem
Weg gegangen, weil er bös geworden ist. Man durfte ihm
in dieser Weise absolut nichts widerreden.
Ich konnte mich mit ihm notdürftig verständigen; er
sprach sehr viel von Heiraten. Wen und wohin er heiraten
wollte, kann ich nicht sagen. Insbesondere in letzter
Zeit sprach er viel von seiner Heirat und daß er sich schon
einen Bulldogg gekauft hätte. Soweit ich über seine Verhältnisse unterrichtet bin, soll er auch außereheliche
Kinder gehabt haben. Ob er dafür auch etwas bezahlen
mußte, ist mir nicht bekannt. Wie mir Frau Stemmer erzählte, hatte er die Vaterschaft seiner Kinder stets
geleugnet. Obwohl der Stummerl ein großer Weibernarr
war, ist er an mich in keiner Weise heran getreten.
Wenn mir jemand zumuten würde, daß ich diesem alten
Manne etwas wollte, so würde ich dies als eine glatte
Beleidigung auffassen. Mit dem Stummerl hatte ich
nichts mehr zu tun, als mit den übrigen Arbeitern.
In den ersten 2 Jahren meiner Tätigkeit bei Stemmer
durfte ich in der Früh nicht auf sein Zimmer zum Bettaufmachen, weil er so mißtrauisch war. Ich mußte immer
am Abend mit ihm auf sein Zimmer und mußte dann in
seiner Gegenwart sein Bett machen. In den letzten 2
Jahren durfte ich dann doch in der Früh allein auf
sein Zimmer, weil ich mir ganz energisch sein bisheri-
ges Verhalten verbeten habe. An den Sonntagen war er,
während ich ihm sein Bett machte, stets auf dem Zimmer
anwesend. Zu dieser Zeit hatte er auf seinem Tisch
meistens sein Rasierzeug, wozu ein Rasierapparat gehörte. Ein Rasiermesser habe ich bei ihm nicht gesehen, ich habe auch nicht so genau obacht gegeben. Er
hat sich während der Aufräumung seines Zimmers stets
in meiner Nähe aufgehalten, damit ich ihm ja nichts
mitnehmen konnte. Bevor ich das Zimmer verließ, hat

er mich an der Brust und auch sonst am Körper abge-
griffen, ob ich von ihm nichts eingesteckt habe. Sein
Abgreifen war aber absolut nicht anders als in dem bereits geschilderten Sinne zu verstehen. Er wußte nämlich nur zu gut, daß er mir in anderer Hinsicht nicht
zu nahe treten durfte, und er hat sich mir gegenüber
auch nie etwas erlaubt. Es ist sehr wahrscheinlich,
daß er Geld besaß, er hat mir aber nie eines gezeigt
und hat darüber mit mir auch nie gesprochen. Er war
ein furchtbar neidiger und geiziger Mann."

Einladungen und Gegenleistungen - Cäzilie und Eder

„Im vergangenen Jahr, während des Sommers, war in Wasserburg der Zirkus Rebenik. Zum Besuch einer Vorstellung
wurde ich von Stummerl eingeladen, was ich aber zunächst abgelehnt habe. Da er mir aber doch keine Ruhe
mehr ließ und ich obendrein noch von der Melkerin
Kandler zum Mitgehen aufgemuntert wurde, habe ich mich
schließlich doch herbeigelassen mit dem Stummerl in den
Zirkus nach Wasserburg zu gehen. Der Eintritt für die
Vorstellung kostete pro Person 90 Pfg., die gegen meinen
Willen vom Stummerl bezahlt wurden. Ich wollte es ihm
hernach wieder zurückgeben, jedoch hat er es nicht
mehr angenommen. Nach dem Zirkus sind wir, darunter
auch die Melkerin Kandler, sofort wieder heim gegangen.
Die Bezahlung des Zirkusses hat Eder aber nicht ohne
Gegenleistung gemacht.
Bereits vorher schon und von dieser Zeit an erst recht,
mußte ich ihm seine Anzüge aufbügeln und auch seine
Wäsche, Strümpfe und dergl. herrichten, was nicht zu
meiner eigentlichen Arbeit gehörte. Für meine Arbeit
habe ich vom Stummerl nie eine Bezahlung bekommen, und
hätte dafür auch keine haben wollen.
Im Herbst 1941 ging ich dann auf sein ausdrückliches
Verlangen mit ihm einmal an einem Sonntagabend ins
Kino nach Wasserburg. Anschließend begaben wir uns
noch in das Kaffee Schneider, haben uns dort für eine
Tasse Kaffee aufgehalten.
Der Kinoeintritt und die Zeche im Kaffee wurden vom
Stummerl bezahlt. Es machte insgesamt 2,80 Mk. Ich

wollte ihm hernach diesen Betrag wieder zurückerstatten, was er aber nicht angenommen hat. Kurze Zeit darauf bin ich dann mit ihm noch einmal ins Kino und anschließend wiederum ins Kaffee Obermeier gegangen. Die Zeche machte damals 4 Mk., die wiederum vom Stummerl bezahlt wurde. Von dieser Zeit an bin ich mit ihm nicht mehr fortgegangen, weil er mir auf dem Heimwege die Zeche vorwarf. Mit Ausnahme vom Stummerl, bin ich mit keinem Manne ins Kino gegangen, insbesondere auch mit Zeitler nicht."

Auch andere Bekannte - Cäzilies Kontakte außerhalb der Stemmer-Mühle

„Die meisten Sonntage habe ich für mich zuhause verbracht. Ich hatte mir von dem Schutzmann Meier in Wasserburg ein Koffergramola mit 28 alten Platten für 13 Mk. gekauft. Meier ist heute pensioniert und befindet sich in Schnaitsee in einem Betrieb als Schreiber. Von ihm bekam ich 2 Kleider, 2 Blusen, Strümpfe und Geschirr geschenkt. Es handelt sich hier um Kleidungsstücke, die von seinen Töchtern abgelegt wurden. Meier ist in Wasserburg wohnhaft und ich habe ihn dort ab und zu besucht. Von seiner Frau habe ich ein Komplee für 30 Mk., daß sie von ihrer verstorbenen Schwester in Passau geerbt hat, gekauft. Daraus kann aber nicht gefolgert werden, daß ich evtl. mit Meier in irgendwelchen Beziehungen gestanden wäre.
Mit Ausnahme der oben angeführten Sachen habe ich von ihm nichts bekommen, insbesondere kein Geld. Ich habe überhaupt solange ich in Bachmehring war von niemand Geld geschenkt und auch von niemand solches zu leihen bekommen und ich bin darum auch niemand angegangen. Den größten Betrag den ich überhaupt einmal in Händen hatte, waren die 260 Mk. bei meinem Austritt bei Stemmer. Eine größere Summe habe ich noch nie besessen."

Musik und sonst nichts - der Zitterlehrer Froschmeier

„In meiner Freizeit habe ich mich viel dem Zitherspielen gewidmet. Schon als Kind hätte ich leidenschaftlich gern das Zitherspielen erlernt, jedoch hatten meine Eltern dafür kein Verständnis. Durch die Tochter des Stemmer namens Käthi lernte ich den Zitherspieler Froschmeier aus Wasserburg kennen. Durch Vermittlung der Käthi kam ich erstmals vor etwa einem Jahr zu Froschmeier. Von ihm kaufte ich eine alte Zither mit Kasten für 30 Mk., den Ring und das Notenbuch bekam ich jedenfalls von ihm, der Ring wurde mir geschenkt. Seit dieser Zeit und zwar solange ich in Bachmehring war, bin ich fast wöchentlich jeweils an den Sonntagen nach Wasserburg in die Zitherstunde gegangen. Für die Unterrichtsstunde mußte ich 80 Pfg. bezahlen und in letzter Zeit 1 Mk. Froschmeier ist ein sehr energischer Mann, ich bin aber sonst mit ihm gut ausgekommen.

Er ist glaublich schon 89 Jahre alt und ich finde die Frage, in welchen Beziehungen ich zu ihm stand, direkt lächerlich. Er war für mich nicht mehr und nicht weniger als mein Zitherlehrer. Meine Musikstunde habe ich jeweils sofort bezahlt und ich bin Froschmeier in keiner Weise etwas schuldig. Bei meiner Entlassung bei Stemmer hatte ich meine Koffer im Bruchbräu eingestellt, aber nicht bei Froschmeier. Mein Bargeld trug ich bei mir in meiner Handtasche und habe dies niemand anvertraut, insbesondere hätte ich Froschmeier mein Geld nicht zum aufbewahren gegeben.

Ich versichere nochmals, daß ich bei Froschmeier keine Schulden habe und versichere desgleichen mit dem gleichen Nachdruck, daß ich Froschmeier noch nie Geld zur Aufbewahrung gegeben habe. Ich könnte mir gar nicht denken, wie ich dazu käme, mir vom Froschmeier Geld aufheben zu lassen und ich wüßte auch gar nicht, welches Geld ich ihm hätte geben sollen, denn ich besaß ja nur 260 Mk. Ich versichere nochmals und mit allem Nachdruck, daß ich sonst kein Geld besessen habe und ich habe daher auch niemand einen größeren Geldbetrag zeigen können. Mein Geld habe ich lediglich bei meiner Vernehmung in Wasserburg hergezeigt; damals hatte ich aber nur 220 Mk., weil ich meinen Lohn und das Geschenk von 10 Mk. erst später bekommen habe."

Kein Bedarf an Schlafmittel – Cäzilies Gesundheit

„Während meiner Tätigkeit bei Stemmer war ich nur einmal ernstlich krank und zwar um die Kirchweihzeit 1940. Ich hatte damals Mandelentzündung und kam in das Krankenhaus nach Wasserburg. Dort wurde ich von dem Arzt Dr. Müller behandelt und bin nach 15 Tagen wieder entlassen worden. Sonst habe ich in Wasserburg keinen Arzt in Anspruch genommen, weil ich mit dieser einzigen Ausnahme, von einigen Unpässlichkeiten abgesehen, nicht ernstlich krank war. Irgendwelche Verletzungen habe ich bei der Arbeit nicht erlitten und bin deshalb auch zu keinem Arzt gekommen. Im großen und ganzen war ich gesund und habe insbesonders durch die viele und schwere Arbeit einen sehr gesunden und tiefen Schlaf gehabt. Durch meine Arbeit war dafür gesorgt, daß ich scherzweise gesagt, keine Schlaftabletten nötig hatte. Ich habe mir in meinem Leben noch keine Schlaftabletten verschreiben lassen, solche sind mir überhaupt nicht bekannt.

Ich versichere, daß ich, mit Ausnahme meiner Krankenhausbehandlung in Wasserburg, keine ärztliche Hilfe in Anspruch nahm und mir keine Arznei noch sonstige Heilmittel verschrieben wurden. Ich muß hier hinzufügen, daß ich vor meiner Einlieferung in das Krankenhaus von dem Krankenhausarzt Dr. Müller an meinem Arbeitsplatz besucht wurde. Dies war der einzige Arzt, der mich irgendwie behandelt hat. Ich bin daher auch in keinem weiteren Falle von einem Arzt in Wasserburg arbeitsunfähig geschrieben worden.

Im Januar 1942 fiel ich beim Treppenreinigen über eine Treppe herunter und zog mir dadurch eine Verletzung an der Aussenseite des linken Unterschenkels zu. Es handelte sich um eine offene Wunde, die später auch zu eitern anfing und nun erst seit ganz kurzer Zeit wieder zugeheilt ist. In ärztlicher Behandlung bin ich hiewegen aber nicht gestanden. Wenn ich mir meine Tätigkeit bei Stemmer nochmals ins Gedächtnis zurückrufe, so komme ich zu der Schlußfolgerung, daß ich, wie bereits angegeben, nur einmal in ärztlicher Behandlung war.“

Wegen des guten Rufes – Cäzilies Weggang von Stemmer

„Am 2.3.1942 bin ich bei Stemmer ausgetreten. Es ist aber nicht so, daß mir von Stemmer direkt gekündigt worden wäre, sondern ich bin in gewißem Sinne mit Rücksicht auf die Frau Stemmer gegangen. Stemmer ließ mich am Tage vor meinem Austritt kommen und erklärte mir, daß er mich zwar nicht gerne gehen lassen wollte, aber es ginge nicht mehr länger, weil von allen Leuten davon gesprochen werde, daß ich den Stummerl umgebracht hätte. Unter diesen Umständen habe ich die von Stemmer angeregte Kündigung ohne weiteres angenommen. Noch am gleichen Abend des 1.3.42 habe ich daher meine in München wohnhafte Schwester Auguste Brandl (…) fernmündlich ersucht, daß sie am 2.3.42 zu mir nach Bachmehring komme und mir beim Auszug behilflich sein solle. Frau Brandl ist dann tatsächlich gekommen und ich habe ihr, gleich nach ihrem Eintreten, den Grund, weshalb ich die Stelle verlasse, mitgeteilt. Auch Stemmer hat sie über den Grund meines Ausscheidens unterrichtet. Meine Schwester erklärte hiezu, daß es unter diesen Umständen sicher das Richtigste ist, wenn ich die Stelle verlasse; sie werde mir wieder zu einer richtigen Stelle verhelfen.“

Kaum Besuche – der Kontakt zu Gusti

„Wenn ich nun gefragt werde, ob mich meine Schwester auch sonst schon in Bachmehring besucht hat, so erkläre ich dazu, daß sie sich bei Stemmer mit ihrem Kind einmal 2 Tage aufgehalten hat, was aber schon im ersten Jahr meiner dortigen Tätigkeit war. Sie kam dann noch einmal und zwar allein im Sommer vergangenen Jahres und hielt sich eine Nacht bei mir auf. Von dieser Zeit an ist sie dann bis zu meinem Auszug nicht mehr gekommen. Da wir in Wasserburg keine Verwandten haben, halte ich es für ausgeschlossen, daß sie sonstwie einmal in diese Gegend gekommen wäre. Es ist auch nicht richtig, daß ich mich mit ihr evtl. vor meinem Austritt bei Stemmer in Wasserburg einmal zusammenbestellt hätte. Zusammenfassend erkläre ich in dieser Hinsicht nochmals, daß meine Schwester, Frau Brandl, mit Ausnahme

im Sommer vorigen Jahres und bei meinem Auszug nicht
zu mir gekommen ist und es hat auch sonst keine Unterredung zwischen uns Beiden stattgefunden."

Wecken unmöglich – der Vormittag vor Stummerls Tod

„Die Sache Eder ist für meine frühere Dienstherrschaft
Stemmer nur bedauerlich, weil sie dadurch 2 Dienstboten verloren haben. Am Todestag des Eder - 2.2.42 -
war ein Bauernfeiertag und ich bin etwa gegen ½ 7 Uhr
durch ein Geräusch aufgewacht. Wie sich später heraus-
stellte hatte unsere Aushilfsmelkerin Reihofer in der
Früh ihren Mantel und die Mütze bei dem offenen Haus-
gangfenster hereingeworfen. Dadurch wurde ich wach und
bin auch sofort aufgestanden. Nachdem ich mich angezogen hatte, bin ich an das Schlafzimmer meiner Arbeitgeberin gegangen und habe mir dort die Hausschlüssel
geholt, damit ich überall aufsperren konnte.
Anschließend bin ich in die Küche, habe zunächst Feuer
gemacht und habe den Kaffee zugesetzt. Frau Stemmer ist
an diesem Tage erst später gekommen und ist ausnahms-
weise nicht in die Kirche gegangen. Nachdem ich schon
verschiedene Hausarbeiten verrichtet hatte, fiel mir
auf, daß heute der Stummerl nicht zu mir in die Küche
kam. Ich habe mir dabei aber weiters nichts gedacht,
sondern ich nahm an, daß er evtl. noch im Pferdestall
ist oder evtl. gar einen Rausch gehabt hat.
Als Frau Stemmer aufstand, war schon bald Zeit zum
Kaffeetrinken, jedoch meinte sie, daß wir lieber bis
um 7 Uhr - neue Zeit 8 Uhr - mit dem Kaffeetrinken der
Dienstboten warten sollen. Zu dieser Zeit sagte sie
dann zu mir, daß heute zwar Feiertag sei, daß ich aber
am Vormittag in die Waschküche gehen müsse, und dann
am Nachmittag frei habe. Im Auftrage der Frau Stemmer
habe ich dann um 8 Uhr den Dienstboten zum Kaffeetrinken gerufen.
(…) In der Annahme, daß der Stummerl im Kuhstall sein
könnte, bin ich zuerst dorthin gegangen. Frau Reihofer
und der Melker Bürger haben mir erklärt, daß der
Stummerl heute noch nicht gekommen sei. Sodann suchte ich ihn im Pferdestall und anschließend auf dem

Abort. Sodann bin ich wieder in das Haus zurück und habe zu Frau Stemmer gesagt, daß ich den Stummerl nirgends finde, ich wußte nicht, wo ich noch schauen soll. Da Frau Stemmer mir sagte, daß ich nach ihm schauen solle, kam ich auf den Gedanken, daß er evtl. noch schlafen könnte, warf ich zunächst vom Hof aus einen Schneeballen an sein Fenster. Da er sonst darauf reagierte, an diesem Tage aber auf zweimaliges Hinwerfen kein Zeichen von sich gab, stieß ich mit einem Schaufelstiel von der Wagenremise aus, an seinen Kammerboden. Er gab aber kein Zeichen von sich. Nun bin ich auf sein Zimmer.
Seine Zimmertüre war zu, aber nicht verschlossen. Die Fenster waren noch verdunkelt, weshalb ich mich an sein Bett tastete und an dem dort befindlichen Zugschalter das Licht einschaltete. Stummerl lag in seinem Bett, er hat noch stark geschlafen. Ich habe ihn an der Schulter gerüttelt, worauf er sich rührte, die Augen aber kaum aufmachte. Ich bekam von ihm den Eindruck, als wenn er besoffen gewesen wäre. Er hat auch tatsächlich nach Bier gestunken. Ich hielt mich bei ihm aber nur für einen Augenblick auf, machte das Licht wieder aus und ging in die Küche.
Zu Frau Stemmer habe ich gesagt, daß der Stummerl einen Rausch haben müsse, und daß es bei ihm so komisch stinke. Frau Stemmer erklärte darauf, daß wir für den Stummerl den Kaffee auf eine halbe Stunde zurückstellen, aber länger nicht mehr warten können, weil ich sonst nicht mehr zum Waschen komme. Anschließend bin ich in die Waschküche, heizte dort ein und habe zum Waschen hergerichtet. Nach etwa einer halben Stunde gegen ½ 9 Uhr, ging ich wieder in die Küche zurück, weil mir von Frau Stemmer gerufen wurde. Frau Stemmer erklärte mir, daß der Stummerl noch nicht dagewesen sei und nicht mehr länger gewartet werden könne.
Von Frau Stemmer wurde ich dann nochmals auf das Zimmer des Eder geschickt. Zunächst habe ich wieder mit Schneeballen auf sein Fenster geworfen, habe auch mit dem Schaufelstil kräftig an seinem Kammerboden gestoßen, worauf er aber in keiner Weise reagierte. Nun bin ich

wieder auf sein Zimmer und habe dort im gleichen Zustand ihn wie vorher angetroffen. Stummerl lag noch in seinem Bett und hat noch sehr gut geschlafen. Er lag auf dem Rücken und war mit einer Wolldecke und seinem Oberbett bis zum Kopfe zugedeckt, auf dem Oberbett befand sich noch eine Pferdedecke. Seine Arme befanden sich ebenfalls unter dem Bett. Ich habe ihn an beiden Schultern gerüttelt um ihn wach zu bekommen. Er nickte mit dem Kopfe und machte dabei nur ein wenig seine Augen auf. Ich hatte immer noch den Eindruck, daß er besoffen gewesen sein muß. Irgend eine Unordnung habe ich im Zimmer nicht feststellen können, seine Hose hing wie sonst über dem Stuhl. Der Schrank war nach meinem Dafürhalten zu. Auf dem Tisch habe ich nicht hingesehen. Da ich annahm, daß er jetzt sicher kommt, schaltete ich das Licht wieder aus und entfernte mich wieder.

Wenn mir nun vorgehalten wird, warum ich das Licht ausschaltete, wenn ich doch der Annahme war, daß er jetzt aufsteht, so habe ich hiefür keine richtige Erklärung. Ich bin dann wieder in die Küche zurück und habe Frau Stemmer erklärt, daß der Stummerl jetzt kommen würde, weshalb der Kaffee für ihn zurückgestellt wurde. Anschließend begab ich mich in die Waschküche und habe dort bis um 10 Uhr gewaschen. Um diese Zeit ging ich in die Küche zu Frau Stemmer und habe von ihr Waschpulver verlangt. Dabei erzählte sie mir, daß der Stummerl noch nicht gekommen sei, sie habe nun seinen Kaffee in den Saukübel geschüttet. Frau Stemmer übergab mir das verlangte Waschpulver und ich ging wieder in die Waschküche zurück und habe dort bis zum Mittagessen um 13 Uhr gewaschen. Von 10 bis 13 Uhr bin ich aus der Waschküche überhaupt nicht mehr hinausgekommen.

Ich muß hier einflechten, daß ich noch vor 10 Uhr dem Müller Zeitler die Brotzeit in die Mühle trug und anschließend daran ich selbst in der Küche kurze Brotzeit machte. Von da ab bin ich dann bis etwa 13 Uhr nicht mehr aus der Waschküche gekommen. Andere Gänge hatte ich an diesem Tag sicher nicht zu besorgen, insbesondere bin ich ein zweitesmal nicht in die Mühle gekommen und habe an diesem Tag auch in der Mühle kein Mehl geholt. Um den Stummerl habe ich mich ebenfalls nicht mehr gekümmert, denn er ging ja mich weiters nichts an."

Gescheiterter Rettungsversuch – Stummerls Selbstmord

„Gegen 13 Uhr wurde mir von der Tochter Käthe zum Mittagessen gerufen. Ich trocknete mir zunächst meine Hände ab und ging dann in die Küche um mich ebenfalls zum Essen hinzusetzen. In diesem Augenblick sagte Frau Stemmer zu ihrer Tochter Käthe, wo denn der Stummerl sei, worauf sie antwortete, daß sie das nicht wisse, sie finde ihn nicht. Frau Stemmer gab nun mir den Auftrag, nochmals nach dem Stummerl zu schauen und ging auch hinter mir bis zur Haustüre.

Während Frau Stemmer vor der Haustüre stehen blieb, warf ich wiederum Schneeballen an die Fenster des Stummerl, stieß wiederum mit dem Schaufelstiel nach oben, konnte von ihm aber kein Zeichen bekommen. Ich entschloß mich daher, nochmals auf sein Zimmer zu gehen. Seine Zimmertüre war noch angelehnt, so wie ich das Zimmer verlassen hatte. Die Fenster waren noch verdunkelt und es war daher in seinem Zimmer stockdunkel. Ich tastete mich wiederum an sein Bett, suchte den Lichtschalter und machte Licht. Dabei stieß ich mit meinem Bauch am Stummerl an. Er lag an der äußersten Kante seines Bettes auf der rechten Seite, das Oberbett hing fast heraus, seine Füße waren bis über die Knöchel sichtbar. In der linken Hand hatte er sein Taschenmesser und brachte sich in diesem Augenblick Verletzungen am Halse bei. Ich habe auch gesehen, wie er sich mit dem Messer noch einen Stich in den Hals beibrachte. Er zog das Messer wieder aus seinem Halse heraus, worauf viel Blut aus dem Halse ausströmte. Sodann fuchtelte er mit den Armen, das Messer noch in der linken Hand, herum. Ich bin dann an das Kopfende vom Bett. Ich habe ihm das Messer dann aus der Hand gerissen. Er hatte das Messer so in der Hand, dass nur ein kleiner Teil des Messerheftes und zwar der obere

Nickelbeschlag, an dem die Klinge befestigt ist, aus seiner Hand herausschaute. An dieser Stelle habe ich das Messer erfaßt und bin mit meinen Fingern auch in die Klinge gekommen, dabei habe ich mir an der rechten Hand am Zeige- und Mittelfinger kleine Schnittverletzungen zugezogen. Das Messer habe ich in sein Bett hineingeworfen. Als ich ihm das Messer entrissen hatte, fiel er aus seinem Bett heraus und fiel auf den Boden. Er lag mit dem Gesicht dem Boden zugekehrt vor seinem Bett.
Ich bin sofort geflüchtet und bin vor lauter Schrecken die Treppe heruntergefallen und habe mich dabei sonderbarerweise nicht verletzt. Da ich meine Hände und auch meine Jacke mit Blut beschmiert hatte, ging ich zuerst in die Waschküche und habe dort meine Hände gereinigt. Erst dann bin ich in die Küche und habe bei der Küchentüre schon hineingerufen: „Der Stummerl!" und habe geweint dabei, Frau Stemmer frug mich, was denn eigentlich los sei. Erst jetzt habe ich gesagt, daß ich es doch sagen müsse, wenn sie auch beim Essen seien, daß sich der Stummerl gerade die Gurgel abgeschnitten habe, ich habe es gesehen. Auf das hin sind alle auf die Kammer des Stummerl gelaufen, auch ich bin nochmals hinübergegangen."

Die Kripo erhöhte den Druck

„Bauer wurde anschließend von dem Unterfertigten im Zusammenwirken mit dem Leiter der Morddiensstelle, KrimKomm. Schmid, KrimOS. Meister und Kusterer eindringlich zur Wahrheit ermahnt und ihr alle gegen sie vorliegenden Verdachtsmomente vorgehalten. Nach mehrstündigem Leugnen, machte sie dann folgende Angaben:"

Cäzilies Geständnis

„Ich bin in der Früh auf das Zimmer des Eder gegangen. Zuerst hat er mich auf das Bett geworfen, er wollte mir die Gurgel abschneiden. Er drängte immer darauf, daß ich ihn heiraten solle. Sodann lief ich aus dem Zimmer und habe mich auf dem Getreideboden versteckt. Nun bin ich wieder in sein Zimmer, er hat mich nicht

kommen hören. Er wollte dann wieder aufstehen. Ich warf ihn ins Bett, nahm sodann vom Fenster das Messer weg. Richtig gesagt, habe ich ihm um 10 Uhr zuerst die Pulsadern abgeschnitten. Das Messer habe ich hernach unter dem Bett versteckt. Dann bin ich wieder zum Waschen gegangen. Um 12 Uhr - neue Zeit 13 Uhr - bin ich wieder hinauf. Als Frau Stemmer nämlich sagte, daß der Stummerl noch nicht da sei, bin ich nochmals hinaufgegangen. Er ist im Bett gelegen, er war voll Blut. Aufstehen konnte er nicht mehr. Er machte mir aber eine Faust. Ich nahm dann das Messer heraus und habe ihm die Gurgel abgeschnitten. Dann warf ich ihn aus dem Bett. Ich wollte einen Selbstmord vortäuschen. Als ich ihn aus dem Bett warf, war er schon tot. Aus den Verletzungen am Hals floss viel Blut heraus. Das Messer habe ich in das Bett geworfen. Beim Herauswerfen aus dem Bett habe ich ihn beim Genick erfaßt und zu Boden geworfen. Sodann lief ich davon. Zuerst ging ich in die Waschküche und habe mir die Hände gewaschen. Ich hatte beide Hände voll Blut. Auch meine Wolljacke, sowie meine Kleidung am Bauch war mit Blut beschmiert. Nachdem ich mir die Hände gewaschen hatte, bin ich in die Küche und habe es dort gesagt.
Wenn ich nun gefragt werde, warum der Stummerl an diesem Tage nicht aufgewacht ist, so kommt dies daher, weil ich ihm am Abend vorher Schlaftabletten gegeben habe. Die Tabletten habe ich mir bei dem Arzt Dr. Schwarz in Wasserburg verschreiben lassen. Es handelte sich um Phanodormtabletten. Der Stummerl ließ sich am Abend vorher noch ein Glas Bier holen. In dieses habe ich 16 Tabletten getan.
Ich gebe nun auch zu, daß ich von Eder einen Betrag von 2200 Mk. erhalten habe. Das letzte Geld gab er mir 8 Tage vor seinem Tode. Es handelte sich damals um einen Betrag von etwa 118 Mk. Der Betrag von 700 Mk., den ich dem Zitherlehrer Froschmeier zur Aufbewahrung übergeben habe, stammte ebenfalls vom Stummerl. Dem Froschmeier habe ich hiefür 100 Mk. geschenkt. Er wußte aber nicht, woher das Geld stammte. Den Betrag von 700 u. die 100 Mk. die ich ihm ge-

schenkt habe, habe ich nach dem Tode des Eder im Holz-
haufen in der Waschküche versteckt und zwar deshalb,
weil die Gendarmerie bei mir alles aussuchte. (…)
Die Vernehmung wurde um 20 Uhr abgebrochen."

Die Kripo hakte nach

„Nachtrag: Auf nochmaligen Vorhalt gibt Cäzilie Bauer an:
„Es ist richtig, daß ich dem Eder am Sonntag, den
1.2.42 mit dem Glas Bier 16 Schlaftabletten verabreicht habe. Als ich gegen 10 Uhr vormittag - 2.2.42 -
in das Zimmer des Eder kam und ihm zunächst die beiden
Pulsadern durchschnitt, hat er noch fest geschlafen.
Richtig ist, daß er das zweitemal, als ich ihm dann
die Kehle durchschnitt, wach war. Er hat mir zuerst
eine Faust gemacht und wollte dann auf mich losstür-
zen. Ich weiß heute nicht mehr, ob ich dem Eder den
Hals auf einmal durchschnitten habe oder ob ich mehrmals darauf losstach. (…)"

Drama in drei Akten – (Fast) alles kam auf den Tisch

Mittwoch, den 20. Mai 1942: Fortsetzung des Verhörs um 8.30 Uhr

1. Anlauf: Mordversuch mit Tabletten

„ (…) Ich habe am Schlusse meiner gestrigen Vernehmung
zugegeben, daß ich den Stummerl getötet habe.
Der Stummerl verlangte von mir am 1.2.42 etwas nach
19 Uhr - neue Zeit 20 Uhr - ein Glas Bier. Es war so
üblich, daß dem Stummerl auf Verlangen am Abend Bier
gegeben wurde, daß er nicht besonders bezahlen brauchte.
Er deutete mir an, daß er in den Kuhstall gehe und
ich ihm das Bier dorthin bringen solle. Zunächst ging
ich nun in den Keller und holte dort eine Flasche
Bier. Berichtigung: Wir haben das Bier im Faß, es wurde von mir ein Glas - ½ Liter - herausgelassen. Das
Bier trug ich sofort in den Kuhstall und stelle es
auf die dort befindliche Futtermehltruhe. Der Stummerl ist unmittelbar hinter mir in den Stall gekommen
und hat einmal getrunken. Sodann frug er, was mit dem

Heiraten sei, worauf ich ihm eine abschlägige Antwort
erteilt habe. Dabei wurde er wütend, packte mich bei
der Gurgel und bedrohte mich mit dem Messer. Er ließ
mich aber doch wieder aus und ging unmittelbar in den
Pferdestall.
Nun begab ich mich auf mein Zimmer, holte dort die 16
Phanodorm-Tabletten und steckte sie in meine Schürzentasche. Als ich von meinem Zimmer herunterkam, kam
auch der Stummerl in die Stube herein. Nun habe ich
zu Bügeln angefangen, wobei mir der Stummerl zublin-
zelte, daß ich zu ihm in den Stall kommen soll. Aus
seinen Andeutungen war aber vielmehr zu entnehmen, daß
ich zu ihm auf sein Zimmer kommen soll. Ich bin ihm
unbemerkt nachgegangen, um zu sehen, ob er evtl. auf
mein Zimmer geht.
Nach etwa 10 Minuten habe ich mit dem Bügeln auf-
gehört und bin dann zum Stummerl. Er war inzwischen auf sein Zimmer gegangen und hatte sich auch
sein Bier aus dem Stall mitgenommen. Das Bier-
glas war noch fast voll und stand auf seinem Tisch.
Er lag bereits im Bett. Nun fing er wieder vom
Heiraten an und da ich mich vor ihm fürchtete, habe
ich ihm zugesagt, daß ich ihn Heiraten werde. Ich muß
aber hier noch einfügen, daß er mich vorher nochmals
bei der Gurgel packte, auf den Boden warf und ich ihm
erst dann die Zusage zum Heiraten gegeben habe. Sodann
habe ich meine Schlaftabletten genommen und habe sie
ihm - 16 Stück - in das Bier getan. Die Tabletten
habe ich im Glas verrührt und dann habe ich ihn vom
Bier trinken lassen. Er trank das Bier auf einmal aus.
Er machte mir dann nochmals eine Faust und auch eine
Bewegung an dem Hals, wobei er mir andeutete, daß er
mir die Gurgel abschneide, falls ich mein Versprechen
nicht einhalte. Ich war dann noch etwa 10 Minuten auf
seinem Zimmer und wir sind dann im Guten auseinandergegangen.
Von den Tabletten erhoffte ich mir, daß der Stummerl
dadurch in der Frühe tot im Bett liegt. An diesem
Abend bin ich dann bald darauf zu Bette gegangen. Ich
habe aber die ganze Nacht nicht schlafen können.

In der Frühe bin ich dann von selbst aufgestanden, ich brauchte an diesem Tage nicht geweckt werden, weil ich überhaupt nicht geschlafen habe. Morgens um 7 Uhr - neue Zeit 8 Uhr - bin ich erstmals auf das Zimmer des Eder gekommen, und habe mich nach ihm umgesehen. Dabei mußte ich feststellen, daß die erhoffte Wirkung nicht eingetreten ist, der Stummerl lag in seinem sehr tiefen Schlaf, er schnarchte stark. Ich bin nun wieder an meine Arbeit gegangen. Nach etwa einer halben Stunde habe ich wieder nach ihm gesehen. Sein Zustand war noch dergleiche. Ich begab mich nun wieder an meine Arbeit. Etwa um 9 Uhr - neue Zeit 10 Uhr - trug ich in die Mühle für Zeitler die Brotzeit und ging hernach noch einmal in die Mühle und holte Mehl. Anschließend habe auch ich Brotzeit gemacht und habe wieder in der Waschküche gearbeitet."

2. Anlauf: Aufschneiden der Pulsadern

„Mittlerweile dürfte es etwa 10.15 Uhr - alte Zeit - geworden sein. Um diese Zeit ging ich wieder auf das Zimmer von Stummerl. Der Stummerl hat immer noch geschlafen, aber nach meinem Dafürhalten nicht mehr so tief wie vorher. Ich versuchte ihn zu wecken, jedoch ist er nicht aufgewacht.
Ich nahm sodann das auf seinem Tische liegende Schnaggelmesser und schnitt ihm glaublich zuerst die rechte und dann die linke Pulsader auf. Ich nahm an, daß er sich dadurch in seinem Bett verbluten wird. Das Messer habe ich sodann am Fenster hinter der Verdunkelung versteckt. Meine Hände habe ich mir bei der Ausführung der Schnitte durch Blut verschmiert und habe sie mir ausserhalb des Zimmers auf dem Getreidespeicher an einem alten Sack gereinigt. Anschließend bin ich wieder an meine Arbeit in die Waschküche gegangen.
Um 12 Uhr - neue Zeit 13 Uhr - wurde mir von der Tochter Käthi zum Mittagessen gerufen. Ich habe zunächst alle übrigen Dienstboten zum Essen gehen lassen, weil ich mir dachte, daß ich dann nochmals zum Stummerl schauen könnte. Als ich nun selbst in die Küche zum Essen ging, bin ich zunächst von meinem Gedanken,

nochmals zum Stummerl zu gehen, abgekommen. Da ich
aber hörte, daß die Tochter Käthi dem Stummerl inzwischen
nochmals mit dem Schaufelstiel an seinen Kammerboden
das Zeichen zum Mittagessen gegeben hat und die Käthi
obendrein noch sagte, daß ihr der Stummerl angegeben
habe, hatte ich es mit der Angst zu tun, weil ich annehmen mußte, daß der Stummerl noch nicht tot ist.
Nun gab mir Frau Stemmer den Auftrag, daß ich nach dem
Stummerl schauen soll. Frau Stemmer ging hinter mir
durch den Hausgang und blieb unter der Haustüre stehen und schaute mir nach. Ich nahm einen Schneeballen
und warf diesen an das Fenster des Stummerl, worauf er
einen Laut von sich gab. Hernach ging ich in die Wagenremise und stieß mit einem Schaufelstiel nochmals
an seinen Kammerboden um mich zu überzeugen, ob er
tatsächlich noch lebt. Auf meine Klopfzeichen hat er
wiederum laut angegeben. Ich habe es nun tatsächlich
mit der Angst zu tun bekommen und ich war nicht recht
schlüssig, was ich nun machen soll. Ich entschloß mich
dann, doch zu ihm auf das Zimmer zu gehen, obwohl ich
mir in Wirklichkeit vor ihm fürchtete."

3. Anlauf: Tod durch Erstechen

„Als ich auf sein Zimmer kam, lag er noch im Bett und
war wach. Als er mich sah, stierte er mich ganz wild
an und versuchte aus dem Bett herauszugehen. Er war
aber schon stark von Kräften und es gelang ihm nur ganz
langsam aus dem Bett herauszukommen. In dem Moment kam
mir der Gedanke, wenn ich jetzt mit ihm nicht Schluß
mache, dann ist es für mich gefehlt. Als ich auf ihn
hinkam, versuchte er noch nach meiner Gurgel zu fassen.
Ich warf ihn in sein Bett zurück und holte hinter der
Verdunkelung das Messer hervor. Nun habe ich ihm mit
dem Messer den Hals durchgeschnitten, ich glaube, daß
ich ihm auch ein paar Stiche im Hals beigebracht habe.
Wie oft ich geschnitten und gestochen habe, kann ich
nicht mehr sagen. Auf jeden Fall habe ich mit dem Messer am Hals mehrmals angesetzt. Ich kann auch nicht
mehr sagen, ob ich die Schnitte von rechts nach links
oder von links nach rechts ausgeführt habe. Ich erin-

nere mich nur noch, daß Stummerl, als ich ihn ins Bett
zurückwarf, auf den Rücken zu liegen kam und ich ihm
in dieser Lage die Verletzungen beibrachte.
Zur Ausführung der Tat werde ich etwa 10 Minuten benötigt haben. Stummerl lag hernach leblos in seinem Bett
und ich habe angenommen, daß er nun tot ist."

Vortäuschen eines Selbstmordes

„Um einen Selbstmord vorzutäuschen, warf ich ihn auf
den Boden, wobei ich ihn beim Genick packte. Das Messer
legte ich in sein Bett. Ich habe den Stummerl nicht
auf den Boden hingeworfen, sondern ich habe ihn hin-
gelegt. Ich habe ihn daher nicht nur beim Genick gepackt und einfach herausgeworfen, sondern faßte ihn
am Genick und an den Beinen und zog ihn langsam aus
dem Bett heraus. Sodann nahm ich seine Wolldecke und
wickelte ihm damit die Beine ein, um vorzutäuschen,
als ob er so aus dem Bett gefallen wäre.
Nach der Tat begab ich mich zunächst in die Waschküche
und habe mir meine blutigen Hände gereinigt. Erst in
der Waschküche habe ich dann gemerkt, daß auch meine Schürze an der Bauchgegend und meine Jacke an den
Armen mit Blut beschmiert waren. Da ich keine Möglich-
keit sah, mich im gegebenen Moment meiner blutigen
Kleider zu entledigen, ging ich doch in die Küche und
habe Frau Stemmer mitgeteilt, daß sich der Stummerl
die Pulsadern und die Gurgel abgeschnitten hätte."

Cäzilies Reue, aber mit Einschränkungen

„Ich sehe ein, daß ich eine furchtbare Tat begangen
habe, die ich auf das Bitterste bereue. Es ist mir heute
nicht erklärlich, daß ich doch soweit sinken konnte,
daß ich überhaupt eine solche Tat begangen hatte, da ich
sonst keinem Tier etwas zu Leide tun kann.
An der Tat bin ich nicht alleine schuld und ich sehe
nicht ein, warum ich die ganz Schuld auf mich nehmen
soll. Das Verhältnis mit Eder und die ganze Sache
überhaupt hat sich wie folgt abgespielt:"

„Etwa ein ¾ Jahr nach meinem Dienstantritt bei Stemmer hat die Melkerin Kandler den Stummerl andauernd mit mir geneckt. Sie gab ihm durch Zeichen immer wieder zu verstehen, daß ich für ihn Eine zum Heiraten wäre. Da ich merkte, daß mir der Stummerl tatsächlich zugetan ist, habe ich mich mit ihm Spaßweise auch eingelassen, d.h. ich habe ihn auf seiner Einbildung gelassen, als wollte auch ich ihm etwas.

Im Ernst habe ich aber gar nicht daran gedacht. Es ist allerdings meine Schuld, daß aus dem anfänglichen Scherz dann zwischen dem Stummerl und mir doch ein ernstes Verhältnis wurde. Der Stummerl hat mir andauernd vorgemacht, daß er mich heirate und ich habe ihm auch zugesagt, obwohl ich gar nicht daran dachte. Noch im ersten Jahr meines dortigen Aufenthaltes kam es dann zwischen dem Stummerl und mir zum Geschlechtsverkehr, der sich dann in der folgenden und bis in die jüngste Zeit häufig wiederholte. Der Stummerl hat häufig bei mir auf meinem Zimmer und ich auf seinem Zimmer bei ihm geschlafen. Er wurde auch wiederholt von der Melkerin Kandler in das Haus gelassen. Mehrmals sagte sie zu mir, ich solle doch nicht so dumm sein und solle mich mit ihm doch abgeben, aus dem sei etwas herauszuholen.

Frau Kandler war es auch, die dem Stummerl vormachte, daß ich ein Anwesen und Kühe besitze. Der Stummerl hat dies geglaubt und ich habe ihn auch auf diesen Glauben gelassen, zumal er mir zu verstehen gab, daß er keine Frau möchte, die nichts habe. Er hat mich dann auch einmal ganz ausdrücklich darüber befragt, ob ich das auch tatsächlich besitze, was ich ihm dann abermals bejahte. Dabei erklärte er mir allen Ernstes, daß ich nur mehr ihm gehöre.

Etwa im September 1940 bekam ich von ihm das erste Geld, es handelte sich um einen Betrag von 150 Mk. von dem ich mir Kleider kaufen sollte. In der Folgezeit habe ich von ihm größere Geldbeträge bekommen, die ich zum Ankauf der Aussteuer und zum Viehkauf verwenden sollte. Insgesamt bekam ich von ihm für diesen Zweck etwa 2300

Mk. Das Geld wurde mir in Beträgen von 700, 420, 600,
180 und noch 8 Tage vor seinem Tod der Betrag von 180 Mk.
gegeben.
Dem Stummerl gegenüber habe ich erklärt, daß ich das
Geld zu dem bestimmten Zweck verwendet habe und ich
habe ihm vorgemacht, daß wir nun soviel Vieh und
Schweine hätten und nannte ihm zuletzt eine Zahl von
8 Stück Rindvieh und einem Schwein. Dieses Vorbringen
wurde vom Stummerl geglaubt und wurde ihm von der
Kandler auch bestätigt."

Der Weg des Geldes

„Das Geld habe ich aber nicht zu dem bestimmten Zweck
verwendet. Für mich selbst habe ich ungefähr 600 Mk.
verbraucht. Das Geld habe ich buchstäblich verjubelt.
Ich bin dauernd nach Wasserburg ins Kino, ins Kaffee
gegangen, habe davon auch fremde Männer (…) frei gehalten. Einen Betrag von 300 Mk. habe ich der Melkerin
Kandler gegeben. Frau Kandler wußte, daß das Geld vom
Stummerl stammte und sie wußte insbesonders, daß das
Geld vom Stummerl unter Vorspiegelung falscher Tatsachen heraus geschwindelt wurde. Außerdem habe ich für
sie von meinem Gelde noch das Kino und auch häufig die
Zechen im Kaffee bezahlt.
Kandler ist diejenige, die mich immer dazu aufmunterte,
aus dem Stummerl Geld herauszuschwindeln. Wenn mir
vorgehalten wird, von welchem Geld ich meine Neuanschaffungen an Kleider usw. bezahlt hatte, so erkläre
ich, daß ich diese Auslagen von meinem Verdienst bestritten habe.
Von dem vom Stummerl erschwindelten Geld hat meine
Schwester, die Ehefrau Brandl, einen Betrag von etwa
1200 Mk. erhalten. Das Geld habe ich ihr nach und nach
in Beträgen von 100-400 Mk. gegeben. Meine Schwester
wußte, daß ich dieses Geld dem Stummerl heraus geschwindelt habe, unter der falschen Vorspiegelung,
daß ich ihn heiraten werde.
Auf Befragen gebe ich zu, daß ich vor etwa einem Jahr
der Frau Kandler einmal einen Betrag von 1200 Mk. gezeigt habe. Frau Kandler erklärte dazu, daß ich schon

recht hätte, daß ich dem Stummerl Geld herausschwindle
und meinte dabei, daß ich ihr auch von diesem Geld etwas geben solle. Ich habe ihr aber davon nichts gegeben.
Einen weiteren Betrag von 800 Mk. habe ich dem Zitherlehrer Forschmeier 3 Wochen nach dem Tode des Stummerl
zur Aufbewahrung übergeben, ich habe ihm hierfür 100 Mk.
geschenkt. Diese Summe ist in den oben genannten Beträgen nicht eingerechnet.
Auf Vorhalt, daß sich dann doch eine weitaus größere
Summer ergibt: Ich gebe zu, daß ich von Stummerl einen
Geldbetrag von etwa 2900 Mk. bekommen habe. Ich habe
also von dem Gelde des Stummerl für mich nicht 600
sondern 1300 Mk. verbraucht, 300 Mk. habe ich Frau
Kandler gegeben, und den Rest von 1300 Mk. hat meine
Schwester Frau Brandl erhalten."

Eders Drängen auf die Hochzeit

„Im vergangenen Jahr drängt der Stummerl darauf, die
Heirat festzusetzen. Als Termin wurde von Stummerl
Weihnachten 1941 bestimmt. Hiezu habe ich ihm meine
Zusage gegeben und wurde dabei auch von Frau Kandler
unterstützt. Diesen Zeitpunkt mußte ich ihm aber aus-
ehr gewußt, als die schon bereits geschilderte Tat zu
begehen.
Der Entschluß den Stummerl umzubringen, wurde also
schon längere Zeit vor der Tat gefaßt, aber nicht nur
von mir allein, sondern ich wurde darin auch von Frau
Kandler und meiner Schwester, Frau Brandl, bestärkt."

Auch ein Mordplan von Gusti

„Bereits im Sommer 1941 habe ich mich mit meiner
Schwester Frau Brandl darüber besprochen, wie die Sache mit dem Stummerl wohl einmal enden wird. Daß es
keinen guten Ausgang nimmt, habe ich damals schon
gewußt. Als meine Schwester, Frau Brandl, im Sommer
vorigen Jahres einmal bei mir in Bachmehring war und
wieder Geld haben wollte, habe ich ihr eindringlich
vorgehalten, daß für mich die Sache nicht gut stehe.
Ich habe ihr den Vorschlag gemacht, dem Stummerl am
liebsten alles wieder zurückzugeben und daß ich am

besten meine Stellung wechseln sollte.

Frau Brandl sagte aber, daß ich mich auf sie schon verlassen könne, sie werde schon Mittel und Wege finden. Sie erklärte mir damals, daß man dem Stummerl einfach wegräumt, wenn es nicht mehr anders gehe. Sie werde zu einem Arzt in München gehen bzw. zu mehreren Ärzten, und werde sich für ihren Mann Schlaftabletten verschreiben lassen. Soferne sie die entsprechende Anzahl Tabletten beisammen habe, solle ich diese dem Stummerl im Bier geben. Der Stummerl wird daraufhin am anderen Morgen tot im Bette liegen und ich wäre dadurch der Sorge, wie ich ihm das Geld wieder gebe, behoben. Ich kann mit Sicherheit behaupten, daß meine Schwester tatsächlich bei mehreren Ärzten war, aber von jedem mit der Begründung abgewiesen wurde, daß ihr Mann selbst kommen müsse. Dies hat sie mir nach Bachmehring brieflich mitgeteilt; den Brief habe ich auf ihre Weisung sofort verbrannt."

„Totsichere" Tabletten

„Im Oktober 1941 bekam ich einen wehen Finger und stand hiewegen bei dem prakt. Arzt Dr. Schwarz in Wasserburg 14 Tage lang in ärztlicher Behandlung. Es bestand die Befürchtung, daß ich Blutvergiftung bekommen könnte. Als ich dem Arzt auf Befragen erklärte, daß ich nicht schlafen könnte, wurden mir Phanodorm-Tabletten verschrieben. Hievon habe ich aber nur 2 genommen, weil sie mir zu schlecht waren. Trotzdem habe ich mir aber von dem Arzt 3 mal ein Rezept hierüber verschreiben lassen und habe sie in der Apotheke geholt. Es handelte sich um 6 Stück-Packungen, die 10 Stück-Packungen hat es nicht gegeben.

Meiner Schwester habe ich brieflich mitgeteilt, daß ich vom Arzt Phanodorm-Tabletten bekommen habe und ersuchte sie, mir mitzuteilen, ob dies auch diejenigen sind, die sie meine. Unmittelbar darauf erhielt ich von ihr einen längeren Brief, in dem sie mir mitteilte,

daß es sich ja hier um diese Tabletten handle, die sie suche, sie werden totsicher helfen. Ich versichere mit aller Bestimmtheit, daß´sie mich in diesem Brief aufforderte, dem Stummerl diese Tabletten zu geben. Wenn ich sie ihm nun doch erst am 1.2.42 verabreicht habe, so nur deshalb, weil ich mich vorher zu dieser Tat nicht entschließen konnte. Ich muß hier noch einflechten, daß mir meine Schwester in dem obengenannten Brief mitteilte, daß die Tabletten zwar totsicher helfen, aber falls es doch nicht so sein sollte, soll ich das Messer nehmen und soll ihm die Gurgel abschneiden. Sie hätte den Stummerl bereits durchschaut, denn er würde sonst mich umbringen. Ich weiß genau, was ich bisher angegeben habe, und versichere, nur das gesagt zu haben, was auch tatsächlich wahr ist. Hinsichtlich der Beschuldigung meiner Schwester und Frau Kandler habe ich mich von keinem Rachegefühl leiten lassen, sondern habe nur die Wahrheit gesprochen. (...)"

Die Vernehmung ging weiter

Mittwoch, 20. Mai 1942: Erneute Vorführung Cäzilies vor den Kripobeamten um 14 Uhr

Das Verhältnis zum Müller Zeitler

„Ich habe heute vormittag angegeben, daß ich von Eder einen Betrag von 2900 Mk. erhalten habe. Hiezu kommt noch, daß ich auch von dem Obermüller Zeitler 460 Mk. zu leihen genommen habe. Mit Zeitler hatte ich zwar kein Liebesverhältnis, wohl aber hatte ich mit ihm einmal auf seinem Zimmer Geschlechtsverkehr. Das Heiraten hatte ich ihm nicht versprochen. Das Geld von Zeitler ist nebenbei von mir nach und nach verbraucht worden. Davon hat auch meine Schwester etwas erhalten, ich kann aber keinen bestimmten Betrag mehr angeben. Von dem vom Stummerl und von Zeitler herausgeschwindelten Geld hat außer mir, meiner Schwester Brandl und Frau Kandler niemand einen Nutzen gehabt. Ich will damit sagen, daß andere Personen kein Geld bekommen haben, insbesondere haben meine Eltern nichts davon erhalten."

Geständnis gegenüber Gusti

„Von der Tötung des Stummerl hat ausser mir und meiner Schwester niemand Kenntnis. Ich gebe zu, daß ich Frau Brandl an einem Sonntag nach der Tat nach Wasserburg kommen ließ und sie an den dortigen Bahnhof bestellte. Bei dieser Gelegenheit habe ich ihr anvertraut, daß ich den Stummerl umgebracht habe. Ich habe ihr die Tat im Einzelnen erzählt und zwar so, wie sie in der Reihenfolge nach begangen worden ist, daß ich dem Stummerl am Abend vorher die Tabletten gegeben, ihm dann am nächsten Vormittag zunächst die Pulsadern abgeschnitten und dann am Mittag, nachdem er noch nicht tot war, den Hals durchgeschnitten habe. Meine Schwester erwiderte darauf, daß sie es ihm genau so gemacht hätte, ich hätte nur warten brauchen. Bei dieser Gelegenheit habe ich ihr auch erzählt, daß ich auch dem Zitherlehrer Froschmeier noch einen Geldbetrag von 800 Mk. gegeben habe.“

Erster Mordversuch mit Gift

„Ich gebe nun zu, daß ich mich bereits im Herbst 1941 mit dem Gedanken getragen habe, den Stummerl ums Leben zu bringen. Auf Anraten der Melkerin Kandler und auch aus eigenem Entschluß kochte ich an einem von mir nicht mehr näher zu bezeichnenden Tag im Herbst 1941 für den Stummerl Tee. In diesen Tee mischte ich ihm einen kleinen Teelöffel voll von dem Russenvertilgungsgift bei, das im Haushalt Stemmer vorhanden war. Den Tee habe ich ihm in der Frühe vor dem Frühstück zu trinken gegeben. Stummerl bekam darauf aber lediglich heftige Bauchschmerzen und starken Durchfall. Die erhoffte Wirkung, daß er daran sterben solle, trat nicht ein. Zu diesem Fall möchte ich ausdrücklich betonen, daß ich nicht allein die Schuld trage, sondern von Frau Kandler dazu angestiftet wurde. Als ich ihr nämlich erklärte, daß ich das nicht recht machen könne, sagte sie, wenn ich es nicht mache, so mache sie es selbst. Bei den von mir verwendeten Pulver handelte es sich um das Russenvertilgungsmittel „Sichorol“ an dessen Packung sich ein Totenkopf befand. Ich war mir daher bewußt, daß es sich um Gift handelte. Ich habe auch damit gerechnet, daß der Stummerl darauf stirbt. Von dem Pulver bezw. von dem Gift war damals eine ganze Dose vorhanden, die aber noch im Herbst 1941 verbraucht wurde. Einen weiteren Mordversuch habe ich aber an Stummerl nicht verübt.

Dagegen gebe ich zu, daß ich ihm einige Zeit später einmal Salzwasser hergerichtet habe, weil er über Halsweh klagte. Ich habe dem Stummerl angedeutet, daß er damit lediglich gurgeln soll, er aber entgegen meiner Meinung das Wasser austrank. Als ich das sah, habe ich ihm das Glas sofort genommen. Dem Wasser war bestimmt kein Gift beigemengt. Wieder einige Zeit später klagte der Stummerl einmal darüber, daß er keinen Stuhlgang habe. Da ich während der Menstruation selbst mit dem Stuhlgang zu tun hatte, und mir hiefür von der Apotheke in Wasserburg Abführpillen kaufte, habe ich ihm 6 Stück davon in einer halben Tasse Wasser gegeben. Das Wasser hat sich dadurch so braun verfärbt. Es handelte sich hier um sogen. Leopillen, die absolut nicht giftig sind und ich hatte damit gar nicht die Absicht den Stummerl zu vergiften."

Cäzilies verschwenderisches Leben nach der Entlassung bei Stemmer

„Ich wurde von Stemmer am 1.2.42 entlassen, da gegen mich allgemein der Verdacht bestand, daß ich den Stummerl umgebracht habe. Zum Zwecke meines Auszuges ließ ich meine Schwester Frau Brandl aus München kommen. Mit ihr fuhr ich dann nach Hause, d.h. in ihre Wohnung und habe bei ihr noch bis vor 8 Tagen gewohnt. Zur Bestreitung meines Lebensunterhaltes hatte ich mit meiner Schwester für diese Zeit keine bestimmte Zahlung ausgemacht. Sie ist aber von dieser Zeit an häufig an mich herangetreten und verlangte von mir Geld. Ich habe so etwa 10 Wochen bei ihr dort gewohnt; in dieser Zeit war auch meine Schwester Frieda bei mir. An Frau Brandl habe ich für mich und meine Schwester innerhalb dieser Zeit in kleineren Beträgen von 20-100 Mk einen Gesamtbetrag von etwa 600 Mk. bezahlt. Ich hätte ihr nicht soviel gegeben, wenn sie nicht immer an mich herangetreten und Geld von mir verlangt hätte. Während meines dortigen Aufenthaltes bin ich mit Frau Brandl und auch mit meiner Schwester Frieda häufig fortgegegangen, wir besuchten häufig ein Kino, und begaben uns dann hernach in ein Kaffeehaus. Die Zechen wurden von meinem Gelde bestritten. Nach meinem Austritt bei Stemmer habe ich mit wenigen Ausnahmen regelmäßig die Zitherstunde in Wasserburg besucht. Insgesamt werde ich etwa 7 mal nach Wasserburg gefahren sein, die letzten beiden Male in Begleitung meiner Schwester Frieda, während sonst immer Frau Brandl bei mir war. Mit Frau Brandl habe ich in Wasserburg auch zweimal übernachtet, weil wir den Zug versäumt hatten. Die entstandenen Unkosten, Fahrtgeld, Verpflegung usw. wurden stets von mir bestritten. Gelegentlich des Besuches der Zitherstunde in der Osterzeit habe ich mir vom Froschmeier den bei ihm hinterlegten Betrag von 700 Mk. geben lassen. Diese Summe ist inzwischen ebenfalls aufgebraucht. Mein Barbestand beträgt noch etwas über 100 Mk."

Cäzilie wiederholte ihr Geständnis – aber mit Einschränkungen
„Abschließend erkläre ich, daß ich die reine Wahrheit gesagt habe. Ich wiederhole nochmals, daß ich dem Stummerl zuerst die Schlaftabletten in das Bier beigemengt habe, in der Absicht, daß er sterben solle. Nachdem bis zum anderen Morgen die erhoffte Wirkung nicht eingetreten war, schnitt ich ihm am Vormittag die beiden Pulsadern durch, in der Annahme, daß er sich verblute. Da er aber gegen 13 Uhr noch am Leben war und ich befürchten mußte, daß ich nun aufkomme, fand ich keinen anderen Ausweg mehr, als ihm die Gurgel abzuschneiden. Zur Ausführung der Tat verwendete ich das Taschenmesser des Stummerl, ein anderes Messer habe ich nicht gehabt. Bei der Ausführung der Tat war ich furchtbar aufgeregt, was auch darauf zurückzuführen ist, daß ich am 2.2.42 schon den 10. Tag meine Regel hatte. In diesem Zustande war ich immer sehr erregt. Ich habe nun alles gesagt, was ich zur Sache angeben kann. Die Tat reut mich von Herzen, muß aber nochmals betonen, daß ich allein nicht Schuld bin. (...)"

Nichts Neues zur Tat, aber viel Persönliches

Mittwoch, 20. Mai 1942: Vernehmung der verhafteten Schwester Frieda Bauer, geb. am 13.02.1923 in Wolfratshausen, vor der Kripo in München

Frieda machte vor allem Angaben zu den familiären Verhältnissen und Cäzilies Leben nach deren Weggang von Stemmer.

Teilweise wohnten Frieda und Cäzilie bei Gusti Brandl in München, was zu Konflikten mit deren Ehemann führte. Es kam auch zum Streit von Frieda und Cäzilie mit ihrer Schwester Gusti. Daraufhin kehrten Cäzilie und Frieda zwischen dem 6. und 11. Mai 1942 in ihr Elternhaus nach Wolfratshausen zurück, da sie sich um neue Arbeitsstellen kümmern wollten. Am 11. Mai fuhren die beiden wieder nach München, wo sie in einem Hotel zwei Nächte verbrachten. Am 13. Mai brachen sie nach Wasserburg auf, damit Cäzilie dort ihre Zitterstunde besuchen konnte. Die Reisekosten übernahm Cäzilie.

Einen Tag später, am 14. Mai, kehrten beide nach Wolfratshausen zu den Eltern zurück. Der Vater war bereits nach München aufgebrochen, um sich über den Verbleib der Töchter zu erkundigen. Von der Mutter erfuhren sie von Gustis Anzeige gegen Cäzilie, ohne dass die Mutter den näheren Grund für die Anzeige kannte. Erst als der Vater wieder aus München zurückkehrte, erfuhren sie von Gustis Mordvorwurf. Cäzilie soll dabei sehr ruhig gewesen sein, da sie sich keiner Schuld bewusst gewesen sei.

Am Samstag, den 16. Mai, wurden beide von einem Schutzmann in Wolfratshausen verhaftet, der den näheren Grund nicht kennen wollte.

Frieda machte gezielt Angaben zu Gusti Brandl, die diese in einem schlechten Licht darstellten. So soll diese ein nichteheliches Verhältnis unterhalten haben. Sie habe geplant diesem Mann eine Schwangerschaft vortäuschen, damit sie ihn „richtig ausziehen" könne.

Nach Friedas Aussage stellt die Kripo fest: „Die Angaben der Frieda Bauer entsprechen im wesentlichen der Wahrheit. Sie stehen auch mit den Angaben der Cilli Bauer in keiner Weise im Widerspruch. (…) Die Frieda Bauer wird, da sie für die weiteren Ermittlungen nicht mehr benötigt wird, entlassen."

Die Überprüfung von Cäzilies Aussagen

Lügen oder Wahrheit? Nachermittlungen in Wasserburg durch die Kripobeamten aus München

Donnerstag, 21. Mai 1942: Vernehmung von Anna Kandler zu Cäzilies Vorwürfen

Geldverleih zwischen Anna Kandler und Cäzilie

„Wenn mir vorgehalten wird, daß ich von der Bauer einen größeren Geldbetrag erhalten habe, so erkläre ich, daß ich für die Bauer in der Zeit von 1938 bis 1940 rund 200 Mk. ausgelegt bezw. ihr geliehen habe. Ich kann mich jedoch nicht erinnern, ihr einmal Bargeld direkt gegeben zu haben. Ich habe lediglich für die Bauer immer bezahlt, wenn diese oder ich selbst für die Bauer etwas eingekauft habe. So habe ich mehrmals von der Ehefrau des Schutzmann Meier in Wasserburg getragene Kleider gekauft, die von meinem Gelde bezahlt wurden. Die Bauer hat mir dieses Geld nach und nach wieder zurückbezahlt und zwar in Beträgen von 10-20 Mk., es kann auch einmal ein Betrag von 40-60 Mk. gewesen sein. Seit etwa 2 Jahren habe ich der Bauer kein Geld mehr leihen und auch keine Auslagen mehr bestreiten müssen und die Rückzahlung der geschuldeten Summe war auch schon vor etwa 2 Jahren erledigt. Das Letztemal gab mir die Bauer für eine kleinere Besorgung 10 Mk., wobei sie sagte, daß ich den Rest des Geldes für mich behalten könne und als Zinsen für das Ausleihen ansehen soll. Außerdem habe ich der Schwester der Bauer - Auguste Brandl - wie sie hier auf Besuch war 30 Mk. gegeben, die ich auch von der Bauer zurückerhalten habe. Darüber hinaus habe ich von der Bauer keinen Geldbetrag gekommen."

Gespräche über das Töten – Plan oder Plauderei?

„Auf Vorhalt: Ich habe in meiner Vernehmung schon angegeben, daß die Zilli - Bauer - mit dem Stummerl in arge Nöte kam. Es ist richtig, daß sie sich mit mir darüber

unterhalten hat, wie sie ihn losbringen könnte. Sie sprach davon, daß sie ihn Tabletten geben würde, sie sprach auch von einem Pulver und bemerkte dabei, ihr Vater hätte schon bestimmt was zu Hause. Ich erinnere mich nicht, daß dabei von einem Russengift gesprochen worden ist, es ist mir aber bekannt, daß wir Russengift im Hause hatten, weil ich vor ungefähr einem Jahr auf Anordnung der Frau Stemmer aus einer Apotheke in Wasserburg Russengift holen mußte. Aber wie gesagt, kann ich nicht angeben, daß die Zilli mit mir speziell über das Russengift gesprochen hätte.
Sie kam zu mir öfters auf mein Zimmer, wenn ich schon im Bette lag und ich sagte einmal zu ihr, wenn sie dem Stummerl vergeben würde, so würde es ihn zerreißen. Ich sagte ihr auch, daß mir ein Fall bekannt sei, wo in Endorf eine Frau ihren Mann vergiftet und daß man die Leiche ein halbes Jahr nach dessen Tod wieder ausgegraben und die Vergiftung festgestellt habe.
Es ist eine Lüge, wenn die Zilli sagte, sie hätte auf mein Anraten dem Stummerl einen Tee gekocht und Russengift hineingemischt. Wie ich schon zugegeben habe, hat sie zwar mit mir darüber gesprochen, daß man den Stummerl auf diese Weise beseitigen könnte, aber es ist nicht wahr, daß ich ihr einen Rat gegeben habe."

Anna Kandler nahm Cäzilie nicht ernst
„Auf Vorhalt: Wenn mir vorgehalten wird, warum ich von diesem Gespräch mit der Zilli nicht wenigstens meine Herrschaft verständigt habe, so gebe ich an, daß ich im Ernst nie daran dachte, daß die Zilli das wahrmachen würde. Mit meinem Bruder Hans Bürger, der hier beschäftigt ist, habe ich darüber gesprochen und habe zu ihm gesagt, schau was die Zilli eigentlich für Gedanken hat. Aber wie gesagt, dachte ich nicht daran, daß sie eine solche Tat wirklich ausführen würde. Mir ist bekannt, daß der Stummerl einmal einen argen Durchfall hatte. Ich sprach mit der Zilli darüber, ohne aber den Verdacht dabei zu haben, daß sie schuld sein könnte und da gab sie mir zur Antwort, der wird halt ein kaltes Bier erwischt haben. Der Stummerl selbst sagte das Gleiche."

Auf keinen Fall ein Hilfsangebot für einen Mord

„Ich stelle entschieden in Abrede, zur Zilli gesagt zu haben, daß ich dem Stummerl Gift gebe, wenn sie es nicht fertig brächte. Dazu gebe ich auf weiteres Befragen an, daß ich mit dem Stummerl schon 9 Jahre zusammen arbeitete, ich hatte nie eine besondere Freundschaft mit ihm, aber auch keine Feindschaft. Der Stummerl war im Grunde ein guter Mensch, er konnte aber auch sehr schnell jähzornig werden. Aus dieser Erkenntnis heraus sagte ich auch einmal zur Zilli, sie wird schon sehen, was mit dem Stummerl noch alles kommt. Die Angaben der Zilli kann ich nur so deuten, daß sie hier genau so bedenkenlos lügt, wie sie es immer getan hat.“

Anna Kandler wies jede Schuld von sich

„Bei dem Gespräch mit der Zilli, daß man dem Stummerl „Vergeben“ könnte, sagte sie auch zu mir, ob ich denn keine passenden Pillen kenne. Ich gab ihr zur Antwort, daß mein Bruder einmal Zahnschmerzen gehabt habe und sich Pillen verschaffte, worauf er sehr gut schlafen konnte. Sie forderte mich auf, ihr solche Pillen zu verschaffen, ich reagierte aber nicht darauf. Bei einer solchen Gelegenheit sagte sie auch einmal zu mir, ich solle ihr meine Flasche Wein überlassen, die ich im Schrank hätte. Auf dieses hin habe ich diese Flasche Wein nach Hause zu meiner Mutter. Ich nehme nun an, daß sie meinen Wein tatsächlich verwenden wollte, um dem Stummerl zu vergeben. Es ist ebenfalls unwahr, zu ihr je einmal gesagt zu haben, daß sie an dem Stummerl richtig handle, daß sie Recht habe, wenn sie ihn ausziehe. Ich habe ihr in keiner Weise einen Rat gegeben, wie man den Stummerl vergiften könnte und ich habe es auch von ihr gar nicht für Ernst genommen, daß sie eine solche Tat in Wirklichkeit ausführen würde“

Donnerstag, 21. Mai 1942: Erneute Vernehmung von Josef Zeitler

Nun doch: größere Geldbeträge für Cäzilie und Gusti

„Ich gebe nun zu, daß ich der Bauer weit mehr Geld gegeben habe, als ich bisher zugestanden habe. Ich habe

keine Aufschreibungen, habe auch keinen Schuldschein
von ihr und schätze die Summe auf rund 21-2200 Mk.,
die ich ihr nach und nach gegeben habe. Einmal gab ich
ihr 700 Mk. und ein andermal 500 Mk. Über den Betrag
von 500 Mk. machte sie mir vor, daß sie das Geld für
ihre Schwester - Frau Brandl - benötige, die sich mit
ihrem Mann ein Haus kaufen wolle. Die Zilli versprach
mir immer, daß sie mir das Geld wieder zurückbezahle;
sie sprach davon, daß sie selbst eine größere Summe ersparten Geldes hätte. Es ist richtig, daß ich von ihrer
Schwester, Frau Brandl, nach dem Hergeben dieser 500 Mk.
einen Brief bekam, worin diese sich für das Geld bedankte.“

Zeitler räumte Heiratspläne mit Cäzilie ein

„Es ist auch richtig, daß mich die Brandl in diesem
Brief als lieber Schwager ansprach. Den Brief hat mir
die Zilli lesen lassen und hat ihn dann wieder zu
sich genommen. Dazu muß ich nun angeben, daß ich tatsächlich vor hatte, die Zilli zu heiraten. Ich habe
zwar schon gemerkt, daß auch mit dem Stummerl die
Geschichte nicht in Ordnung sein muß, aber richtig
Bescheid wußte ich nicht.“

Gusti ließ nicht locker

„Wenn die Zilli angibt, daß ich mit ihr auch schon
geschlechtlich verkehrt habe, so lügt sie. Den Betrag
von 700 Mk., den ich ihr auf einmal gab, wollte sie
zum Ankauf von Möbeln haben, die schon zur Einrich-
tung unserer Wohnung dienen sollten. Nach dem Tode des
Stummerl gab ich ihr das letzte Geld und zwar einen
Betrag von 200 Mk. Sie sagte, daß sie Urlaub bekomme
und dazu das Geld benötige.“

Mittwoch, 20. Mai 1942: Freiwillige Aussage von Auguste Brandl

Auguste Brandl erschien von sich aus bei der Kripo und übergab zunächst
einen Brief des Zitterlehrers Froschmeier vom 18. Mai, in dem dieser Cäzilie
mitteilte, dass er von einem Kriminalbeamten aufgesucht wurde. Dabei
erhob Gusti erneut schwere Vorwürfe gegen ihre Schwester und belastete
sich selbst:

Die Tötung des Stummerl – ein Dauerthema zwischen den Schwestern

„Meine Schwester Zilli hat mir einmal geschrieben, daß ich ihr helfen solle, ob ich irgend ein Mittel wüßte, daß man dazu verwenden könnte, den Stummerl wegzuräumen. Den Brief habe ich nicht mehr in Händen. Wiederholt trat sie brieflich an mich heran, daß ich schauen solle, daß ich dazu etwas bekomme. Ich habe ihr darauf geschrieben, daß sie doch ihre Nerven behalten solle. Später habe ich ihr dann doch einmal brieflich mitgeteilt, daß ich beim Arzt gewesen wäre, aber nichts bekommen hätte. In Wirklichkeit war ich aber bei keinem Arzt, sondern habe ihr dies nur mitgeteilt, damit ich meine Ruhe bekomme. Wie sie mir früher einmal gelegentlich eines Besuchs erzählte, hätte der Stummerl noch Geld, daß sie noch gerne haben und vorher nichts unternehmen möchte. Meine Schwester hat mich mehrmals angegangen, ob ich ihr keinen Rat geben könne, ob ich ihr nicht helfen könne. Damit ich von ihr Ruhe bekomme, habe ich zu ihr gesagt, daß ich nichts wüßte, als Tabletten, die sie dem Stummerl geben könnte. Mein Mann habe sich einmal gegen Ischiasschmerzen Tabletten verschreiben lassen, damit die Schmerzen vergehen. Wie die Tabletten jedoch hießen, weiß ich nicht mehr. Später hat sie mir dann mitgeteilt, daß sie nun selbst Tabletten bekommen hätte, sie nannte mir auch die Bezeichnung derselben und ich teilte ihr darauf mit, daß es diese Tabletten seien, die ich meinte. Ich habe zu ihr dann schon gesagt, daß sie ihm davon ein ganzes Gläschen voll geben solle, dachte aber doch nicht daran, daß der Eder daran sterben müsse.“

Zeitler – eine weitere Geldquelle für Cäzilie

„Einmal schrieb sie mir, daß sie von Zeitler auf meinen Namen 500 Mk. zu leihen genommen hätte. Sie hätte 8 Tage gebraucht, bis sie von ihm das Geld erhalten habe, sie habe ihm vorgemacht, daß ich mir ein Haus kaufe. Damit es nun der Zeitler auch glaube, solle ich ihm einen entsprechende Brief schreiben. Dies habe ich auch gemacht und habe ihn darin als meinen Schwager bezeichnet. In dem Brief durfte ich keine Summe nennen

und ich weiß daher auch nicht, ob sie nicht einen größeren Betrag bekommen hat. Zeitler habe ich zugleich
in dem Brief versprechen müssen, daß ich ihm das Geld
im Herbst 1942 zurückgebe. Ob Zeitler diesen Brief
bekommen hat, kann ich nicht sagen, wohl aber hat
mir meine Schwester erzählt, daß sie mit dem Brief zu
Zeitler gegangen und die Sache somit erledigt sei. Mir
war auch bekannt, daß meine Schwester dem Zeitler das
Heiraten versprochen hat."

Geld für Gusti

„Als ich meiner Schwester von den Tabletten schrieb,
hatte ich auch von ihr noch kein Geld erhalten, daß
vom Stummerl stammen sollte. Wenn meine Schwester
sagt, daß ich von ihr 1200 Mk. bekommen hätte, so ist
das nicht wahr, ich habe von ihr, wenn ich viel sage,
höchstens 300 Mk. erhalten. Anmerkung: Von einer ein-
gehenden Vernehmung der Brandl wurde im gegeben Moment
abgesehen, auf einen späteren Zeitpunkt verlegt. Der
Brief von Froschmeier liegt bei."

Misstrauen der Polizei gegen Auguste Brandl: Überprüfung von Gustis Rolle

Freitag, 22. Mai 1942: Erneute Vorladung und Vernehmung von Auguste Brandl durch die Kripo

Gusti räumte den Erhalt höherer Geldsummen ein

„Ich gebe zu, daß ich von meiner Schwester Cilli seit
ihrer Tätigkeit in Bachmehring bis zu ihrer Festnahme einen ungefähren Betrag von 500 M erhalten habe.
Weitere 500 M wurden mir in letzter Zeit in Aussicht
gestellt, soferne sie wieder eine Stellung hätte. Dabei erklärte sie mir, daß ich die 500 M bekomme, damit
ich meinen Mund halte. Zunächst könnte sie mir es aber
nicht geben, weil sie das Geld bei dem Zitherlehrer in
Wasserburg momentan nicht holen könne.
Das erste Jahr ihrer Tätigkeit in Bachmehring habe
ich von ihr kein Geld bekommen, ich war in dieser Zeit
mit ihr überhaupt nicht in Verbindung, wir haben uns

weder gegenseitig geschrieben noch hat sie mich besucht. Die Summe von 500 M habe ich von ihr nach und nach in kleineren Beträgen von etwa 20 M erhalten und nur einmal übergab sie mir 100 M. Das erste Geld wird sie mir im Jahre 1939 gegeben haben. Die Zeit kann ich nicht mehr näher angeben. Ich habe ihr damals einigemale geschrieben, daß sie mir Geld leihen solle, weil ich es zum Leben brauchte. Das Geld hat sie mir teilweise mittels Postanweisung, teilweise in Briefen geschickt und wiederum einen Teil bekam ich bei meinen Besuchen in Bachmehring. Ich habe aber damals nicht gewußt, daß das Geld von dem taubstummen Eder stammt. Ich habe ohne weiteres angenommen, daß das Geld von ihrem Verdienst ist."

Gustis Wissen über das Verhältnis zwischen Cäzilie und dem Stummerl

„Von ihrem Verhältnis zu Eder habe ich erst Ende September 1941 erfahren, als ich in Bachmehring auf Besuch weilte. Damals erzählte sie mir, daß sie der Stummerl so gerne sehe und daß er sie heiraten möchte. Sie gab mir auch ohne weiteres zu, daß sie dem Stummerl das Heiraten versprochen hätte, sie lasse ihn zwar auf dem Glauben, denke aber im Ernst gar nicht daran, heiraten werde sie ihn nie, weil er ihr zu alt sei. Ferner klagte sie darüber, daß der Stummerl so aufdringlich sei, daß er ihr auf Tritt und Schritt nachlaufe und sie ihr Leben vor ihm nicht sicher sei; er sei ihr im Stall schon einmal mit dem Messer nachgelaufen und habe sie erstechen wollen. Der Stummerl hat scheinbar vermutet, daß sie ihm doch nichts will. Bei meinem dortigen Besuch gingen wir mitsammen in den Wald. Nachdem sie sich vergewissert hatte, daß wir auch tatsächlich allein sind, sagte sie zu mir, ob ich ihr nicht helfen könnte, den Menschen zu beseitigen, es sollte nicht zu meinem Schaden sein; wenn später irgendetwas aufkäme, würde sie mich ganz aus dem Spiele lassen, weil ich drei Kinder habe. Ich habe sie gebeten, doch keine Dummheit zu machen, weil es schließlich doch aufkäme. Sie frug mich, ob ich keine Tabletten wüßte, die man dem Stummerl eingeben könnte, woran er sterbe; man könnte damit einen Selbstmord vortäuschen. Wie sie ferner sagte, wollte sie dem Stummerl dabei nicht weh tun, sie wolle ihm keine Schmerzen bereiten.“

Gustis zweifelhafte Rolle bei den Mordplanungen

„Wenn mir nun vorgehalten wird, daß ich damals schon zur Cilli gesagt habe, daß ich ihr helfen und schon Mittel und Wege finden werde, so ist das nicht richtig. Dagegen gebe ich zu, zu ihr gesagt zu haben, daß ich mir die Sache vorerst nochmals überlegen werde, sie sei nicht so leicht, wie sie sich das vorstelle. Unwahr ist, daß ich zu ihr gesagt habe, daß man den Stummerl einfach wegräumt, wenn es nicht mehr anders gehe. Ich muß aber doch zugeben, daß ich zu ihr gesagt habe, daß ich sie nicht im Stiche lasse und daß ich versuchen werde, Tabletten zu bekommen. Ich habe ihr auch in Aussicht gestellt, daß ich zu Ärzten oder Apotheken gehen werde, um Tabletten zu bekommen. Zugleich versprach ihr, diese dann zu schicken.

Auf Vorhalt: Ich gebe zu, daß ich zu ihr damals sagte, daß man dem Stummerl die Tabletten im Bier und zwar ein ganzes Glasl auf einmal verabreichen soll und diese bestimmt helfen; der Stummerl liege dann am anderen Morgen tot im Bett. Ich kann aber zu ihr unmöglich gesagt haben, daß sie dann ihrer Sorge, dem Stummerl das Geld zurückgeben zu müssen, behoben sei, denn ich habe damals noch nicht gewußt, wenigstens mit Sicherheit nicht, daß sie vom Stummerl Geld hat. Sie hat sich lediglich dahin geäußert, daß der Stummerl noch 4000 M hätte, das dann ihr gehöre.“

Gusti stritt eine Anstiftung ab

„Ich bestreite ganz entschieden, daß meine Schwester erst durch mich auf den Gedanken gekommen ist, den Stummerl mit Tabletten zu vergiften. Sie war diejenige, die mir diesen Plan unterbreitete und ich habe damals im Ernst nicht daran geglaubt, daß sie so etwas macht. Von dieser Annahme ausgehend, habe ich ihr auch zugesagt, ihr zu helfen, habe mich aber in keiner Weise bemüht,

Tabletten zu diesem Zweck zu bekommen. In Wirklichkeit habe ich zu diesem Zweck weder einen Arzt noch eine Apotheke aufgesucht."

Gustis Hilfestellung bei der Mordplanung?

„Bei diesem Besuch war ich kurz vor meiner Rückfahrt noch bei meiner Schwester auf ihrem Zimmer. Da ich schon vorher gesagt habe, daß ich Geld brauche, schenkte sie mir dann 100 M. Es handelte sich um einen neuen Hundertmarkschein. Wie sie mir damals sagte, hätte sie 2000 M im Schrank, die sie sich erspart hätte. Gesehen habe ich das Geld aber nicht und ich habe auch gar nicht angenommen, daß sie so viel hat.
Von diesem Besuch an haben wir uns gegenseitig öfters geschrieben. In jedem ihrer Briefe forderte sie mich auf, ihr die Tabletten zu besorgen und zugleich machte sie mir zum Vorwurf, daß sie auch mir immer geholfen hätte und ich nun sie nicht im Stiche lassen solle. In einem ihrer Briefe wurde sie gegen mich direkt gemein, weil ich ihr die Tabletten immer noch nicht besorgt hätte. Da sie mir keine Ruhe ließ, schrieb ich ihr dann, daß ich ihr leider die traurige Mitteilung machen müsse, daß ich keine Tabletten bekomme. Obwohl dies nicht wahr ist, teilte ich ihr doch mit, daß ich beim Arzt gewesen wäre, aber kein Rezept bekommen hätte. Um ihr aber den Beweis zu liefern, daß ich ihr doch helfen wolle, teilte ich ihr im folgenden Brief mit, daß mein Mann gegen Ischias Tabletten bekommen habe, auf die er sehr gut schlafen könne. Mein Mann hat nämlich davon einmal 5 Stück auf einmal genommen und hat daraufhin dann vom Abend bis zum anderen Mittag sehr gut geschlafen. In Wirklichkeit hätte er aber auf ärztliche Anordnung nur 2-3 Stück nehmen dürfen. Es handelte sich hier tatsächlich gleichfalls um Phanadormtabletten, was ich meiner Schwester mitgeteilt habe. Ich habe aber im Ernst nie daran geglaubt, daß man damit einen Menschen vergiften kann. Ich habe auch mehrmals meinen Mann gefragt, ob man sich damit nicht vergiften könne, falls man mehrere auf einmal einnimmt, was er aber verneinte. Ich war daher der Überzeugung,

daß sie mit diesen Tabletten nichts anrichten kann und war ferner der Ansicht, daß sie diese nicht bekommt. Bald darauf bekam ich von ihr einen Brief, in dem sie mir mitteilte, daß sie einen wehen Finger hätte und ihr der Arzt Phanadormtabletten verschrieben habe. Zugleich frug sie mich, ob dies auch die richtigen Tabletten wären. In meinem Antwortbrief teilte ich ihr dann auch mit, daß diese Tabletten die richtigen seien und diese bestimmt wirken werden. Ich war davon überzeugt, daß meine Schwester diese Tabletten dem Stummerl gibt, war aber der sicheren Annahme, daß sie damit kein Unheil anrichten kann.
Auf Vorhalt: Ich bestreite ganz entschieden, ihr in dem Brief den Rat erteilt zu haben, daß sie dem Stummerl die Gurgel abschneiden solle, falls durch die Tabletten die erhoffte Wirkung nicht eintritt.
Auf Vorhalt, weshalb sie von dem Vorhaben ihrer Schwester der Polizei keine Mitteilung gemacht hat: Ich habe zwar daran gedacht, nahm aber an, daß meine Schwester doch alles wegleugnet und ich dann evtl. ausgelacht werde."

Gusti beharrte darauf: keine Anstiftung

„Wenn meine Schwester nun glaubhaft versichern will, daß ich sie zu der Tat angeeifert hätte, so ist das nicht richtig. Erst heute bezw. nachdem ich von der Tat Kenntnis erhielt, hatte ich die sichere Überzeugung, daß es meiner Schwester schon damals mit ihrem Vorhaben ernst ist und die Tat unter allen Umständen ausführen will. Hätte ich dies damals gewußt, wäre ich sicher zur Polizei gegangen und hätte davon Mitteilung gemacht. Von der Zeit an, als sie mir mitteilte, daß sie dem Stummerl mit Tabletten vergeben will, habe ich von ihr kein Geld bekommen. Wenn ich gewusst hätte, daß sie dem Stummerl das Geld, das ich von ihr bis dahin erhalten habe, herausgeschwindelt hat, hätte ich es niemals angenommen."

Gustis Geldnöte

„Zu der Behauptung meiner Schwester, daß sie mir während ihres Aufenthaltes bei mir von ihrer Entlassung an gerechnet einen Betrag von etwa 600 M. gegeben hätte, so kann ich dazu nur sagen, daß sie lügt. Als sie nach ihrer Entlassung mit mir nach München fuhr, gab sie mir zu Hause 20 M für ihren Unterhalt. Bis zum 14.3.42 gab sie mir dann nichts mehr, weil sie davon sprach, daß ich doch auch noch den Verdienst meines Mannes erst bekommen hätte und wenn dieses Geld ausging, übergab sie mir 100 M, wovon ich für das Kind eine Bettstelle und für mich eine Jacke kaufen solle. Ich muß folgendes richtig stellen: Die 100 M hat sie mir schon einige Tage vor dem 14.3.42 gegeben. Als ich ihr dann sagte, daß mein Geld gar ist, sagte sie daß ich zunächst einmal die 100 M hernehmen solle. Ich habe daher diesen Betrag zum Leben verwendet.
Etwa Mitte März kam auch meine Schwester Frieda zu mir und war bis ungefähr zum 10.5.42 bei mir wohnhaft. Von Mitte April an bezahlte die Cilli erstmals wieder etwas für ihren Unterhalt und bezahlte von dieser Zeit an auch für die Frieda mit. Sie wird an mich von da an noch etwa 45 M bezahlt haben. Für Kaffeehausbesuche hat sie für mich keine Auslagen bestritten“.

Aus Gewissensbissen und auf Drängen des Ehemanns: Anzeige gegen Cäzilie

„Etwa 8 Tage vor ihrer Festnahme sind beide bei mir ausgezogen und begaben sich zu den Eltern nach Wolfratshausen. Einen direkten Streit hat es zwischen uns jedoch nicht gegeben, jedoch hat sich mein Mann darüber aufgehalten, daß beide jeden Tag fortgehen, in Hotels übernachten und nichts verdienen; er könne nicht verstehen, wo die beiden das Geld her haben. Da er von dem Ableben des Stummerl Kenntnis hatte, sagte er zu mir, daß es bei der Cilli nicht mit rechten Dingen zugehen könne, er vermutete, daß an ihrem Geld Blut hänge.
Auf dashin habe ich es mit der Angst zu tun bekommen und habe meinem Manne darüber Mitteilung gemacht, daß das Geld von der Cilli von dem Stummerl stamme und daß

sie mir anvertraut hat, daß er von ihr ermordet wurde.
Ich habe ihm allerdings nichts davon gesagt, daß ich
mit ihr schon längere Zeit vor der Tat über die Vergiftung mit Tabletten gesprochen habe.
Auch meine Schwester Frieda habe ich damals die ganze Sache erzählt, so auch, daß das Geld vom Stummerl
stammt und daß ihn die Cilli umgebracht hat. Meine
Schwester Frieda hat der Cilli von dieser Zeit an wiederholt vorgeworfen und zwar in Gegenwart meines
Mannes, daß man mit fremden Gelde leicht protzen könne
usw., worauf die Cilli jedesmal sehr verlegen wurde
und sich dabei furchtbar aufführte. Mein Mann sagte darauf, obwohl er nicht wußte, daß ich der Frieda
alles erzählt habe, daß es auch dieser auffalle und
seine Vermutung sich als richtig bewiesen habe.
Von meinem Mann wurde ich sodann aufgefordert, die
Sache der Polizei zu melden, weil es ja doch aufkomme. Auf Drängen meines Mannes und auch aus eigenen
Gewissensbissen habe ich der Polizei von der Tat meiner
Schwester Mitteilung gemacht. Dernach habe ich meine
Eltern und auch meine Geschwister von der Sache verständigt.
Meine Schwester Cäcilie wußte daher schon vor ihrer
Festnahme, daß ich die Anzeige gemacht habe. Sie hat
sich auch zu Hause geäußert, daß ich schauen werde,
wie sie mich hineindrücke. Daher kommt es auch, daß
sie die Hauptschuld auf mich schieben will. Ihre Angaben müssen daher zum weitaus größtenteil als Rache
betrachtet werden."

Geld vom Obermüller Zeitler - Cäzilie benutzte Gusti

„Von dem Verhältnis meiner Schwester mit Zeitler habe
ich im September 1941 von ihr selbst erfahren. Sie
sagte lediglich, daß er sie gerne sehe, aber sie wolle ihm eigentlich nichts. Daß sie von ihm Geld hatte,
wußte ich nicht. Glaublich kurz vor Weihnachten 1941
schrieb sie mir einen Brief und teilte mir mit, daß
sie bei Zeitler 500 M auf meinen Namen zu leihen genommen habe. Sie habe Zeitler vorgemacht, daß ich das
Haus, in dem ich bisher wohnte, gekauft hätte, und

das Geld dazu noch benötigte. In dem Brief wurde ich
ersucht, ihr einen Brief zu schreiben und zwar an
Zeitler, soll aber meinen Absender nicht angeben, damit die anderen nichts merken. Zeitler sollte ich in
dem Brief als lieber Schwager betiteln und soll ihm
mitteilen, daß ich das Geld durch die Cilli erhalten
habe und mich hierfür bestens bedanke. Ferner soll ich
ihm versichern, daß er es ihm Herbst 1942 mit Zinsen
zurückbekomme. Eine Summe dürfte ich aber nicht nennen und ich weiß daher nicht genau, welchen Betrag sie
erhalten hat. Den Brief habe ich auftragsgemäß in dem
von ihr gewünschten Sinne geschrieben, habe diesen
aber nicht direkt an Zeitler gerichtet, sondern einem
Brief meiner Schwester beigelegt.
Von diesem Geld habe ich nichts erhalten. Als ich ihr
bei ihrem Auszug behilflich war, frug ich sie, wieviel
Geld sie von Zeitler erhalten hat, worauf sie mir eine
Summe von 25 M nannte. Bei dieser Gelegenheit sagt sie
mir, daß sie ihm das Heiraten versprochen habe, aber
nicht recht wisse, was sie machen solle."

Der Tathergang: Gustis Wissen

„Über die Ausführung der Tat hat mir meine Schwester
Einzelheiten erzählt, die ich bei meiner ersten Vernehmung nicht mehr wußte, d.h. ich habe sie in meiner Aufregung vergessen. Wie mir meine Schwester bei
der damaligen Zusammenkunft in Wasserburg mitteilte,
habe sie sich am 1.2.42 gegen ½ 10 Uhr auf das Zimmer
des Stummerl geschlichen und habe ihm einen Steinkrug
Holunderwein gebracht, in dem sie vorher die Tabletten
aufgelöst habe. Der Stummerl wollte zwar nicht mehr
recht trinken, hat ihn aber auf ihr Drängen doch zu
sich genommen. Außerdem habe sie in Wasserburg drei
Stück Kuchen gekauft, der dem Stummerl sehr gut ge-
schmeckt habe. Sie habe zu ihm gesagt, wenn er den
Wein nicht trinke, bekomme er auch den Kuchen nicht.
Am anderen Morgen sei sie dann schon um 4 Uhr, zu einer
Zeit als auf dem Hofe noch niemand auf war, auf das
Zimmer des Stummerl gegangen und habe nachgesehen. Um
diese Zeit habe sie gesehen, daß er noch lebt und sehr

gut schläft, worauf sie es mit der Angst zu tun bekommen habe. Sie habe ihm dann - die Zeit weiß ich nicht -
die Pulsadern aufgeschnitten. Am Mittag wollte sie
dann zuerst abwarten bis alles beim Mittagessen ist
und dann wollte sie nochmals nach dem Stummerl sehen,
weil es um diese Zeit nicht auffällt, wenn sie einmal weggehe. Als alle beim Mittagessen gewesen seien,
worüber sie sich nochmals vorher überzeugt habe, sei
sie nochmals zum Stummerl. Der Stummerl sei am Bettrand gesessen und sei im Begriffe gewesen aufzustehen.
Ganz kurz entschlossen habe sie ihn dann beim Krawattl
gepackt, habe ihn ins Bett zuurückgeworfen und habe
ihm mit dem Schnagglmesser die Gurgel abgeschnitten.
Dabei habe er ihr noch ins Gesicht gespuckt. So etwas
wollte sie nicht mehr machen, das Messer habe schlecht
geschnitten und es sei furchtbar zach zum schneiden
gewesen. Sie habe ihm 4 Stiche in den Hals gegeben und
einen in die Nähe des Herzens. Ich habe nun die reine
Wahrheit gesagt und kann keine weiteren Angaben mehr
machen."

Bemerkung

Gustis Ehemann wurde in dem ganzen Verfahren gegen Cäzilie nie befragt.

Wie stellte sich Cäzilie zu Gustis Aussagen?

Samstag, 23. Mai 1942: Erneute Vernehmung von Cäzilie

Cäzilie tötete alleine, aber Anna Kandler...

„Ich bleibe nach wie vor darauf bestehen, daß Frau
Kandler von mir einen Betrag von 300 M auf einmal
bekommen hat und zwar noch Ende 1940. Das Geld stammte
von Stummerl und ich habe dies der Kandler auch gesagt. Zu dieser Zeit hatte ich das Geld, das mir die
Kandler geliehen bezw. ausgelegt hat, schon längst
zurückbezahlt.
Ferner bleibe ich darauf bestehen, daß die Kandler zum
mir gesagt hat, daß sie Tabletten habe und daß sie für
den Stummerl ein Trankl selbst herrichte. Ich brauche

mich darum gar nicht kümmern, ich solle nur schauen, daß ich
vom Stummerl das Geld bekomme und dann räumen wir ihn weg.
Wenn dies die Kandler nicht gesagt hätte, hätte ich die
Tat überhaupt nicht begangen.
An der Tötung des Stummerl war sie nicht beteiligt,
ich habe dies allein gemacht, wohl aber wurde ich von
ihr ständig dazu angeleitet. Desgleichen hat sie mit
mir auch über das Russengift gesprochen. Da ich öfters
davon sprach, daß ich dem Stummerl am liebsten das
Geld zurückgeben möchte, konnte sie nach meinem Dafürhalten nicht annehmen, daß ich im Ernst doch daran
dachte, den Stummerl zu vergiften.“

Cäzilie räumte Erhalt höherer Geldsummen von Zeitler ein

„Ich gebe nun heute zu, daß ich von Zeitler weit mehr
Geld erhalten habe, als ich bisher zugab. Insgesamt
erhielt ich von ihm etwa 2700 M und zwar in Beträgen
von 100 M, 500 - 700 M. Das letzte Geld, einen Betrag
von 200 M bekam ich von ihm noch kurz vor meinem Austritt bei Stemmer und zwar erst hernach, als ich den
Stummerl schon umgebracht hatte. Zeitler habe ich das
Heiraten versprochen und das Geld sollte zum Teil auch
zum Einkauf der Aussteuer, bezw. Wohnungseinrichtung
verwendet werden. Von diesem Geld habe ich einen Teil
für mich für Kino- und Cafebesuche verbraucht, desgleichen habe ich davon auch meine Zitherstunden bestritten, den übrigen Teil und zwar den weit aus größten
hat meine Schwester bekommen.“

Geld von Zeitler – nur auf Drängen Gustis

„Etwa im November 1941 bekam ich von meiner Schwester
einen Brief in dem sie mir mitteilte, daß sie unbedingt 500 M braucht, weil sie sonst festgenommen
werde. Ich sollte ihr das Geld unbedingt und auf dem
schnellsten Weg beschaffen und zwar sollte ich es
von Zeitler zu leihen nehmen. Dem Zeitler sollte ich
vormachen, daß sie noch 500 M benötigte, dann gehöre
ihr das Haus, in dem sie bisher wohnte. Dies habe
ich Zeitler vorgemacht, habe von ihm dasselbe aber
nicht gleich bekommen. Inzwischen bekam ich von meiner

Schwester wiederum einen Brief, in dem sie mich drängte, ihr das Geld schnellstens zu beschaffen. Nach etwa 3 Wochen übergab mir dann Zeitler den Betrag von 500 M. Dieses Geld habe ich restlos an meine Schwester abgeliefert. Sie kam heimlich nach Bachmehring, wobei die Übergabe erfolgte."

Gusti - Ursache für Cäzilies Misere

„Wenn meine Schwester in diesem Punkte etwas anderes sagt, dann lügt sie. Meine Schwester konnte überhaupt nicht Geld genug haben und wenn sie nicht gewesen wäre, hätte ich schließlich weder vom Stummerl noch von Zeitler so viel Geld genommen. Ich war bis zu meinem Eintritt bei Stemmer ein anständiges Mädl und bin nur durch meine Schwester so weit gekommen. Man kann sich über mich an meinen sämtlichen bisherigen Arbeitsstellen befragen und ich bin mir sicher, daß ich nirgends ein schlechtes Zeugnis bekomme. In Wolfratshausen hat es immer geheißen, daß ich die anständigste in der Familie Bauer sei.
Nach Aushändigung des Betrages von 500 M an meine Schwester, schrieb sie mir einen Brief, in dem eine Bestätigung über den Betrag von 500 M beilag. Diesen Zettel mußte ich Zeitler übergeben und sie sprach ihn darauf als ihren lieben Schwager an. Sie versprach darauf dem Zeitler, daß sie ihm das Geld mit Zinsen im Herbst 1942 wieder zurückgibt."

Mord am Stummerl – Gustis Idee?

„Wenn meine Schwester nun behaupten will, daß sie von mir insgesamt nur 500 M bekommen hätte, so lügt sie. Was ich oben angegeben habe, ist richtig. Wenn sie nun weiter behauptet, daß sie von der Zeit an, als sie wußte, daß ich von Eder Geld habe und mit Eder ein Verhältnis unterhalte, von mir kein Geld mehr erhalten hat, so sagt sie ebenfalls die Unwahrheit. Sie erfuhr von mir in der Heuernte 1941, daß ich mit Eder ein Verhältnis unterhalte und ich von diesem Geld bekomme. Auch nach dieser Zeit hat sie von mir noch Geld erhalten und sie wußte auch, daß dieses von Eder stammt. Zu dieser Zeit wurde von ihr schon vom Umbringen des Stummerl gesprochen. Ich habe sie zu dieser Zeit aufgefordert, daß sie mir das Geld wieder zurückgeben müsse, damit ich es dem Stummerl geben kann, weil er bös wird. Sie konnte dies aber nicht, weil sie sich davon schon verschiedenes gekauft hätte. Wiederholt habe ich sie darauf hingewiesen, daß ich dem Stummerl das Geld geben muß, weil der Stummerl sonst rabiat wird. Sie erklärte darauf, daß ich dies ihre Sache sein solle. Wenn sie heute anders sagt, lügt sie und ich behaupte nach wie vor, daß sie sagte, daß sie alles alleine mache. Nicht ich, sondern meine Schwester kam zuerst auf den Gedanken, daß man den Stummerl mit Tabletten vergiften soll. Was ich hierüber bereits angegeben habe, entspricht der Wahrheit. Ich habe kein Interesse meine Schwester falsch zu bezichtigen, bin aber auch nicht daran interessiert, sie irgendwie zu verschonen."

Mordmotiv Todesangst

„Ich habe den Stummerl zwar selbst umgebracht, bleibe aber nach wie vor darauf bestehen, daß ich von meiner Schwester und von Frau Kandler zu der Tat angestiftet wurde. Zur Ausführung der Tat war ich insofern gezwungen, als der Stummerl an Lichtmeß - 2.2.42 - heiraten wollte, was ich aber nie getan hätte und so um mein Leben bangte. Der Stummerl hätte mich an diesem Tag bestimmt umgebracht, wenn er gesehen hätte, daß ich ihn an der Nase herumführte. Wenn mir nun vorgehalten wird, daß es doch noch einen anderen Ausweg gegeben hätte, so erkläre ich, daß ich mir keinen anderen Ausweg mehr wußte, als ihn umzubringen."

Gustis Ratschläge zum Töten

„Auf Vorhalt: Ich bleibe nach wie vor darauf bestehen, daß meine Schwester mir brieflich den Rat erteilte, dem Stummerl die Gurgel abzuschneiden, falls auf die Tabletten nicht die erhoffte Wirkung eintritt. Wenn meine Schwester bei ihrer Vernehmung versuchte, jede Schuld von sich abzuwälzen, so erkläre ich dazu, daß sie lügt. Ich hatte nicht im geringsten den Eindruck

von ihr gewinnen können, daß sie nur zum Schein sich
zur Besorgung der Tabletten bereit erklärt hat. Sie
war auch tatsächlich bei verschiedenen Ärzten und hat
mir in einem Brief den Namen eines Arztes mitgeteilt.
Es handelt sich um den Arzt Dr. Feil, wohnt hier Trap-
pentreustraße 38 (…). Wie sie mir mitteilte, hat sie
aber keine Tabletten bekommen, weil der Mann angeblich
selbst kommen müßte".

Wieder eine neue Wahrheit

„Über die Ausführung der Tat möchte ich nun zum Schlu-
ße doch die reine Wahrheit sagen. Ich habe am Abend
des 1.1.42 aus dem Keller ein Glas Bier geholt und
habe dieses auf mein Zimmer gebracht. Dort habe ich
dem Bier die 16 Tabletten beigemengt und habe sie darin aufgelöst. Das Bier habe ich auf meinem Zimmer
stehen lassen und habe inzwischen noch gebügelt, weil
ich mir noch nicht ganz schlüssig war, ob ich es auch
machen soll. Etwa gegen 8 Uhr habe ich zu den in der
Stube anwesenden Personen „Gute Nacht" gesagt und bin
auf mein Zimmer. Ich hängte sodann meinen Mantel und
ein Kleid, was ich vorher gebügelt hatte, in meinen
Schrank. Von meinem Fenster aus sah ich dann, daß der
Stummerl auf seinem Zimmer Licht hat.
Sodann nahm ich das Bier und ein Stück Kuchen, das
ich am Nachmittag in Wasserburg kaufte und trug beides
auf das Zimmer des Stummerl. Der Stummerl lag schon im
Bett. Er war noch wach. Ich habe ihn an der Schulter
gefaßt und habe ihm zu verstehen gegeben, daß sein
Bier und auch der Kuchen da sei. Er wollte zunächst
nicht herschauen, weil wir doch nicht gut mitsammen
waren. Ich wollte mich mit ihm versöhnen, er machte
mir aber doch wieder eine Faust. Schließlich nahm er
dann doch sein Bier und trank dieses auf einmal aus
und aß auch seinen Kuchen. Nachdem unterhielten wir
uns nochmals über das Heiraten und nachdem ihm Frau
Kandler vorgemacht hat, daß am 2.2.42 Hochzeit ist,
habe ich ihn auf diesem Glauben gelassen. Dabei erklärte er mir nochmals, wenn ich ihn nicht heirate,
schneide er mir die Gurgel ab. Ich habe zu allem ja

gesagt, damit er zufrieden ist. Ich habe sodann sein Zimmer verlassen und wir sind im Guten auseinandergegangen.

Am anderen Vormittag habe ich ihm, nachdem er nicht tot war im Schlaf um ¼ nach 10 Uhr neue Zeit - 11 ¼ Uhr die Pulsadern durchschnitten.

Als ich dann am Mittag hörte, daß er der Käthi auf Klopfzeichen noch angegeben hat, bin ich wiederum auf sein Zimmer. Entgegen meinen bisherigen Angaben versichere ich, daß der Stummerl um diese Zeit in seinem Bett gelegen ist. Als er nun aufzustehen versuchte, nahm ich hinter der Verdunkelung das Messer, das ich vorher dort versteckt hatte, warf den Stummerl in sein Bett zurück und schnitt ihm den Hals durch. Ich muß aber dazu noch erwähnen, daß er nochmals versuchte, mich an der Gurgel zu fassen. Es ist aber nicht richtig, daß er mich bei der Ausführung der Tat noch anspuckte. Als er tot war, habe ich ihn vor das Bett gelegt, habe ihm vorher noch die Beine mit einer Wolldecke umwickelt und wollte dadurch einen Selbstmord des Stummerl vortäuschen. Sodann habe ich die Sache auf die bereits geschilderte Art und Weise gemeldet."

Konfrontation mit Widersprüchen

„Wenn mir nun vorgehalten wird, ob ich dem Stummerl die Tabletten im Wein beigebracht habe so ist das nicht richtig. So wie ich jetzt angegeben habe, ist die Tat auch ausgeführt worden. Sofern meine letzten Ausführungen über den Hergang der Tat von meinen anderen Darstellungen abweichen, so kommt dies nur daher, weil ich mich anfangs geschämt habe, die Tat in vollen Umfang zuzugeben."

Cäzilies Hoffnung auf Milde

„Wenn ich nun gestern einmal gesagt habe, daß ich die Tat nicht begangen hätte, so kommt dies nur daher, weil ich befürchtete, daß es mich evtl. das Leben kosten könnte. Ich weiß, daß ich eine schwere Strafe zu erwarten habe, bitte aber auf mich als Frau doch Rücksicht zu nehmen, ich werde gerne mein ganzes Leben

lang schwer arbeiten. Ich bin auch bereit, den von
mir finanziell angerichteten Schaden wieder gut zu
machen. Wenn ich auch selbst von dem Gelde nichts mehr
besitze, so bin ich der festen Überzeugung, daß mir
meine Eltern und meine Geschwister helfen, damit alles bezahlt werden kann. Der bei Froschmeier sicher-
gestellte Betrag von 100 M kann nach freiem Ermessen
an den Empfangsberechtigten ausgehändigt werden. Ich
bereue die Tat überaus und bitte das Gericht mit mir
Milde walten zu lassen."

Bemerkung

Die Kriminalpolizei holte keinerlei Erkundigungen bei früheren Arbeitgebern
über Cäzilie ein. Auch die Mutter von Cäzilie und Gusti wurde nie vernommen.

Besorgte Gusti ein Rezept für Tabletten?

Samstag, 23. Mai 1942: Erkundigungen der Kripo bei dem Arzt Dr. Feil

Da Dr. Feil zum Heeresdienst eingezogen wurde und zu der Zeit im Krankenhaus in Fischhausen-Neuhaus tätig war, begnügten sich die Beamten mit der
Auskunft der Sprechstundenhilfe. Diese gab an, dass Otto Brandl im November und Dezember 1941 wegen Ischias, Auguste Brandl zuletzt im Januar 1941
wegen einer Prellung am Fuß und Schwangerschaftsbeschwerden in Behandlung gewesen war.
Aus der Kartei ging nicht hervor, ob Frau Brandl insbesondere für ihren Mann
Schlaftabletten bekommen hatte. Auch wusste die Sprechstundenhilfe persönlich nichts darüber.

Klarheit für die Kripo in München: Abschluss der Untersuchung

Dienstag, 26. Mai 1942: Schlussbericht für den Staatsanwalt

Der Tatablauf
„Nach den Ermittlungsergebnis steht fest, daß die beschuldigte Bauer mit dem Ermordeten, dem taubstummen
Leonhard Eder, seit Ende 1939 ein Liebesverhältnis
mit Geschlechtsverkehr unterhielt. Sie versprach ihm

das Heiraten und machte ihm vor, daß sie ein Anwesen
und einige Stück Vieh besitzt. Unter der Vorspiegelung dieser unwahren Tatsachen gelang es ihr, von dem
taubstummen Eder nach und nach einen Betrag von etwa
3000 Mk. herauszuschwindeln. Nach der Meinung des Eder
sollte von diesem Gelde die Wohnungseinrichtung und
Vieh gekauft werden um eine baldige Heirat zu ermög-
lichen. Sie schwindelte Eder auch vor, daß sie von
seinem Gelde tatsächlich Vieh gekauft habe und nun 8
Stück und ein Schwein vorhanden seien. Angesichts dieser
von Eder für wahr hingenommenen Tatsache, drängte er
auf eine baldige Heirat. Die beschuldigte Bauer dachte
aber im Ernst gar nicht daran, den Eder zu heiraten
und vertröstete ihn daher stets auf einen späteren Zeitpunkt. Man einigte sich dann schließlich auf Weihnachten 1941 und dann endgültig auf Lichtmeß 1942.
Bereist im Herbst 1941 faßte Bauer den Entschluß, den
taubstummen Eder ums Leben zu bringen. Sie mischte
ihm in einem für ihn bestimmten Tee einen Teelöffel
„Sicherol" Russenvertilgungsgift bei, wovon sie sich
erhoffte, daß Eder sterben werde. Sowohl dieser als
noch zwei weitere Versuche, bei denen das verwendete
Mittel nicht festgestellt werden konnte, mißlangen.
Im Oktober 1941 ließ sie sich von dem Arzt Dr. Schwarz
in Wasserburg, bei dem sie wegen eines verletzten
Fingers in Behandlung stand, Phanodormtabletten verschreiben. Obwohl ihr die Tabletten nach ihren eigenen
Angaben für den eigenen Gebrauch zu schlecht waren,
ließ sie sich noch zwei weitere Rezepte verschreiben und gelangte so in den Besitz von 16 Phanodormtabletten. Da sie schon damals zur Tötung des Eder
fest entschlossen war, kann ohne weiteres als Tatsache
unterstellt werden, daß sie sich die Tabletten nur zu
diesem Zwecke verschafft hat. Da die Heirat nach der
Einbildung des Eders am 2.2.42 stattfinden sollte und
Bauer auch wußte, daß sich Eder für einen späteren
Zeitpunkt nicht mehr vertrösten ließ, schritt die Beschuldigte zur Ausführung der Tat.
Am 1.2.1942 holte sie nach dem Abendessen im Keller
ein Glas Bier, trug dieses zunächst auf ihr Zimmer

und löste darin 16 Stück Phanodormtabletten auf. Nach
21 Uhr überbrachte sie das Bier und ein Stück Kuchen
auf das Zimmer des Eder, der angeblich schon im Bette
lag. Nachdem Eder das Bier getrunken und auch seinen
Kuchen gegessen hatte, verließ sie sein Zimmer in der
Erwartung, daß er am Morgen tot im Bette liege.
Am 2.2.42 sah sie sich erstmals gegen 8 Uhr nach Eder
um, der entgegen seiner sonstigen Gewohnheit an diesem
Tage nicht aufstand. Zu ihrer Überraschung stellte sie
fest, daß Eder nicht tot war, sondern lediglich fest
schlief. Um 10.15 Uhr ging sie abermals auf das Zimmer
des Eder, und als dieser noch nicht tot war, schnitt
sie ihm mit dem Taschenmesser die beiden Pulsadern
auf. Unmittelbar vor dem Mittagessen um 13 Uhr, begab
sie sich dann nochmals zu Eder, um diesen angeblich zum
Essen zu holen. Nachdem sie Eder noch lebend antraf,
brachte sie ihm am Halse mehrere Stich- und Schnittverletzungen bei, wodurch alsbald der Tod eintrat. Den
toten Eder legte sie sodann vor sein Bett, wodurch sie
einen Selbstmord des Eder vortäuschen wollte."

Keine Zweifel an der Täterschaft

„An der Täterschaft der Beschuldigten bestehen auf
Grund des Ermittlungsergebnisses und ihres eigenen
Geständnisses nicht die geringsten Zweifel. Sie hat
bei ihrer ersten Vernehmung alle gegen sie sprechenden
Verdachtsmomente glatt abgeleugnet, sah sich aber dann
doch keinen anderen Ausweg mehr, als ein Geständnis
abzulegen. Das Ermittlungsergebnis wurde durch ihr
Geständnis in vollem Umfange bestätigt."

Frage der Anstiftung

„Die beschuldigte Bauer will nun glaubhaft machen,
daß sie sowohl von der Melkerin Kandler, als auch von
ihrer Schwester Brandl zur Tat angestiftet wurde und
daß beide von ihr Geld erhalten haben. Dem gegenüber
steht fest, daß Kandler nur das Geld zurückerhielt,
das diese für Bauer ausgelegt oder dieser geliehen
hat. Bauer hat sich zwar mit Kandler darüber unterhalten, daß man dem Stummerl am besten mit Tabletten

„vergeben" könnte, hat aber von dieser hiezu nicht nur keinen Rat erhalten, sondern wurde von dieser davon abgehalten. Wie Kandler glaubhaft versichert, hat sie im Ernst nicht daran gedacht, daß Bauer ihr Vorhaben auch tatsächlich ausführen werde. Diese Angaben müssen als wahr hingenommen werden, da Bauer auch selbst angibt, daß Kandler nicht annehmen konnte, daß sie ihr Vorhaben auch tatsächlich ausführt. Bauer ist offensichtlich bemüht, nicht als die Alleinschuldige angesehen zu werden.

Eine Anstiftung dürfte auch bei der Ehefrau Brandl nicht gegeben sein, da Bauer, als sie sich im Sommer 1941 mit ihrer Schwester über die Sache unterhielt, zur Tat schon fest entschlossen war. Dagegen steht fest, daß Brandl von ihrer Schwester einen größeren Geldbetrag erhalten hat, deren Höhe nicht genau festgestellt werden kann. Brandl wurde bereits im Sommer 1941 von ihrer Schwester Bauer in ihren Plan eingeweiht und sie erklärte sich auch bereit, zu diesem Zwecke Phanodormtabletten zu besorgen. Ob sie sich auch tatsächlich darum bemühte, konnte nicht festgestellt werden und wird von ihr selbst entschieden in Abrede gestellt. Den Angaben der Frau Brandl muß insoferne mehr Glauben geschenkt werden, als sie doch diejenige war, die die Sache zur Anzeige und zur nochmaligen Aufgreifung brachte.

Aus diesem Grunde wurde gegen Frau Brandl zunächst nichts unternommen, evtl. weitere Maßnahmen werden dem Gerichte überlassen."

Das Geld

„Die beschuldigte Bauer hat nebenbei noch mit dem auf der Mühle Stemmer beschäftigten Obermüller Zeitler Beziehungen angeknüpft und auch diesem das Heiraten versprochen. Dadurch gelang es ihr, auch von Zeitler einen Betrag von nahezu 3000 Mk. herauszuschwindeln. Von dem Betrug an Zeitler hatte die Ehefrau Brandl Kenntnis und hat nach dem Geständnis der Bauer auch von diesem Geld einen Teil erhalten.
Der erschwindelte Betrag von annähernd 6000 Mk. wurde

angeblich restlos verbraucht. Es konnte lediglich
bei dem Zitherlehrer Froschmeier in Wasserburg ein
Betrag von 100 Mk. sichergestellt werden, der an den
Mühlenbesitzer Stemmer zur Hinausgabe an die Hinter-
bliebenen des Eder ausgehändigt wird.(...)"

Hintergrund:
Die Familie Bauer

Informationen zur Familie Bauer lassen sich vor allem aus den Ermittlungsakten gegen ihre Töchter Cäzilie Bauer und Auguste Brandl, geborene Bauer,
zusammentragen.

Eine ganz normale Familie

Bei den Eltern von Cäzilie handelte es sich um das seit Juni 1911 verheiratete
Ehepaar Josef (geb. 02.10.1885) und Cäzilie Bauer (geb. 09.11. 1886 als Cäzilie
Kiesl). Diese lebten in Wolfratshausen in der Badstraße Nr. 101 ½ in ärmlichen
Verhältnissen. Josef Bauer war Hilfsarbeiter bei der Bahn und vorher neun Jahre lang Soldat. Er gab an, mit Hitler im 1. Weltkrieg gewesen zu sein, zum Teil
bezeichnete er Hitler als Kriegskameraden. Dabei bleibt jedoch unklar, was
genau er darunter verstand.
Josef Bauer bezog seit 1942 eine monatliche Rente von 50 Mark. Laut mehr-
facher Aussage seiner ältesten Tochter trank er übermäßig Alkohol. Die Mutter
musste als Zugehfrau hinzu verdienen. Das Ehepaar hatte sieben Kinder, davon lebten im Februar 1942 noch sechs. Die älteste war die in München verheiratete Auguste (Jahrgang 1911). Daneben hatten sie die Töchter Cäzilie
(Jahrgang 1917), Frieda (geb. 17.02. 1923) und Karolina (geb. 07.11.1919), die
mit 13 Jahren den elterlichen Haushalt verließ, um bei verschiedenen Bauern
und ab 1937 als Gehilfin in einer Hotelküche Geld zu verdienen. Seit dem Jahre
1942 lebte Karolina in München und arbeitete als Eisenbahnschaffnerin. Die
jüngste Tochter Maria (geb. 12.09.1926) verstarb knapp zwei Monate nach
ihrer Geburt. Von den beiden Söhnen lebte Josef (geb. 21.07.1913), wie seine
Eltern, in Wolfratshausen, während der jüngere Franz (geb. 16.09.1914) in
München wohnte. Beide arbeiteten ebenfalls bei der Reichsbahn. Über den
Sohn Josef Bauer geht aus den Akten hervor, dass er an der Ostfront als
Infanterist kämpfte. Im Mai 1942 beauftragte er zusammen mit seinem Vater für
seine Schwester Cäzilie noch einen Anwalt. Am 14. Juli 1942 fiel er an der Ostfront.

Prekäre Verhältnisse

Die Tochter Frieda wurde am 16. Mai 1942 in Begleitung ihrer Schwester
Cäzilie zunächst in Wolfratshausen verhaftet und dann bei der Kripo ausführlich
vernommen. Daher sind - neben Cäzilie und Gusti - von den Mitgliedern der
Familie Bauer nur über sie ausführlichere biographische Angaben aus den
Akten überliefert. Auch ihre Angaben im Verhör geben Einblick in die schwie-
rigen Verhältnisse der Familie: Frieda stand ihrer Schwester Cäzilie sehr nahe.
Frieda kam mit 14 Jahren (von 1936 bis 1941) in die Erziehungsanstalt

Marienstift in Passau. Dort lernte sie Hauswirtschaft, Säuglingspflege und Grundkenntnisse der Krankenpflege. Von Februar 1941 bis Januar 1942 erhielt sie eine Anstellung als Hausgehilfin bei der Familie eines Gendarmeriemeisters in Deining bei München. Im Anschluss daran arbeitete sie als Zimmermädchen in Wolfratshausen. Aufgrund einer Schilddrüsenerkrankung, die eine Operation erforderte, musste sie diese Arbeit aufgeben. Nach ihrer Genesung ging sie zu ihrer Schwägerin Anna Bauer. Diese arbeitete als Hausmeisterin in einer Privatvilla in Icking und Frieda half dort aus – sie beaufsichtigte die Villa, wenn die Besitzer abwesend waren. Laut Frieda soll Anna immer wieder Dinge aus des Villa entwendet haben. Die Besitzer beschuldigten aber auch Frieda Wäsche gestohlen zu haben, kündigten ihr und zeigten sie wegen Diebstahls an. Frieda musste eine Gefängnisstrafe von vier Wochen verbüßen. Die Schwägerin Anna Bauer wurde im April 1942 auf Anordnung des Amtsgerichts Wolfratshausen ebenfalls wegen Diebstahls verhaftet und am 10. April 1942 im Gerichtsgefängnis München-Stadelheim in Untersuchungshaft genommen. Sie wurde am 10. August 1942 entlassen. Somit verbrachte Anna einige Zeit mit ihrer Schwägerin Cäzilie im gleichen Gefängnis. Vor dem Hintergrund von Annas und Friedas Diebstählen kam die Gendarmerie in Wolfratshausen zu der Einschätzung, dass die Familie Bauer in Wolfratshausen keinen guten Ruf genieße. Nach dem Verlust ihrer Stelle ging Frieda wieder nach Wolfratshausen zu ihren Eltern. Die Eltern sowie die Schwestern Cäzilie und Gusti beschlossen, dass Frieda zur Schwester Gusti Brandl nach München gehen sollte, um im Haushalt zu helfen. Dort hielt sie sich bis zum 6. Mai 1942 auf.

Familiensolidarität

Die Eltern und die Geschwister standen hinter Cäzilie. Am 23. Februar 1942 schrieb Josef Bauer einen Brief an Herrn Stemmer, in dem er diesem unter anderem der üblen Nachrede an seiner Tochter Cäzilie beschuldigte und ihm vorhielt, dass er und sein ganzes Gesinde einen amtlich bestätigten Selbstmord als Mord benennen und hinter vorgehaltener Hand über Cäzilie als Mörderin des „Stummerl" tuscheln würden. Seine Tochter Auguste Brandl dagegen hielt er für unglaubwürdig und brachte wiederholt Argumente für ihre Verstrickung in die Tat bei den Ermittlungsbehörden vor. Überliefert ist auch, dass er sich nach dem Krieg sehr dafür einsetzte, dass seine Tochter Gusti, die mittlerweile mehrere Jahre im Gefängnis verbracht hatte, nicht wieder in Haft genommen wurde und von den Eltern aufgenommen werden konnte.

Quellen

StAM, PolDir. 8016.

StAM, Staatsanwaltschaften 11570.

StAM, Staatsanwaltschaften 10600.

StAM, Justizvollzugsanstalt München 2765.

Stadtarchiv Wolfratshausen, Meldekartei von Cäzilie Bauer, geb. Kiesl.

Hintergrund:
Cäzilie Bauer

Über Cäzilie (Cilli) lässt sich nur recherchieren, was ihre Familie, ihr Arbeitgeber und ihre Kollegen über sie aussagten und was sie selbst in ihren Vernehmungen angab. Darüber hinaus gehende Informationen existieren nicht.

Kindheit und Jugend

Cäzilie Bauer wurde am 6. Mai 1917 in Wolfratshausen als Kind des Eisenbahnarbeiters Josef Bauer und seiner Frau Cäzilie geboren. In Wolfratshausen besuchte sie sieben Klassen einer Volks- und drei Klassen einer Fortbildungsschule. Sie selbst bezeichnete sich als Durchschnittsschülerin mit Noten zwischen eins und drei. Einen Beruf erlernte sie nicht. Sie war kränklich, da das Essen in der Familie nicht ausreichte. Nach ihrer Schulzeit ermöglichte man ihr keine Ausbildung.

Sie arbeitete zunächst in Wolfratshausen für knapp ein Jahr bei einer Gärtnerei als Kindermädchen. Den Monatslohn von 12 Mark durfte sie für sich behalten. Seit September 1933 hütete die inzwischen 16-Jährige vorübergehend bei einem Bauern Vieh und bekam dafür bei freier Unterkunft und Verpflegung drei Mark pro Woche. Noch im Herbst 1933, als ihre Aufgabe als Hütemädchen beendet war, kam sie wieder nach Hause. Da sie an einem Lungenleiden erkrankte, blieb sie bis März 1934 bei ihren Eltern und verbrachte anschließend ein Vierteljahr im Lungensanatorium Schonstett. Wieder zu Hause arbeitete sie in Wolfratshausen bei verschiedenen Familien als Zugehmädchen. Mittlerweile 18-jährig trat sie im Juli 1935 eine Stelle als Hausgehilfin in Wolfratshausen an, wo sie bei freier Verpflegung monatlich mittlerweile 20 Mk. verdiente.

Als sie nach drei Jahren erneut an der Lunge erkrankte, musste sie die Stellung aufgeben und sich erst einem Krankenhausaufenthalt und dann wieder einer sechswöchigen Behandlung in der Lungenheilanstalt Schonstett unterziehen. Dort wurde sie zu 60 Prozent erwerbseingeschränkt eingestuft. Nach ihrer Entlassung kehrte sie wieder ins Elternhaus zurück und war für längere Zeit als Zugehfrau in Wolfratshausen beschäftigt. Ihren Lohn gab sie vorwiegend für Kleidung und Wäsche aus, um auf eine Aussteuer zu sparen. Denn, so ihre ältere Schwester, Cäzilie wollte der Armut entfliehen, nicht arm und verschuldet heiraten. Sie musste ihren Eltern kein Geld für ihren Unterhalt abgeben. Rücklagen bildete sie allerdings auch nicht. Am 2. Mai 1938 trat sie kurz vor ihrem 21. Geburtstag eine Stelle als Hausmagd bei dem Mühlenbesitzer Rudolf Stemmer in Bachmehring bei Wasserburg an. Diese Arbeit hatte sie über eine Zeitungsanzeige gefunden. Dort verdiente sie monatlich zunächst 25, später 30 Reichsmark bei freier Kost und Logis. Bei Rudolf Stemmer und seiner Frau hatte sie den Ruf einer guten Arbeiterin, die allerdings zum Lügen neigte.

Die Zeit nach dem Weggang von Stemmers

Bis zum Tod von Leonhard Eder war Cäzilie nicht vorbestraft. Da es von Anfang an Zweifel an Eders Selbstmord und Cäzilies Unschuld gab, musste sie die Stemmermühle am 2. März 1942 verlassen und kehrte nach Wolfratshausen zu ihren Eltern zurück.

Bis Anfang Mai 1942 hielt sie sich dann für rund fünf Wochen mit ihrer jüngeren Schwester Frieda bei ihrer älteren Schwester Gusti Brandl in München auf. Dort genoss Cäzilie das Leben: sie ging mit Frieda oft aus, zum Teil in der Begleitung der älteren Schwester, und gab dabei viel Geld aus. Dies missfiel Gustis Ehemann allerdings, zumal Cäzilie der Familie Brandl kein Haushaltsgeld zahlte. Schließlich kam es zum Streit zwischen den beiden Schwestern. Am 16. Mai wurde Cäzilie verhaftet.

Kein politisches Engagement

Politisch engagierte sich Cäzilie nicht. Sie gehörte nicht einmal der NSDAP an. Im Jahr 1941 trat sie in die Nationalsozialistischen Volkswohlfahrt (NSV) ein. Diese hatte sich 1931 in Berlin als lokaler Selbsthilfeverein gegründet und breitete sich ab 1933 reichsweit so aus, das sie das Wohlfahrtswesen der Nationalsozialisten dominierte. Die NSV wirkte auf den ersten Blick ideologiefern, so dass ihre Arbeit populär war und die Mitgliedschaft auch für diejenigen akzeptabel erschien, die dem Regime eher zögernd oder kritisch gegenüberstanden oder nur aus Opportunitätsgründen in eine Parteiorganisation eintreten wollten. Am 22. Dezember 1942 starb Cäzilie Bauer durch das Fallbeil in München-Stadelheim.

Quellen
StAM, Staatsanwaltschaften 11570.
StAM, Staatsanwaltschaften 10600.
StAM, PolDir 8016.

Teil III:

In den Mühlen der Justiz

Cäzilies Übergabe an die Justiz

10 Tage nach Cäzilies Festnahme

Dienstag, 26. Mai 1942: Vermerk der Kripo über die vorläufige Festnahme

Die Kripo hielt auf der Einlieferungsanzeige vom 16. Mai fest, dass Cäzilie Bauer nun vorläufig festgenommen wurde, weil sie dringend verdächtig eines „Verbrechen(s) des vollendeten und versuchten Mordes u. Betrugs (…)" sei und Verdunklungsgefahr und Fluchtverdacht bestehe. Auf Anordnung des Oberstaatsanwaltes München I wurde die Sache von dem Sondergericht München übernommen.

Cäzilie vor dem Haftrichter

Mittwoch, 27. Mai 1942: Beschuldigtenvernehmung in der Untersuchung gegen Bauer, Cäzilie wegen Mordes

Cäzilie wurde – jetzt im Gerichtsgefängnis Neudeck - einem Ermittlungsrichter des Amtsgerichts München vorgeführt und gab nochmals zu, Leonhard Eder ermordet zu haben, dazu von Anna Kandler und ihrer Schwester angestiftet worden zu sein. Sie bestätigte auch, Geld von Zeitler erhalten zu haben, wofür sie ihrer Schwester die Schuld gab.
Um 9.25 Uhr vormittags wurde ihr eröffnet, dass gegen sie Haftbefehl erlassen wurde. Als Begründung wurde ihr u.a. genannt, dass sie in wesentlichen Punkten andere Angaben als die Zeugen gemacht habe. Cäzilie verzichtete auf Haftbeschwerde.

Donnerstag, 28. Mai 1942: Überstellung in das Gefängnis München-Stadelheim

Cäzilie wurde um 8.45 Uhr vormittags in dem Gefängnis Stadelheim unter der Gefangenennummer H 353/42 aufgenommen.

Cäzilie bekam einen Rechtsbeistand

Donnerstag, 28. Mai 1942: Vollmacht für Rechtsanwalt Dr. Rudolf Bandorf

Der Anwalt zeigte bei der Staatsanwalschaft München I unter Vorlage einer Vollmacht des Vaters und der Familie an, die Verteidigung von Cäzilie zu übernehmen. Gesehen hatte er die Beschuldigte bis dahin noch nicht.

Die Kripo suchte weiter nach Eders Habseligkeiten

Dienstag, 2. Juni 1942: Aus dem Ersuchen der Kripo München an den Gendarmerieposten Wolfratshausen

„(...) die Angehörigen des ermordeten Eder (machen) glaubhaft geltend (...), daß Bauer dem Eder noch zu Lebzeiten mindestens 10 Unterhosen, 10 Hemden und etwa 15-20 Paar Socken entwendet und diese beiseite geschafft hat. (...)
Da bei Bauer schon früher auf ihrem Zimmer in Bachmehring Wäsche von Eder vorgefunden wurde und sie auch schon versucht hat, solche Wäschestücke nach Hause zu schicken, dürfte es keinem Zweifel unterliegen, daß sie auch die fehlende Wäsche entwendet und nach Hause geschickt hat. Bei ihrer Vernehmung durch Gendarmerie Wasserburg am 4.2.42 hat sie hierüber angegeben, daß sie von Eder für einen Betrag von 47 M Wäsche gekauft habe. In Anbetracht der Tatsache, daß sie dem Eder einen Betrag von 3000 RM herausgeschwindelt hat, sind auch ihre Angaben über den Ankauf der Wäsche als völlig unwahr zu bezeichnen. Ich bitte daher, die Eltern der Beschuldigten, wohnhaft in Wolfratshausen, Badstraße 100 ½, eingehend zu vernehmen und eine Durchsuchung ihrer Sachen vorzunehmen; evtl. vorgefundene Wäschestücke bitte ich anher zu übersenden. "

Donnerstag, 4. Juni 1942: Bericht der Gendarmerie in Wolfratshausen über das Ergebnis der Hausdurchsuchung

Die Gendarmerie teilte mit, dass die Durchsuchung ergebnislos verlaufen sei. Der Wäschevorrat von Cäzilie sei im allgemeinen nicht besonders umfangreich. Es haben sich auch keine Stücke, die aus Herrenbekleidung gefertigt sein könnten, gefunden.
Bereits einige Zeit vorher wurden die Sachen der Eltern und Geschwister der

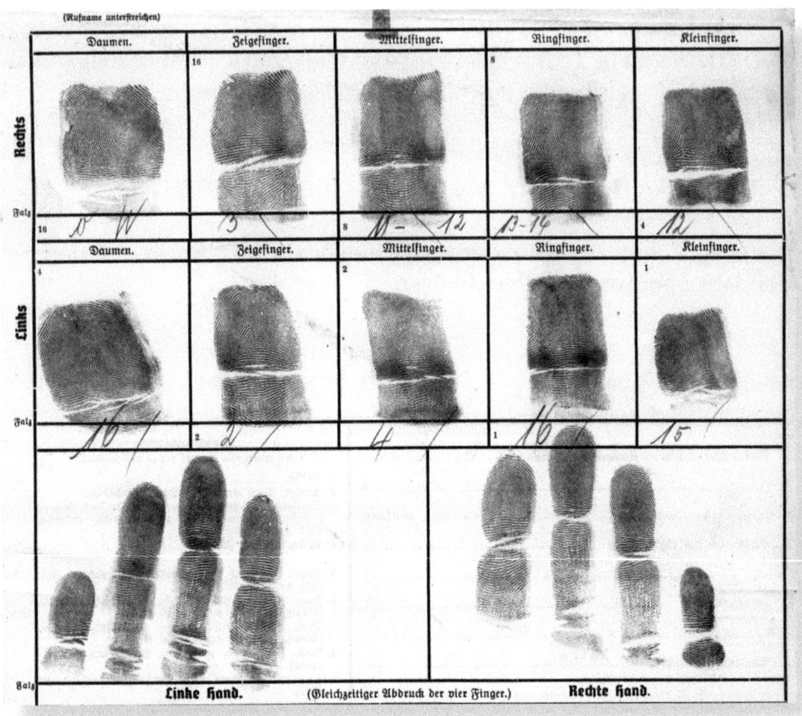

StAM, Staatanwaltschaften 10600

138

Beschuldigten mehrfach durchsucht, weil die Schwester Frieda Bauer eines Wäschediebstahls dringend verdächtig erschien. Der Vater gab an, die Sachen seiner Tochter Cäzilie seien bereits durch die Gendarmerie Wasserburg durchsucht worden, ohne das Ergebnis zu kennen.

Bei der Gendarmerie in Wolfratshausen hielt man es für durchaus möglich, dass auf Anraten von Cäzilie die Schwester Frieda, die mittlerweile in München arbeitete, Dinge außerhalb der Familie verschwinden ließ. Die Gendarmerie hielt eine erneute Durchsuchung zu einem späteren Zeitpunkt für Erfolg versprechender.

Bemerkung
Hinweise auf eine erneute, spätere Durchsuchung existieren nicht.

Cäzilies erster Kontakt mit ihrem Anwalt

Donnerstag, 18. Juni 1942: Vollmacht von Cäzilie

Rechtsanwalt Dr. Bandorf legte jetzt auch eine von Cäzilie Bauer persönlich unterschriebene Vollmacht für die Verteidigung bei der Staatsanwaltschaft München I vor.

Bemerkung
Bis auf die Vollmachten finden sich in den Akten keine Hinweise auf Anträge oder irgendwelche Tätigkeiten des Rechtsanwaltes in dem Verfahren.

Briefwechsel aus dem Gefängnis

Bemerkung

Cäzilie durfte aus der Untersuchungshaft im Gefängnis München-Stadelheim Briefe schreiben und Briefe erhalten. Die Briefe, die nicht an sie oder von ihr außerhalb der Gefängnismauern weitergeleitet wurden, befinden sich in der Akte. Bei den folgenden Briefen verfügte der ermittelnde Staatsanwalt Manchot, dass sie „nicht zur Beförderung zugelassen" wurden, da sie sich „in unzulässiger Weise mit dem Gegenstand des Verfahrens befassen und ausserdem als Beweismittel in Betracht kommen" würden. Ihre Briefe geben tiefe Einblicke in Cäzilies Wesen, auch wenn ihre Sprache und ihr Ausdrucksvermögen streckenweise das Verständnis erschweren.

Cäzilie nahm Gustis Schuld auf sich

Sonntag, 7. Juni 1942: Brief von Cäzilie an ihre Eltern und Geschwister

„Nun wiederum ist ein Sonntag gekommen, wo ich Euch ein Lebenszeichen geben darf. Ihr wird bestimmt erstaunt gewesen sein wie Ihr meinen 1. Brief bekommen habt, oder Ihr habt ihn nicht bekommen? -, dass ich in Stadelheim bin. Jetzt ist es drei Wochen, dass ich hinter Schloss und Riegel bin; das kann ich alles Gusti verdanken, meiner holden Schwester. Ich sage mir immer, dass einzige, jetzt haben Sie die unrechte eingesperrt. Die schlechte Person, wo Treck am Stecken hat, wo den Teufel aus der Hölle herausschwört, die läuft draussen leider noch herum, aber alles kommt noch vor Gottes Gericht, dass ist nur Rache der besitzlosen Klasse. Ich bin jetzt mit meinen Nerven dermassend herunten, dass ich wirklich nicht mehr weiss, was ich gesagt habe. Bin in meinem Leben noch nicht eingesperrt gewesen, habe mich auch dementsprechend geführt, keinem Menschen was zu leide getan, keinem Menschen was gestohlen, immer gearbeitet von früh bis spät. Ich kenne nur die viele Arbeit sonst nichts. Und jetzt bin ich den ganzen lieben Tag in einem Zimmer zu 3. müssen Jacken stricken und zusammennähen. Anni habe ich auch schon 2 mal gesehen in der Kirche sieht sehr

schlecht aus, hat bitterlich geweint für mich könnte
Tag und Nacht weinen vor lauter Verdruss, Kummer und
Sorgen. Meine Papiere sind in der Glimerklinik, es war
fest, sie hätten mich genommen, und jetzt kann ich
mich so unschuldig hier hereinsitzen. Über mich kann
ganz Wolfratshausen nicht schlechtes nachsagen, bin
keinem Menschen etwas schuldig, oder ich hätte mich
mit einem Menschen einmal gestritten, nein das gibt es
bei der Zilli nicht, wenn die Zilli jemand gebraucht
hatte zu einer Arbeit der hat sich verlassen können,
usw. Ich denke mir nur in Gottesnamen ich nehme alles
auf mich, aber alles kommt noch vor Gottes Gericht.
Für heute will ich mein Schreiben beschließen. Die
Verhandlung ist bald ich glaube in 14 Tagen schon.
Vater kommt auch bestimmt gell. In der Hoffnung, dass
Ihr meine liebsten Eltern und guten Geschwister immer
gesund bleibt, mit tausend herzlichen Grüssen und Küs-
sen Eure an Euch immer denkende nievergessende Eure
Zitterspielin Cilli.
Bitte um ein Stück Brot. Ich habe so Hunger. Vater
soll bestimmt kommen am Donnerstag selbst. Ein herz-
lichstes Vergeltsgott für alles Gute was Ihr mir für
mein bisjetziges Leben Gutes getan habt. Cilli. (...)"

In Haft wegen Gusti

Sonntag, 7. Juni 1942: Aus einem Brief von Cäzilie an die befreundete Familie Koch

„Wehrte Fam. Koch!
Sende Euch von hier aus, recht herzliche Grüße, gell
da muss man staunen wo ich bin. Es ist schon 22 Tage,
 dass ich eingesperrt bin, weiss nicht warum. (…)
Das kann ich alles meiner Schwester Gusti verdanken,
die den Teufel aus der Hölle herausschwört, die hat
ja keinen Funken Charakter im Leibe, überall soviel
Schulden machen, dass ein wahrer Grauss ist. In der
Gegend ist sie schon bekannt. Ihre 3 Kinder verleug-
nen als ledige Person hinstellen überall den Mann so

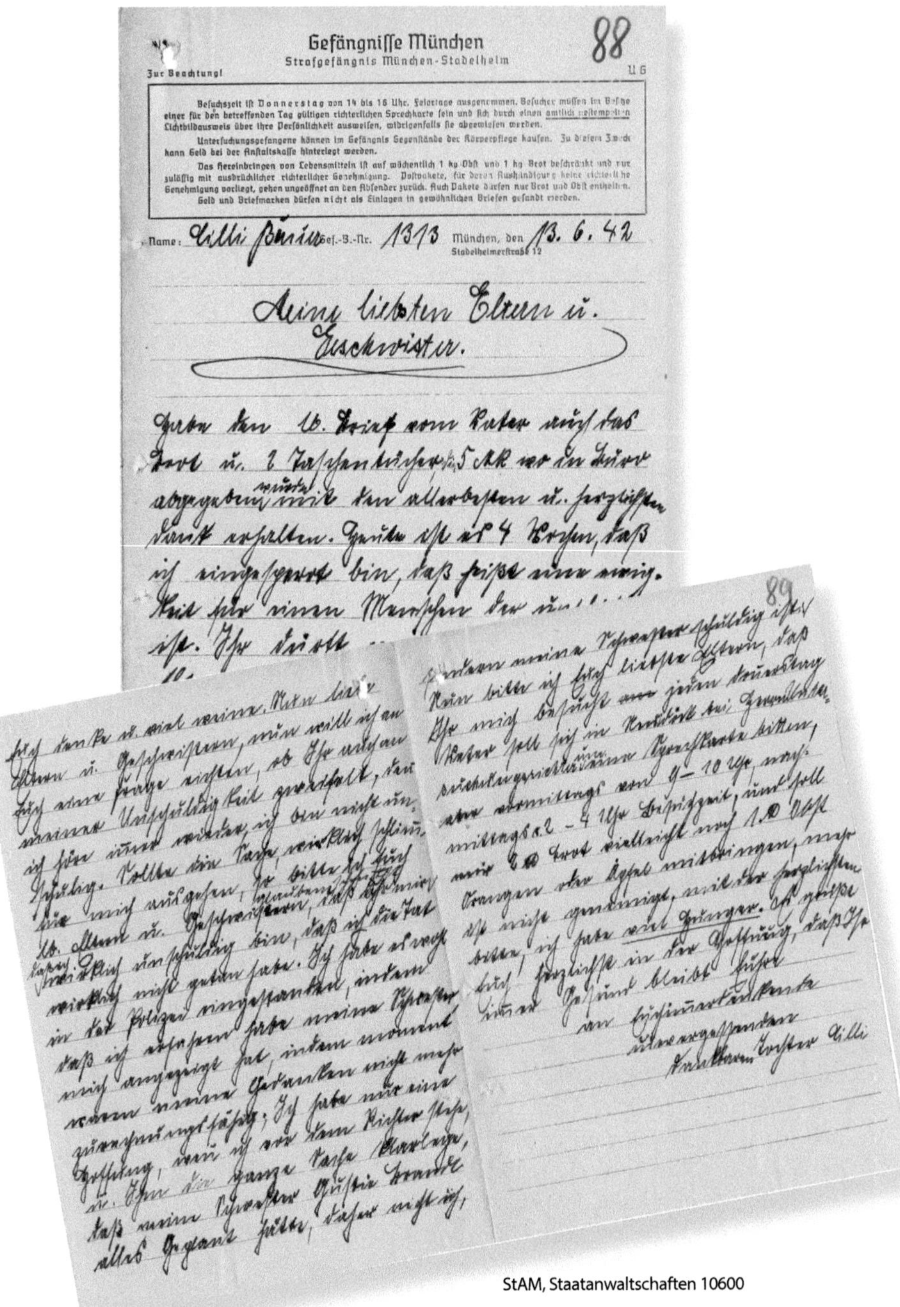

Gefängnisse München
Strafgefängnis München-Stadelheim

88

Zur Beachtung!   U 6

Besuchszeit ist Donnerstag von 14 bis 16 Uhr. Feiertage ausgenommen. Besucher müssen im Besitze einer für den betreffenden Tag gültigen richterlichen Sprechkarte sein und sich durch einen amtlich gestempelten Lichtbildausweis über ihre Persönlichkeit ausweisen, widrigenfalls sie abgewiesen werden.

Untersuchungsgefangene können im Gefängnis Gegenstände der Körperpflege kaufen. Zu diesem Zweck kann Geld bei der Anstaltskasse hinterlegt werden.

Das Hereinbringen von Lebensmitteln ist auf wöchentlich 1 kg Obst und 1 kg Brot beschränkt und nur zulässig mit ausdrücklicher richterlicher Genehmigung. Postpakete, für deren Aushändigung keine richterliche Genehmigung vorliegt, gehen ungeöffnet an den Absender zurück. Auch Pakete dürfen nur Brot und Obst enthalten.

Geld und Briefmarken dürfen nicht als Einlagen in gewöhnlichen Briefen gesandt werden.

Name: Lilli Bauer   Gef.-B.-Nr. 1313   München, den 13. 6. 42
Stadelheimerstraße 12

89

StAM, Staatanwaltschaften 10600

belügen und betrügen, dass es wirklich eine ware Schande ist. Nun ja, es ist alles recht, alles kommt einmal vor Gottes Gericht. Deswegen ist es bei ihr auch nicht immer alle Tage abends. Habe soviel Hunger, dass ich nicht mehr weiss, was ich anfangen muss. Es ist jetzt die Schreibstunde zu Ende nächstesmal mehr. Mit tausend vielen Grüssen beschliesse ich mein Schreiben in der Hoffnung dass Ihr gesund beleibt, lange lebt. Eure nievergessende Cilli Bauer. (...)"

Geständnis aus Unzurechnungsfähigkeit

Samstag, 13. Juni 1942: Aus einem Brief von Cäzilie an ihre Eltern und Geschwister

„Meine Lieben Eltern und Geschwistern.
Habe den lb. Brief vom Vater auch das Brot u. 2 Taschentücher, die 5 RM wo in Büro abgegeben wurde mit den allerbesten und herzlichsten Dank erhalten. Heute ist es 4 Wochen her, dass ich eingesperrt bin, dass heißt eine Ewigkeit für einen Menschen, der unschuldig ist. Ihr dürft mir glauben lbst. Eltern und Geschwister, es vergeht kein Tag und keine Nacht wo ich nicht an Euch denke u. viel weine. Nun liebe Eltern u. Geschwistern, nun will ich an Euch eine Frage richten, ob Ihr auch an meiner Unschuldigkeit zweifelt, denn ich höre immer wieder, ich bin nicht unschuldig. Sollte die Sache wirklich schlimm für mich ausgehen, so bitte ich Euch lb. Eltern und Geschwistern, dass Ihr mir glauben schenkt, dass ich wirklich unschuldig bin, dass ich die Tat wirklich nicht getan habe. Ich habe es wohl in der Polizei eingestanden, indem dass ich erfahren habe meine Schwester, mich angezeigt hat, indem Moment waren meine Gedanken nicht mehr zurechnungsfähig. Ich habe nur eine Hoffnung, wenn ich vor dem Richter stehe, u. ihm die ganze Sache klarlege, dass meine Schwester Gusti Brandl alles geplant hätte, daher nicht ich, sondern meine Schwester schuldig ist.Nun bitte ich Euch liebste Eltern, daß Ihr mich besucht jeden Donnerstag,

Vater soll sich in Neudeck bei Herrn Untersuchungs-
richter um eine Sprechkarte bitten, (...) und soll
mir 2 Pfund Brot, vielleicht noch 1 Pfund Obst Orangen
oder Äpfel mitbringen, mehr ist nicht genehmigt, mit
der herzlichsten Bitte, ich habe viel Hunger. Es grüßt
euch herzlichst in der Hoffnung, dass Ihr immer gesund
bleibt Euhre (…) Cilli."

Zuspruch für Cäzilie

Samstag, 27. Juni 1942: Aus einem Brief von Frieda Bauer an Cäzilie

„Mein innigstgeliebtes Schwesterherz!
(…) Meine Schwestern, besonders die Oberschwester be-
ten für Dich, die kennt nämlich die Gusti ganz gut,
die öfters schon zu mir gekommen und ist ihr Gott sei
Dank der Zugang zu mir verboten worden. (...) die ist
für mich erledigt. Jeder weiss, dass Du unschuldig
bist. Wir freuen uns alle schon auf ein Wiedersehn.
Meine Oberschwester sagte, Du könntest zu jeder Zeit
zu uns kommen wenn Du wieder frei bist. Hätten wir nur
solche die nur gute Zeugnisse bekommen haben und überaus gelobt worden sind, was Fleiss anbetrifft wie Du
zum Beispiel. Bin heute schon rumgelaufen, wegen einer
Sprechkarte (…) Deine Dir immer treubleibende Friedl.
Viele Grüße auch von Papa. Viele Grüße deine Mutter.
Herzliche Grüße von Deinen Brüdern Franz und Sepp."

Verlegt in die Nervenabteilung

Sonntag, 28. Juni 1942: Aus einem Brief von Cäzilie an ihre
Eltern und Geschwister

„Nun wiederum muss ich mich bedanken, für alles Gute,
was Ihr mir bis jetzt getan habt. Also habe alles bereits erhalten, 2 Taschentücher von mir, Brot, dann
wiederum 2 Pfund Brot und 5 RM, Aprikosen und wiederum
2 Pfund Brot, vom diesem Donnerstag erhalten, nur den

Sirup nicht sonst alles, und wann Ihr wieder ein Brot übrig habt, denkt an mich gell, aber ich will nicht haben meine liebsten Eltern und Geschwister dass Ihr alles wegs meiner Euch vom Mund abspart, (...) nein, das will ich ja nicht haben, der Mensch hält ja sehr viel aus, was man überhaupt nicht glaubt.
Ich bin jetzt 6 Wochen eingesperrt (…), fast 3 Wochen in der Zelle in Stadelheim da habe ich Jacken fertigen dürfen mit schöner Stickerei und jetzt bin ich fast 14 Tage schon in der Nervenabteilung, da dürfen wir verschiedenes Handarbeiten, aber Ihr kennt mich ja, ich möchte ja viel arbeiten, da haben sie keine für mich, und ich bin immer viel und schwere Bauernarbeit noch gewöhnt, kann ja alles, weiss was die Herrschaftsarbeit ist, und weiss auch was die Bauernarbeit ist, ich scheue keine, ich fühle mich erst glücklich, wenn ich bald bei meiner jetzigen Stellung antreten darf, diese Leute sind ja sehr froh, wenn sie mich bekommen, habe ja gute Zeugnisse und eine gute Führung hier, dass ist diesen Leuten zugesichert, dass sie ein sehr anständiges, braves, solides, fleissiges Mädl bekommen, und ja kein arbeitsscheues oder verstohlenes und verlogenes Mädl, denn sage mir immer, Ehrlichkeit weilt am längsten. Ist Friedl schon dort? (…) Ich hoffe auch, dass meine ersparten und geschenkten Sachen Ruhe haben und in Ordnung bleiben.
Bin auch krank, mit lauter dem vielen - vielen weinen. Es vergeht kein Tag - keine Nacht wo ich nicht an Euch alle denke, und wo ich auch wieder Nachts bitterlich weinen muss. Ich denke mir immer in Gottes Namen unser lieber Herrgott und meine lb. Richter machen alles wieder recht. (…) Für heute weiss ich nichts neues, nur das einzige, tät ich bitten, dass mich wer besucht, alles bekommt Besuch nur ich nicht, darum bin ich auch so traurig. (…) Euhre (…) Tochter Cilli. (...)"

Zermürbt und verzweifelt

Sonntag, 5. Juli 1942: Aus einem Brief von Cäzilie an ihre Eltern und Geschwister

„Meinen lieben Eltern und Geschwister"
„Habe das Brot wieder dankend erhalten, wofür ich Euch nochmals recht herzlichst und bestens danke. Auch den lieben Brief von euch, wo Friedl geschrieben hat und Mutter und Franzl unterschrieben haben, habe ich gesehen, aber leider nicht in Händen bekommen habe, warum weiss ich nicht, es wird doch nicht eine Aufregung drinnen gestanden sein für mich, ich kann mir allerhand denken, weil mir der Vater solange nicht mehr geschrieben hat, ist er krank oder gestorben wegs mir? Dass wär ja schrecklich sowas, wenn eines von Euch gestorben ist, mit lauter Verdruss wegs derer -, dann will ich erst recht sterben, alles bekommt Besuch bereits, nur ich nicht, dass macht mich noch ganz verrückt, dass lange lange Einsperren und Friedl ist an seiner Arbeit und ich bin nur das einsperren wert, für dass weil ich noch keinen Menschen auf der ganzen Welt noch was gestohlen noch belogen noch Beleidigt, noch ausgericht, und noch viel weniger die grausame Tat ausgeführt hätte. Mir wäre es viel lieber gewesen es hätte dieses Bild, das furchtbare wär anderer gesehen nicht ich, ich habe ihm nicht dazu getrieben, sondern nur die alte Kuh, wo selbst 3 arme Kinder zu Hause hat und Ihren Mann, Er hätte sich nicht ja umsonst 2 mal scheiden lassen, wegs Ihr, weil sie immer bei anderen Kerln gewesen ist Nachts und nur nicht zu Hause. Mir tun die 3 Kinder sehr leid, weil sie eine solche Mutter haben, und Ihre eigenen Kinder verleugnet, vor seinen Männern, (...) hoffentlich kommt die Stunde bald, wo ich meine Stellung antreten darf, weil dass auch keinen guten Eindruck macht, wenn sich die Leute nicht verlassen könnten, wo sie mir die Gewissheit gaben, dass ich ab 15. Mai oder 20. kommen darf, aber die gute Stellung war mir nicht vergönnt, als wie bei der lieben Fam. Stemmer auch, überall muss das Mistfich das Karackterlose was dareinpfuschen, wie

sie es ja überall machte, wenn ich dass gewusst hätte
am Anfang alles, was ich jetzt unschuldig büssen muss,
hätte ich ihr bei dem 1. Besuch, den nächsten verboten, wer kann es wissen? - Der Mensch tät von mir aus
heute noch leben.
Es ist einmal so, 1. muss in der Familie dabei sein,
wo Unheil anstiften gell. Ich habe Euch noch nie solange ich lebe einen Verdruss, und habe auch euch diesen nicht gemacht, wisst, da nehme ich lieber einen
Strick und häng mich auf. Oft kommen mir Gedanken
unser lieber Herrgott soll sich doch erbarmen und
mich holen. Meine liebsten Eltern, ich glaube es Euch
gerne, dass Ihr nicht mehr wisst, was Ihr glauben und
denken müsst, wenn ihr meint ich bin die schuldige.
Ich bin zu jederzeit mit reinem freudigen Gewissen
bereit zu sterben. Mit vielen Grüssen Eure nievergessende dankbare Cilli"

Eders Selbstmord als Tatversion für ihre Familie

Sonntag, 18. Juli 1942: Aus einem Brief von Cäzilie an ihre Eltern und Geschwister

„Meine liebsten Eltern u. Geschw.
Euhren lb. Brief dankend erhalten, soviel ich vom
Brief gelesen habe, dass Ihr mich besuchen wollt am
23. Juli, aber das ist wieder ein Trostmittel, mich
kann niemand mehr trösten, ich will auch gar niemand
mehr sehen, bleibt mir alle nur fern, u. vergesst
mich, ich bin auch schon vergessen, ich will nur mehr
sterben, mir ist es zu jeder Zeit recht u. lieb. Ich
kann der Gusti nicht mehr verzeihen, die hat mich
dermassend beleidigt, dass es eine ware Schande ist,
dass ganze Leben verpfuscht, meine gute Stellung ist
verdorben, (...) wo es mir so gut gefallen hat der andere hat sich umgebracht wegs ihr, Josef Zeitler den
Seelenguten Menschen will sie auch dumm machen, aber
es macht nichts. Der hat es mir nur ehrlich gemeint
mit dem Heiraten ich auch ebenfalls, wir hätten ge-

heiratet, wenn der Krieg ausgewesen wäre, er wäre mit
mir nicht ausgeschmiert gewesen u. ich mit ihm nicht.
Ich habe auch viel arbeiten wollen er auch, auch wenn
er auch schon 42 Jahre gewesen wäre, dass macht ja
nichts. Josef Zeitler ist ja ein tüchtiger Müller und
sehr fleissig hat mich so gern gehabt und ich ihm auch
u. jetzt sagt Gusti ich habe ihm 3000 RM herausgeschwindelt u. ist nicht war.
Meine lieben Eltern, Gusti hat vom Eder das ganze Geld
herausgeschwindelt, ich war ja zu dumm, was sie immer gemeint hat mit seinen Saumännern, darum weil sie
ihm nicht geheiratet hat, der hat sich dass ihn Kopf
gesetzt u. ihn der Zeit dort, ist es ihm nicht in Er-
füllung gegangen, dann ist er narisch geworden, wie er
es oft gewesen ist mit mir, u. weil ich am Tag zuvor
alles ihm im Guten gesagt u. nur alles so gut gemeint
habe mit ihm, dass es einmal endlich ein Ende nimmt
die Lumperei, hat er sich vor lauter Zorn vielleicht,
weil er auch fast kein Geld mehr hat, weil ihm Gusti
alles Geld kleinweis herausgeschwindelt hat, das Leben genommen.
Sie hat auch vom meinem Sepp 500 RM ausgeliehen für
ein Haus kaufen. Er hat es auch mir gegeben jawohl,
ich soll es ihr schicken, sie hat es ihr ja selbst
geholt bei mir, ich habe es ihr gegeben. Zeitler Josef ist Zeuge, wie sie mir nach Besuch da hat sie
das Geld gehabt die 500 RM, hat sie mir einen Brief
geschrieben nur 1 Blatt wars. Zeitler Josef ist Zeuge hat gelesen und ich nachdem gleich verbrannt dass
sie das Geld erhalten hat u. dass er im Herbst wieder
zurückbekommt u. zwar mit Zinsen. Sepp war nicht interessiert hat ihr geglaubt u. hat es mir mit meinen
vielen betteln gegeben u. ich ihr dortmals. Zu mir hat
Gusti geschrieben auch gesagt immer, sie braucht unbedingt 500 RM für ganz dringend Fall ich werd es schon
einmal sehn, ich soll es Sepp sagen ich habe es ihr
nicht geben können, weil ich ihr nicht getraut habe.
Der Sepp hat mir schon 2000 RM gegeben, habe ich immer
aufgespart zum Möbel kaufen u. keinen Pfennig vertan.
Meine Sachen habe ich alles vom Lohn gekauft, vieles

geschenkt bekommen, vieles gehabt, zum Schluss ist
das pasiert mit Eder, haben sie mich immer ausgesucht
die Polizei, dem Eder sein Geld gesucht, aber es war
wieder der Schutzengel im Kasten und haben das andere
nicht gefunden dem Sepp sein 2000 RM mein Geld war ja
mir 220 RM nur dass hat mir gehört, das andere habe ich
schnell zu meinem Zitherlehrer u. habe es gut aufheben
lassen. Ich habe ihm auch von meinem 220 RM 100 RM geschenkt fürs aufheben, nicht dass Sepp sein gutes Geld
genommen wird u. meinen es wäre vom Eder nein, lieber
habe ich 100 RM gebüsst, dass hat mir nichts gemacht,
zum Schluss bin ich weg vom Stemmer, weil ich doch dem
Vater geschrieben habe, dass sich da einer umgebracht
hat, ich alleine hab es gesehen, habe es auch sofort
gemeldet, er hat auch die letzte Ölung noch bekommen,
ich habe ihm nicht mehr retten können, weil er so geblutet hat, hab ihm so das Messer genommen in meiner
Aufregung von seiner krampfhaften linken Hand, hab
mich etwas geritzt, war auch ein wenig verletzt und
voll Blut vom Messer nehmen und hinlehnen beim Licht
aufmachen und wenn ich in der Frühe eine Kleinigkeit
gesehen hätte vom Blut, oder dass er vielleicht krank
währe, hätte ich es selbstverständlich sofort auch gemeldet, weil es meine Pflicht gewesen wäre.
Wenn Vater nicht geschrieben hätte, wäre ich auch
nicht weggekommen. Es hat ja nur der Bauer einen Verdacht gehabt, sonst niemand. Dann bin ich weg. Mich
hat niemand wegeschafft.
Im stillen habe ich auch immer verschweigen müssen,
wegs Gusti, weil sie sagte, wenn ich jemanden was
sage, rennt sie mir das Messer durch und durch, sie
war auch das letztemal in Wasserburg 14 Tage nach
Eders Tod, hat sogar Telefoniert zum Stemmer, das war
auch wieder Gusti. Ich bin zum Bahnhof schnell mit
meiner Zitter, dann kam sie mir schon entgegen und
hatte höhnisch gelacht, fragte auch ob Frau Stemmer
was gemerkt hat, sie hatte auf der Post einen Buben
mit 14-15 Jahre an Telefon hingeschickt und hat zu ihm
gesagt, kannst du Telefonieren (…). Sie ist wiesawie
von der Post Gasthaus zur Krone zum Kaffe bis ich von

der Kirche und Zitterstunde kam, es war 9 Uhr nicht
ganz zuerst u. um 11 Uhr bin ich zu ihr hin, dann hat
sich auch mittaggegessen dort. Ich bin dann um 1 Uhr
wieder gekommen, dann gingen wir Spazieren und habe
es ihr erzählt alles, dass das alles was sie ihm Kopf
immer hatte alles keinen Wert hat, sie war auch böse
gleich, weil ich immer dagegen gewesen bin.
Meine lieben Eltern. Ich sage euch immer nur das einzige, ich bin jetzt unschuldig 9 Wochen eingesperrt
gewesen, wie lange noch bis ich sterben darf. Ich bin
wirklich sehr froh, wenn ich heute einmal sterben
darf, ich bitte auch um Totesurteil den Herrn Pfar-
rer und allen vor der Verhandlung noch ich will Gusti
nicht mehr sehen, schuld ist sie überall ganz allein.
Geld hat sie versteckt bei jemand, das kann ich niemand sagen so rafiniert ist sie schon gewesen noch
hat es mir nicht gesagt. Aber bevor ich meine Augen
schliesse und um Todesurteil bitte freiwillig, denn
ich wette mit meinem ganzen Leben, dass ich nirgends
Schuld bin nur überall sie, werde alles noch bevor
meinem Tode, ihre Schandtaten Euch noch schreiben. (…)
gez. Cilli.
Zwischen den Zeilen:
Das Geld wo ich verbraucht habe, ist nur die Zähne und
das Essen von meinem Urlaub, das andere v. 2000 RM hat
sie mir genommen und verbraucht das weiss ich nicht
aufgehoben hat sie alles Geld bei jemand. Also bitte
Franzl soll es Zeitler geben was ich verbraucht habe
in Zähne 185 RM und das Essen von 6 Wochen die meiste
Zeit habe ich so hungerleiden müssen im Gefängnis (…)."

Cäzilie hatte sich mittlerweile aufgegeben

Sonntag, 26. Juli 1942: Aus einem Brief von Cäzilie an ihre Eltern und Geschwister

„Meine liebsten Eltern u. Geschwister!
(…) der 23. Juli ist wieder so schön vorüber gegangen,
wo mir Vater versprochen hat, dass er zu mir kommt,

aber ich hab es mir gleich gedacht, ihr habt mich halt schon längst vergessen, kommen tu ich sowieso auch nicht mehr, dass weiß ich schon längst, dass ich allen Leuten im Wege bin, auch Euch, mir ist alles gleich, das habe ich jetzt davon, weil ich solang ich jetzt gelebt habe 1-mal ein anständiges Mädchen immer war, 2-mal immer gearbeitet habe, noch niemand beleidigt, oder einen Mensch weh getan habe, für weniger jemand was gestohlen.
Na ja, mir ist alles gleich, aber unser Herrgott, weiß es, dass alle Leute mir unrecht tun u. daß alles nicht gerecht gehandelt wird, sonst tät ich nicht 10 Wochen eingesperrt sein, ich weiß heut noch nicht warum. Jetzt will ich auch nicht mehr hinaus, mein Leben ist sowieso verpfuscht, die Schand bei den Leuten, weil ich eingesperrt gewesen bin, kein Mensch will von mir nichts mehr wissen. Und noch dazu alles wird der Gusti geglaubt, was ich sage ist Luft für alle, ich soll u. muß mir ratikal alles gefallen laßen, die andere lüge soviel Zeug daher, dass ich mich soviel Ergern muß, u. a. es wird dem Schlampen geglaubt, die darf schwören, alles haben sie ihr in der Ettstrasse geglaubt, ich habe die Wahrheit gesagt, dass war bei ihnen gelogen (…).
Ich hab zu allen ja u. Amen sagen müßen, weil sie mich sonst geschlagen hätte. Die Wahrheit von mir haben sie ja nicht hören können. Ich muß nun immer wieder sagen, mir wär es viellieber gewesen, es hätte diese Grausamkeit von diesem Rabiatten Messerhelden jemand anderer gesehn, u. nicht ich, er hätt mich auch zuvor noch umbringen sollen, dann tät ich doch jetzt dießen Weltverdruß nicht ausstehen müßen, aber ich weiß es ganz genau, wenn das wäre gewesen, dann tät ich Gusti sich doppelt ins Fäustchen lachen, weil ihr 3-mal niemanden könnte das Geld vom Eder ist bei guten fremden Leut u. das Geld wo mir Sepp gegeben hat zum Heiraten, ist auch dabei, weil sie gewußt hat, dass vom Sepp sie hätt die Möbl gekauft für mich u. für Sepp u. jetzt will sie nichts mehr wissen, mir sich überall schon wegputzen, dass kann sie u. wenn der Krieg aus ist, zieht sie alles Geld for, wenn ich nur wüsste ungefähr

wo das sein wird, dann tät ich es ihr alles restlos nehmen lassen, aber ich bin kein Hund.
Sie macht es ja bei jedem so, dem anderen das ganze Geld heraus geschwindelt u. hät ihm umgebracht. Aber Gottseidank hat er es selbst gemacht weil er narisch worden ist, dem Sepp ist sie 500 RM schuldig u. dass andere mir genommen vom Sepp. Was ich verbraucht hab, dass war daswenigste die Zähne 185 RM, 15-20 RM Zitterstunden Stund 80 Pfennig und das Essen bei ihr die paar Wochen, im Gefängnis hab ich mehr die arbeit darf ich so nicht rechnen die Zeit, was ich bei der Trecksau gearbeit habe, die ganze Zeit ist bei seinen Saumännern gewesen u. ich der Hausdepp bei den Kindern, so ist es gewesen, ihr wißt noch lange nicht alles, ihr wißt vielleicht gar nicht mehr wem ihr glauben müßt. Ich bin ja hint u. vorn des leben nicht sicher gewesen von ihr auch von den anderen, aber jetzt ist es gleich, in der Verhandlung wird sie schon sehn, was ihr auf dem Kopf fliegt. Und nach der Verhandlung werde ich so erlößt in Stadlheim, ich bin froh, ich sprech auch nichts, weil ich doch für die Katz bin u. noch viel lieber ist es mir, ich wär vor der Verhandlung erlößt, weil ich oft bald nicht mehr weiß wo mir der Kopf steht. Dr. Bandorf wird für mich schon hingehen. Cilli (...)"

Cäzilies Schmuggelbriefe in Stadelheim

Bemerkung
Die Schmuggelbriefe wurden in der Anstalt vom Original mit Schreibmaschine abgeschrieben. Das Schriftbild der Handschrift ist derart schlecht, dass auch bei der Abschrift das Original an manchen Stellen nicht entziffert werden konnte. Daraus ergeben sich die Leerstellen.

Cäzilie wurde beim Versuch der Zeugenbeeinflussung erwischt

Mittwoch, 1. Juli 1942: Anzeigen gegen die Untersuchungsgefangenen Cäzilie und Anna Bauer

Cäzilie übermittelte ihrer wegen eines Diebstahldeliktes ebenfalls in Stadelheim einsitzenden Schwägerin Anna Bauer heimlich einen Brief. In diesem forderte sie ihre Schwägerin auf, in Cäzilies Verfahren nach ihren Angaben eine Aussage zu Cäzilies Gunsten zu machen. Der Antwortbrief von Anna Bauer wurde abgefangen und erreichte Cäzilie nicht mehr.

Freitag, 3. Juli 1942: Annas und Cäzilies Aussagen zu den geheimen Briefen

„U.Gef. Bauer Zäzilie auf Vorhalt der Anzeige v. 1. J.42: Ich erhielt durch ein Hausmädchen - den Namen dieser Gef. kenne ich nicht - von meiner Schwägerin Anna Bauer einen Brief sowie Bleistift zugesandt. Sie fragte mich in dem Brief, warum ich hier sei u. forderte mich auf, ihr das genau zu schreiben. Den Brief habe ich zerrissen u. weggeworfen. Darauf schrieb ich ihr auf einigen Zetteln Antwort. Sie schrieb mir wieder u. ich gab ihr wieder Antwort, immer durch das Hausmädchen. Der letzte Brief von mir sind die vorgezeigten Zettel. Einen weiteren Brief erhielt ich nicht mehr.
U.Gef. Bauer Anna auf Vorhalt: Ich gebe zu meiner Schwägerin Zäzilie Bauer 2-3 mal geschrieben zu haben. Sie gab mir zweimal Antwort auf Zetteln, die das Hausmädchen - den Namen desselben kenne ich nicht - vermittelte. Die vorgezeigten Zettel habe ich geschrieben.“

Cäzilie und Ihre Schwägerin Anna wurden wegen Briefschmuggels zu jeweils einer Woche Arrest verurteilt.

Geld für eine Aussage zu Cäzilies Gunsten

Ohne Datum: Abschrift eines Briefes von Cäzilie

„Liebste Anni! Deine Orange mit besten Dank erhalten, dem Mädl tust sonst unrecht. Sie ist sehr nett mit mir (…) ich muß ehrlich gestehn sie hatte mir heute Deinen Brief geben wollen es ist leider nicht gegangen, am Sonntag geht's besser bei dem Mädl weil wir da zu zweit gehen dürfen da gehts. Sie hätte ihn mir unmöglich geben könne. Was ich angeben habe ist nur der Plan von Gusti und weil Gusti alles beschwört, wegs der Gusti der Sauschlangen bist Du und ich herinnen das können wir der Gusti verdanken. Anni hast Du meine Zeilen erhalten am besten wär es ja mündlich gewesen, aber es geht ja nicht. Alles bitte genau lesen und richtig zusammenstellen. Deine Schwester Cilli.
Ich hoffe auf Sonntag. Also Anni mit meiner herzlichen Bitte, ich werde Dir auch helfen bin wirklich unschuldig der ist ja seciert war in der Zeitung gestanden. Da ist es besser, Du gibst an Werktagen dem Hausmädl aber Anni die wo ja nichts aussagt, weist das ist gefährlich, sonst bekommen wir Arrest und Anni lasse Du dir den Brief von dem schwarzem Hausmädl wieder geben (…) Es geht unmöglich beim Hofgang. Also Anni ich bitte Dich Du musst für mich schwören, ob es wahr ist oder nicht Gusti hat Dir das ganz allein anvertraut u. weil du mich hier siehst kannst Dir vielleicht auch was denken sagst Du in der Polizei oder gleich dem Rechtsanw. nichts niemanden sagen, dass ich Dir angeschafft habe, was ich geschrieben habe genau alles schwören es stimmt so wirklich ist es war ich bin mit Dir ehrlich bis zu Tode. Bekommst 500 M. gleich später nochmals für das umsonst ist der Tod Hermine mach ich auch die Firmpatin.

Selbstverständlich müssen wir zwei zusammen helfen immer und den Rechtsanwalt wo mir Vater geschickt hat, bei diesen kann ich unmöglich bleiben der Bandorf macht mir ja das Herz so schwer, dass ich vor der Verhandlung noch sterbe, mit meinen Nerven bin ich ganz herunten, (…) lasse Dich nicht fangen weil ich unwahre Angaben gemacht habe (…). Liebe Anni hast schon alles gelesen oder nicht, bitte genau gell: Hoffentlich dass Du mir meine schwere Bitte erfüllst ich weiss habe zu viel gemeint aber sonst bin ich verloren Du weisst ich stehe da jetzt als Vater einziger Zeuge wo ich alles erzählt habe."

Anni eine verlässliche Zeugin

Ohne Datum: Abschrift des sichergestellten Briefes von Anna Bauer

„Liebe Cilli! Deine lb. Zeilen habe ich erhalten, ich bin erstaunt über die ganze Sache. Ja Cilli es ist schlimm wenn man eine solche gemeine Schwester hat. Aber Rache ist süss. Cilli sei vernünftig und schreibe mir auf diesen Papier nochmals genau und deutlich den ganzen Fall. Ich tue selbstverständlich alles was ich für Dich tun kann. Ja Gustl hat mir tatsächlich was anvertraut wie damals die Sache war. Du musst nur deutlich alles schildern und Cilli wie ist bei Vater ist der eisern zu Dir. Ich tue alles für Dich nicht dass Du mir was geben sollst nein aus Liebe zu Dir. Denn Du bist ein genau so anständiges Mädchen wie ich. Ja Cilli Du kannst Dich verlassen also genau berichten u. dann sagst zu Bandorf du möchtest mich als Zeugin verstehst also sei gescheit gell. Mutter tut mir leid wenn Du raus kommst gehst zu mir dann sprechen wir persönlich da herinnen erzählen sie dass Du alles zugegeben hast, ich sage immer das ist unmöglich dafür kenne ich Dich nur als tapfere sparsame und anständiges Mädel. Aber muss einen Zweck haben nicht dass am Schluss meinen Kopf kostet. Also bitte bald Bescheid. Gruss Anni."

Die Ermittlungen des Staatsanwaltes

Cäzilies Geisteszustand

Dienstag, 28. Juli 1942: Gutachten des Landgerichtsarztes Obermedizinaldirektor Dr. Vogler für den Staatsanwalt

Alkohol und Gewalt in der Familie

„(...) Die B. gibt an, dass ihr Vater Trinker sei. Auch der Großvater väterlicherseits trank viel, war ein roher aufgeregter Mensch, der seine Frau häufig misshandelte. Sonstige auffällige Persönlichkeiten sind weder in der väterlichen noch in der mütterlichen Sippe bekannt geworden, insbesondere keine Geisteskranken."

Körperliche und geistige Entwicklung

„Die B. selbst machte als Kind Masern, Keuchhusten und mehrmals Lungenentzündungen, später eine Mandelentzündung durch. Erste Regel mit 14 Jahren, fast immer unregelmässige Menstruation. Geschlechtskrank ist die B. nicht gewesen. Einen Unfall hat sie nie gehabt. In der Schule hatte sie mittlere Leistungen zu verzeichnen, ist nicht sitzen geblieben. Nach der Schulentlassung hatte sie eine grössere Zahl von Stellungen als Zugeherin bezw. Hausangestellte inne. Sie habe bislang nur mit einem einzigen Manne Geschlechtsverkehr gehabt, mit 20 Jahren, seitdem habe sie von den Männern nichts mehr wissen wollen, und zwar aus Angst vor einer ausserehelichen Schwangerschaft."

Rolle rückwärts: Cäzilies Widerruf

„Sie bestreitet auch bei der ärztlichen Untersuchung, den Eder ermordet zu haben. Sie macht die gleichen Angaben zu dem angeblichen Selbstmord des E. wie bei ihren bisherigen Vernehmungen. Der E. habe sich selbst umgebracht, weil er die Schwester der Besch. vergeblich umworben habe. Ihr Geständnis vom 15. Mai sei nicht zutreffend. Alle ihre diesbezüglichen früheren

Angeben widerruft sie. Sie habe mit dem Eder niemals Geschlechtsverkehr gehabt. Ihre Schwester hätte sie zwar zur Ermordung des Eder anstiften wollen, doch habe sie sich nicht dazu „hergegeben"."

Aktueller geistiger Zustand

„Die Untersuchte nimmt zu den in Frage stehenden Tatsachen in wortreicher Weise Stellung, wobei sie sich in eine zunehmende Aufregung steigert. Die Bewusstseinslage ist klar. Auffassungs- und Konzentrationsleistungen lassen nichts Krankhaftes erkennen. Anhaltspunkte für das Vorliegen wahnhafter Verarbeitungen, oder Sinnestäuschungen oder Denkstörungen liegen nicht vor. Die Stimmungslage ist durchwegs etwas gedrückt, fällt jedoch während der Untersuchung mehrfach durch plötzlich auftretende läppische Vertraulichkeitsreaktionen auf. Die intellektuelle Begabung ist durchschnittlich; Schul- und Erfahrungswissen entsprechen der Herkunft und dem Bildungsgang.
Auf Station (gemeint ist die psychiatrische Abteilung des Strafgefängnisses Stadelheim, Anm. d. Verf.) fällt sie zeitweilig durch Verschlossenheit und Wortkargheit auf. Während der Untersuchung zeigte sie sich infantil-"verschämt", kicherte dann wieder wie ein Kind, wurde schliesslich, als sie sich entkleiden musste, sehr aufgeregt; um ihren Leib trug sei einen Strick aus Leinenzeug gedreht, offenbar für einen gelegentlichen Selbstmordversuch gedacht."

Psychopathische Anlagen, aber nicht geisteskrank

„Beurteilung
Die Besch. zeigt zwar gewisse Auffälligkeiten ihres affektiven Verhaltens, einen sprunghaften Wechsel zwischen Lachen und Weinen, zwischen depressiver und fast läppisch-heiterer Stimmungsäusserung, als Ursache dieser Auffälligkeit ist jedoch keine eigentliche Geisteskrankheit nachweisbar. Ihre affektiven Besonderheiten sind als Ausdruck einer stark psychopathischen und infantilen Veranlagung zu werten. Die B. ist primitiv, sprunghaft, haltlos und zu ausgesprochenen

Trotzreaktionen geneigt. Sie wirkt in ihrer psychischen Struktur in mancher Beziehung wie ein in der Pubertät befindliches Mädchen. Diese Anomalien sind der Ausdruck einer stark abartigen psychischen Anlage, reichen jedoch nirgendwo mit hinreichender Wahrscheinlichkeit in die Bereiche des Psychopathischen. Eine Geisteskrankheit ist bei der B. trotz anfänglicher Verdachtsmomente nicht nachzuweisen. (…) „

Hilferuf des Vaters an den Staatsanwalt: Alles Gustis Schuld

Dienstag, 4. August 1942: Beschwerde von Josef Bauer über seine Tochter Auguste Brandl

Cäzilies Vater bat den Staatsanwalt, eine Beschwerde über seine Tochter Gusti vorbringen zu dürfen. Er stellte dar: Gegenüber allen bekannten Leuten in München bezeichnete sie ihren Vater als Gewohnheitstrinker und äußerte sich beleidigend über ihre Mutter und Geschwister. Dies tat sie v.a. gegenüber ihren Geschwistern, wenn sie von diesen kein Geld erhielt.
Einige Tage zuvor kam Gusti zu der neuen Arbeitsstelle ihrer jüngsten Schwester Frieda in der Gilmerklinik in München, um von dieser 10 RM zu leihen. Frieda lehnte dies ab. Daraufhin ging Gusti zum Verwalter und erzählte diesem aus Rache die „gleichen Märchen". Damit brachte sie Frieda in eine unangenehme Situation. Seine Tochter Auguste ging in dieser Weise auch mit den anderen Geschwistern um. Durch dieses Verhalten fühlte sich Josef Bauer erpresst. Er war überzeugt, dass Auguste bei ihrer Schwester Cäzilie den gleichen Trick angewandt habe. Denn die Herren vom Polizeipräsidium hatten ihm gegenüber die Vermutung geäußert, dass bei dem Mord noch eine weitere Person dahinter stehe. Auch äußerte er den Verdacht, dass der Lohn von Gustis Mann als Trambahnschaffner für ihren Lebenswandel nicht ausreichen könne. Er bat daher den „Herrn Staatsanwalt sich diese Frau einmal ansehen zu wollen und diese Angelegenheit prüfen zu können."

Bemerkung
Einen Hinweis auf eine Antwort des Staatsanwaltes an Josef Bauer ist in der Akte nicht überliefert.

Cäzilie widerrief ihr Geständnis auch vor dem Staatsanwalt

Freitag, 7. August: Vernehmung von Cäzilie in Stadelheim durch Staatsanwalt Dr. Manchot

Geständnis aus Angst vor Gusti

„(...) Ich habe den Eder nicht umgebracht. Er hat sich selbst umgebracht. Ich habe es gerade noch gesehen. Auf Vorhalt, dass sie doch bei der Polizei vor dem Gericht schon Geständnis abgelegt habe:
Das habe ich nur getan, weil meine Schwester Gusti Brandl bei der Polizei doch schon geschworen gehabt hat. Ausserdem hat sie gesagt, sie rennt mir das Messer hinein, wenn ich etwas über sie sage. Ich glaube auch, dass sie mich umbringen wird, wenn ich wieder hinauskomme. Und bei der Polizei und beim Richter habe ich dann zu allem ja gesagt."

Das Geld von Zeitler

„Ich habe nur von Zeitler Geld bekommen und zwar RM 2000.- in bar in verschiedenen Teilbeträgen. Die Rechnungen der Zahnärzte mit zusammen RM 185 und sonstige Kleinigkeiten hat Zeitler mir ausserdem bezahlt. Die RM 2000,- habe ich dem Zitherlehrer Froschmeier erst nach Eders Tod gegeben, damit das Geld nicht bei mir gefunden wird; dann hätte es geheissen, ich hätte das Geld des Stummerl genommen und Zeitler wäre um sein Geld gekommen. Ich hätte Zeitler, der ein braver, anständiger und fleissiger Mensch ist, geheiratet. Er hat zu mir gesagt, dass er 42 Jahre alt ist. Wir haben ausgemacht, dass wir heiraten. Er wäre mir nicht zu alt gewesen. Ich glaube nicht, dass er schon fast 58 Jahre ist; das gibt es nicht.
Später hat mir meine Schwester Gusti angeschafft, die RM 2000.- bei Froschmeier zu holen. Es waren bestimmt RM 2000.- und nicht weniger. Ich habe das Geld dann meiner Schwester Gusti zum Aufheben geben müssen. Das war gleich nach Ostern. Später hat sie es mir nicht mehr gegeben. Sie hat gesagt, dass sie für mich die Möbel kauft, sie hätte einen

besseren Geschmack als ich.
Die RM 2000.-, die ich dem Froschmeier nach Eders Tod
zur Aufbewahrung gegeben habe, weil es Zeitlers Geld
war, habe ich in meinem Kasten in einen kleinen Koffer, wo mein Flickzeug war, versteckt gehabt. Dort
wurde bei der Durchsuchung durch die Gendarmerie nicht
nachgesehen."

Gusti hatte ein Verhältnis mit Eder

„Meine Schwester Gusti hat von Eder nach und nach
3000.- RM bekommen. Sie war 5-mal heimlich bei mir auf
Besuch, als ich bei Stemmer war. Sie kam abends nach
Einbruch der Dunkelheit und warf Steinchen an mein
Fenster, damit ich sie hereinliess. Mit dem Frühzug
fuhr sie dann immer wieder weg. In der Nacht war sie
dann immer beim Stummerl. Ausserdem war sie zu Lebzeiten des Stummerl noch weitere 2-mal zu Besuch da.
Da war sie jedesmal 3 Tage da und wurde auch von Frau
Stemmer gesehen. Bei den heimlichen Besuchen hat sie
niemand gesehen ausser Eder und ich.
Sie hat öfter gesagt, sie müsse den Stummerl umbringen, weil sie jetzt das Geld von ihm hat und ihm das
Heiraten versprochen hat. Sie war sehr froh, als sie
hörte, dass er sich umgebracht hat. Später hat sie
dann Angst bekommen, dass ich sie doch anzeige, obwohl
sie mir gedroht hat, dass sie mir das Messer hinein-
rennt. In dieser Angst hat sie mich angezeigt. Sie hat
sich nicht mehr ausgekannt, ob ich doch etwas sage.
Schließlich habe ich die Tat zugegeben, weil ich Angst
vor der Polizei und vor dem Richter gehabt habe und
weil die Gusti dort geschworen hat und weil sie gesagt
hat, dass sie mir das Messer hineinrennen wird.
Die Gusti war 8 Tage vor Eders Tod heimlich bei mir
zu Besuch. Damals hat sie mit ihm gesprochen, sie war
auch in seiner Kammer. Sie hat erzählt, dass sie mit
ihm Verkehr hat, damit er Geld hergibt."

Cäzilie und Eder

„Der Stummerl hat nie auf dem Hof bei Stemmer erklärt,
dass er mich heirate. Er war der Meinung, dass er meine

Schwester Gusti heiraten werde. Es kann sein, dass er auf mich gedeutet und die Gusti gemeint hat."

Gusti und Zeitler
„Die Gusti hat ausserdem von Zeitler 500.-RM ausgeliehen. Sie hat Briefe geschrieben an Zeitler unter meiner Anschrift. Zeitler hat dann das Geld mir für die Gusti gegeben und ich habe es ihr persönlich übergeben, als sie einmal heimlich nachts bei mir zu Besuch in meiner Kammer war. Darüber habe ich schon nähere Angaben gemacht."

Wo war das Geld?
„Wo die Gusti das ganze Geld von Eder und Zeitler jetzt hat, weiss ich nicht. Sie hat gesagt, es ist in fremden Händen bei guten Leuten. Die ist raffiniert, bei der findet man nichts. Die hat auch meinen Bruder Franz Bauer schon ins Unglück gebracht."

Angst vor Gusti
„Auf Vorhalt:
Ich habe diese Angaben über meine Schwester Gusti bisher nicht gemacht, weil ich Angst gehabt habe, die Gusti rennt mir das Messer hinein, sobald mich die Polizei auslässt. Jetzt muss ich doch bald sterben vor lauter Verdruss, da will ich vorher reinen Tisch machen. Ich bin ganz unschuldig. Ich habe auch von Eder kein Geld bekommen."

Anmerkung des Staatsanwaltes
„Die Beschuldigte beteuert immer wieder, dass sie den Eder nicht umgebracht habe und dass sie auch von ihm kein Geld bekommen habe. Sie schildert dabei mit zahllosen Einzelheiten die Schlechtigkeit ihrer Schwester Gusti. Dr. Manchot."

Bemerkung
Cäzilies Angaben über die nächtlichen Aufenthalte ihrer Schwester Gusti auf den Stemmerhof wurden nicht überprüft.

Der Staatsanwalt schloss den Fall ab

**Freitag, 18. September 1942: Aus der Anklageschrift der
Staatsanwaltschaft gegen Cäzilie Bauer vor dem Sondergericht**

Der Vorwurf

Der Staatsanwaltschaft beschuldigte Cäzilie Bauer, „vorsätzlich heimtückisch
und aus Habgier einen Menschen getötet zu haben" und „in 2 Fällen fortgesetzt einen anderen betrogen zu haben." Die Staatsanwaltschaft ging dabei
von folgenden Tatsachen aus: Cäzilie unterhielt seit Ende 1939 eine Liebes-
beziehung zu dem 35 Jahre älteren taubstummen Leonhard Eder, da dieser
über Geld verfügte.

Unter Vorspiegelung falscher Tatsachen und dem Versprechen einer Heirat
erschwindelte sie von Eder im Laufe der Jahre eine Gesamtsumme von 3000
RM. Im Herbst 1941 fasste sie den Entschluss Eder zu töten, um die drohende
Heirat abzuwehren. Cäzilie unternahm zunächst drei Mordversuche mit dem
Schädlingsbekämpfungsmittel Sichorol oder ähnlichen Substanzen, das je-
doch bei Eder lediglich zu Durchfällen führte.

Seit Oktober 1941 sammelte sie über ärztliche Rezepte wegen eigener Verletzungen einen Vorrat von 16 Phanodormtabletten an. Von diesem Schmerz-
und Schlafmittel hatte sie früher in Erfahrung gebracht, dass eine Überdosis
davon tödlich wirkte. Als ihr bewusst wurde, dass sich Eder mit einer Heirat am
2. Februar 1942 nicht mehr vertrösten lassen würde, beschloss sie, ihren Mordversuch unter allen Umständen auszuführen.

Am Abend des 1. Februars mischte sie Eder in ein Glas Bier 16 Phanodormtabletten, das er zu einem Stück Kuchen trank. Am nächsten Morgen schaute Cäzilie nach Eder und stellte fest, dass dieser nur fest schlief. Daher schnitt sie ihm
mit seinem Taschenmesser die Pulsadern an beiden Handgelenken auf. Gegen
13 Uhr ging Cäzilie Bauer erneut in Eders Zimmer und traf diesen immer noch
lebend an. Daraufhin brachte sie ihm am Hals wiederum mit seinem Taschenmesser mehrere Stich- und Schnittverletzungen bei. Dabei wurde u.a. auch
die große linke Halsschlagader durchtrennt. Als Folge davon starb Eder. Cäzilie
Bauer legte die Leiche vor das Bett, umwickelte seine Beine mit einer Wolldecke und warf das Taschenmesser in das Bett, um einen Selbstmord vorzutäuschen.

Neben Eder knüpfte sie auch eine Beziehung zu dem 33 Jahre älteren Obermüller Josef Zeitler. Auch von diesem erschwindelte sie durch ein nicht ernst
gemeintes Heiratsversprechen und durch nicht ernst gemeinte Rückzahlungs-
versprechen eine Summe von etwa 3000 RM.

Der Staatsanwalt führte an, dass Cäzilie zunächst jede Täterschaft und Beteiligung am Tod von Leonhard Eder geleugnet und den Sachverhalt als Selbstmord dargestellt habe, zu dem sie zufällig gekommen sei. Allerdings erzählte sie ihrer Schwester Auguste Brandl, den Mord begangen zu haben. Auch als ihre Schwester dies anzeigte, blieb Cäzilie Bauer zunächst bei ihrer Version eines Selbstmordes.

Unter dem Druck der bestehenden Verdachtsmomente legte sie schließlich vor der Kriminalpolizei ein umfassendes Geständnis ab, das sie vor dem Ermittlungsrichter nochmals wiederholte. Auch verzichtete sie auf eine Beschwerde gegen den Haftbefehl wegen Mordes.

In der Untersuchungshaft widerrief sich in Briefen an ihre Familie ihr Geständnis wieder und hielt die Darstellung eines Selbstmordes aufrecht, zu dem sie zufällig dazu gekommen war. Sie stellte neue Behauptungen auf, dass nicht sie, sondern ihre Schwester Auguste Brandl ein Verhältnis mit Eder gehabt, von diesem Geld erhalten und ihm die Heirat versprochen habe.

Für den Staatsanwalt wurde Cäzilie Bauer durch die Zeugen, die Tatumstände und einen heimlichen Schriftwechsel mit ihrer Schwägerin im Untersuchungsgefängnis überführt, besonders aber durch ihre wiederholten früheren Geständnisse. In diesen hatte sie alle Tateinzelheiten den Ermittlungen entsprechend richtig geschildert.

Diese Handlung erfüllte, so das Resümee des Staatsanwaltes Dr. Manchot, den Tatbestand eines Verbrechens des Mordes gemäß § 211 RStGB und zweier fortgesetzter Verbrechen des Betruges gemäß §§ 263 und 74 RStGB. Gemäß der Verordnung vom 21. Februar 1940 über die Zuständigkeit der Strafgerichte, die Sondergerichte und sonstige strafverfolgungsrechtliche Vorschriften (RGBl. I, S. 405) war das Sondergericht München zuständig.

Die Gerichtsverhandlung

Bemerkung

Die Dokumente über Gerichtsverhandlungen aus Strafprozessen vor den Landgerichten werden über die Akten der Staatsanwaltschaft überliefert. Diese enthalten die Protokolle der Verhandlungen. Allerdings handelt es sich dabei meist, wie auch in dem Verfahren gegen Cäzilie Bauer, nicht um Wort-, sondern um Ereignisprotokolle. D.h. es kann nur der äußere Ablauf einer Verhandlung nachvollzogen werden, z.B. wer als Zeuge, Sachverständiger usw. geladen ist, ob diese Personen auf wessen Antrag vereidigt wird oder nicht. Die konkreten Aussagen sind nicht nachzuvollziehen. Lediglich die Anträge des Verteidigers und der Staatsanwaltschaft hinsichtlich der Strafe und das letzte Wort der Angeklagten sind im Wortlaut festgehalten.

In der Akte über ein eigenständiges Verfahren gegen Auguste Brandl wegen eines Vergehens der Nichtanzeige eines geplanten Mordes und zweier Vergehen der Hehlerei ist eine Abschrift der stenografischen Mitschrift der Aussage von Gusti in der Gerichtsverhandlung gegen Cäzilie Bauer mit Cäzilies Erwiderungen enthalten. Diese Aussage wird zur Abrundung des Falles in der folgenden Darstellung ebenfalls aufgenommen.

Kurzer Prozess:
Cäzilie wurde an einem Tag abgeurteilt

Donnerstag, 15. Oktober 1942: Aus dem Protokoll der öffentlichen Hauptverhandlung vor dem Sondergericht bei dem Landgericht München I in der Strafsache gegen Bauer Cäzilie wegen Mordes u.a.

Die Formalitäten

Die Prozessbeteiligten waren drei Richter unter dem Vorsitzenden Richter Michael Schwingenschlögl, der Staatsanwalt Dr. Manchot, Cäzilies Anwalt Dr. Bandorf und die aus der Untersuchungshaft vorgeführte Angeklagte. Als Sachverständige waren die Gerichtsärzte, die die Sektion von Leonhard Eder und Cäzilies Untersuchung durchgeführt hatten, als Zeugen u.a. die Kriminalbeamten aus München, Auguste Brandl, die befragten Personen aus der Stemmermühle in Bachmehring sowie der Zitterlehrer Froschmeier geladen. Auguste Brandl verzichtete ausdrücklich auf ihr Recht der Zeugnisverweigerung. Die Zeugen wurden beeidigt. Den Antrag von Cäzilies Anwalt, auch Auguste Brandl zu vereidigen, lehnte das Gericht ab.

Die Anträge von Staatsanwaltschaft und Verteidigung

„Der Staatsanwalt beantragte, die Angeklagte „wegen eines Verbrechens des Mordes zum Tode, wegen Betrugs in zwei Fällen zu je einem Jahr Gefängnis kostenfällig zu verurteilen, (...) der Angeklagten die bürgerlichen Ehrenrechte auf Lebenszeit abzuerkennen und Haftfortdauer anzuordnen.
Der Verteidiger beantragte die Anklage lediglich wegen Totschlags zu verurteilen und eine milde Strafe auszusprechen."

Wieder Rolle vorwärts: Cäzilie gab vor Gericht alles zu

„Ich gebe nun die Tat uneingeschränkt so zu, wie ich es der Polizei gegenüber bereits eingestanden habe. Warum ich später dieses Geständnis widerrufen habe, weiss ich selbst nicht, vermutlich, weil meine Schwester Auguste an meiner Tat mitschuldig war. Ich habe die Tat begangen, weil mir das meine Schwester angeschafft hat. Meine Schwester hat von dem Geld des Eder den grössten Teil erhalten. Ich gebe auch zu, von Zeitler Geld erhalten zu haben, ihn wollte ich aber heiraten. Eder wollte ich wegräumen, weil er mich immer bedroht hat und ich gezwungen war die Tat zu begehen, um von ihm loszukommen. Es ist richtig, dass meine Schwester und ich bei Eder geschlafen haben."

Erneute Beweisaufnahme

Daraufhin wurde die Beweisaufnahme wieder aufgenommen und Auguste Brandl nochmals ergänzend zur Sache vernommen, sie blieb allerdings unvereidigt. Im Anschluss an die erneute Beweisaufnahme ordnete der Staatsanwalt die Festnahme der Zeugin Auguste Brandl an. Staatsanwalt und Verteidiger wiederholten erneut ihre Anträge.

Das letzte Wort hatte Cäzilie

„Meine Schwester war die Mitgeliebte des Eder. Sie hat mir den Rat gegeben, dass wenn die Tabletten nicht helfen würden, dann müsste ich ihm die Pulsadern durchschneiden. Es ist vom Halsabschneiden gesprochen worden. Ich bitte um eine milde Strafe.

Das Urteil: Todesstrafe

Nach geheimer Beratung des Gerichts wurde um 20 Uhr 15 im Namen des Deutschen Volkes das Urteil verkündet:

„I. Bauer Cäzilie, geboren am 6. Mai 1917 in Wolfrats-hausen (…) wird wegen Mordes an dem Fuhrknecht Leon-hard Eder aus Bachmehring und wegen Heiratsbetrugs zur Todesstrafe sowie zur Tragung der Kosten verurteilt. II. Der Angeklagten werden die bürgerlichen Ehren-rechte auf Lebensdauer aberkannt.“

Bemerkung

Zu den bürgerlichen Ehrenrechten zählen das aktive und passive Wahlrecht sowie das Recht, öffentliche Ämter zu bekleiden.

Zwei Schwestern trafen aufeinander: Gustis Aussage im Prozess gegen Cäzilie

Donnerstag, 15. Oktober: Übertragung einer stenografischen Niederschrift über die Aussage der Zeugin Auguste Brandl (…) in der Hauptverhandlung des Sondergerichts I (…) in der Strafsache gegen Cäzilie Bauer

Kurze Angaben zur Schwester

„(…) Ich bin gut mit der Cilli ausgekommen. Meine Schwester war nicht ganz gesund; (…) sie hat alles mitmachen wollen, sie wollte gerne hoch hinaus. Sie sagte öfter zu mir, sie wolle nicht so arm heiraten wie ich und sie wolle nicht mit Schulden anfangen usw. Sie hat, soweit ihr das Geld reichte, Aufwand an Klei-dern gehabt. (Einwand d. Angeklagten: „Ich hatte 30,- Mk Lohn; ich habe viel geschenkt bekommen, ich habe ja auch Zugehplätze gehabt!“) - Meine Schwester hat nicht geraucht, nicht getrunken.“

Kontakt zwischen den beiden Schwestern

„Ich habe sie einmal 2 Jahre überhaupt nicht gesehen. Das war von 1939 bis 1941. Wir haben uns aber gegen-seitig geschrieben. Sie hat in ihren Briefen nichts erwähnt, dass sie einen Schatz habe. Sie hat auch

keine Bemerkung gemacht „die Jungen seien recht zum
Heiraten, die alten zum „Ausziehn". - Ich habe im Herbst
1941 zum 1. Male erfahren, dass zwischen meiner Schwester und dem „Stummerl" (= Eder) Beziehungen bestehen."

Das Beziehungsgeflecht Gusti, Stummerl, Cäzilie

„Im Jahre 1939 habe ich den „Stummerl" zum ersten Male
gesehen, also vor dem Krieg. Ich habe bei meinem Besuch von Beziehungen meiner Schwester zum „Stummerl"
nichts bemerkt. Ich habe nicht mit dem „Stummerl" „an-
gebandelt". Ich möchte mir das ganz energisch verbie-
ten. Ich habe ja den „Stummerl" gar nicht verstanden.
Im August/September, ungefähr 25. bis 26. September
habe ich meine Schwester zum 2. Male besucht. Sie hat
mich dem „Stummerl" vorgestellt. Sie sagte: „Das ist
der Stummerl, der mich gerne sieht". Zum „Stummerl"
sagte meine Schwester: „Das ist meine Schwester. Deine
zukünftige Schwägerin!" Der „Stummerl" hat sich sehr
gefreut. Ich habe jedoch bei meinem Besuch von Beziehungen nichts gemerkt. Ich habe übernachtet; meine
Schwester sagte, ich solle bei ihr im Bett schlafen.
Ich habe zu meiner Schwester gesagt: „Möchtest du
wirklich mit dem ernstlich gehn?" Darauf erwiderte sie
mir: „Du wirst doch nicht glauben, dass ich mit dem
„gehe" oder gar ernstlich verkehre!" - Meine Schwester
hat schon mehr Männer gehabt. (Einwand der Angeklagten:
„Lüg nicht soviel!")
Ich habe bei meinem Besuch bei der Herrschaft gegessen, die Dienstboten haben extra gegessen. - Nach
dem September bin ich nicht mehr zu meiner Schwester
hinausgekommen. Ich habe den „Stummerl" nicht mehr gesehn. Ich habe den „Stummerl" im ganzen zweimal gesehn.
(Auf Vorhalt des Richters: „Die Angeklagte behauptet,
Sie seien nachts mehrere Male zu ihr hin-
ausgefahren, Sie seien zuerst auf das Zimmer des „Stummerl" gegangen, hätten ans Fenster
geklopft usw.) Die Zeugin Brandl erwidert hierauf:
Das ist nicht wahr! Mein Mann wusste ganz genau, wo
ich war."

Gustis Wissen um Cäzilies Mordpläne

„Es ist alles nicht wahr, dass ich mich als ledig ausgegeben hätte, dass ich dem „Stummerl" Geld herausgeschwindelt habe. Ich habe mit dem „Stummerl" überhaupt
nichts gehabt. Ich habe 3 Kinder! (…) Mir hat meine
Schwester bei meinem Besuch vom „Stummerl" erzählt.
Sie hat da schon mit mir darüber gesprochen. Sie sagte, sie möchte mir etwas Wichtiges sagen. Sie wollte
mich unbedingt mithaben. Fast 1 Stunde hat sie davon
erzählt. Meine Schwester war nervös, hat immer um-
geschaut. Ich habe ihr gut zugesprochen. Sie hat mir
eingestanden, dass sie mit dem „Stummerl" geht und
sie lasse ihn auf dem Glauben, dass sie ihn heirate.
Sie sagte kein Wort, dass sie von ihm Geld habe. Sie
erklärte, sie wolle ihn unbedingt weghaben. Sie fragte mich, ob ich denn gar nichts wisse, Tabletten oder
ähnliches, er muss weg! Sie fange dann wieder ein
neues Leben an. Sie sagte noch, ich solle niemanden
etwas erzählen. Ich habe meiner Schwester abgeredet,
ich wolle meinen Kopf nicht drin haben, ich habe 3
Kinder! Sie hat mir keine Ruhe gelassen. Ich sagte,
ich helfe ihr, vielleicht treibe ich Tabletten auf,
ich schicke sie ihr dann. -
Im September, als ich draussen war, musste ich meiner Schwester immer wieder versprechen, dass ich ihr
helfen werde. Sie hat mir geschrieben, ich habe alle
Briefe von meiner Schwester vernichtet. In den Briefen
hat sie mich immer wieder um Tabletten gebeten. Ich
habe keine Tabletten geschickt, habe nichts unternommen.
(Einwand der Angeklagten: „Sie war inzwischen 5 Mal
bei mir; von der Frau Kandler hat sie 30.-Mk ausgeliehen,
das 1. Mal vor dem Krieg, als sie draussen war!")
Zeugin Brandl fährt fort: Ich habe meine Schwester um
Geld angegangen, sie sagte jedoch, sie habe nichts.
Ich habe meine Schwester nicht mitgenommen (Vorwurf
des Verteidigers!)"

Das Verhältnis der Schwestern nach Eders Tod

„ - Nach dem Geständnis, das mir meine Schwester abgelegt hatte, bin ich nicht mehr zu ihr gekommen. Ich

war nur zweimal bei Stemmer. 8 Tage nach dem Tode des „Stummerl" habe ich es erfahren. Ich habe ein Telefongespräch erhalten - Mittag ½ 1 Uhr -. (…) Ich kam 3 Wochen nach dem Tode des „Stummerl" zu meiner Schwester; sie hat mich angerufen, sie erwarte mich mit dem 1. Zug, ich solle warten, nicht zu Stemmer gehen. Meine Schwester ließ mich warten. Ich habe dann bei Stemmer angerufen. Ich habe einen Jungen beauftragt, bei meiner Schwester anzurufen (…). Wir gingen in die Wirschaft; meine Schwester erzählte, sie habe nicht viel Zeit, wir besprechen alles Nachmittag. Sie ging zur Zitherstunde, ich blieb bis 2 Uhr in der Wirtschaft sitzen. Nach der Zitherstunde musste sie heim. Um 2 Uhr kam meine Schwester endlich. An meinem Tisch hat sich ein Herr mit mir unterhalten. Meine Schwester hatte Angst vor diesem Mann, sie meinte, dieser sei vom Gericht. Wir gingen dann spazieren nach Gabersee."

Cäzilies Geständnis vor ihrer Schwester

„Auf diesem Weg hat sie mir alles brockenweise erzählt. Sieh hat mir alles eingestanden! Sie sagte zu mir, sie habe es gemacht. Ich fragte sie, dass sie also im Verdacht stehe usw. Sie erwiderte mir: „Ich habe ihn umgebracht!" - Vom Sonntag auf Montag kaufte sie 3 Stück Kuchen im Café Lebzelter (in Wasserburg), Eder´s Lieblingstorte. Sie kam ziemlich spät heim; beim Stemmer haben sie alle schon geschlafen. Diese Zeit habe sie ausgenützt. Mir erzählte sie von einem halben Liter Holunderwein, darin habe sie die Tabletten aufgelöst. Die Tabletten hat meine Schwester selbst gekauft, davon hat sie mir auch geschrieben. Sie habe die Tabletten vom Arzt verschrieben bekommen, habe sich 12 zusammengespart, diese aufgelöst, habe sich dann aufs Zimmer des „Stummerl" geschlichen, habe diesem schön getan usw. Eder wollte an diesem Abend nichts mehr zu trinken. Den Kuchen hat er schon gewollt. Meine Schwester sagte zu ihm, „wenn du nicht trinkst, bekommst Du auch den Kuchen nicht." Sie hat die ganze Nacht nicht schlafen können, erzählte sie mir. In der Frühe habe sie nachgeschaut, sie habe geglaubt, er sei schon tot. Eder habe gut geschlafen. Sie sagte sich, der Mensch muss weg! Vom Geld wusste ich überhaupt nichts, davon erzählte mir meine Schwester, als sie mir das vom Mord erzählte.

Sie sagte, dann nahm ich Eders´s Messer und habe ihm die Pulsader durchschnitten, die eine tief und die andere weniger tief, ich glaubte, er müsse sich dann verbluten. Meine Schwester sagte zu mir: „Ich war schon schlau, denn wenn ich beide durchschnitten hätte, dann kann er sich ja den Hals nicht mehr abschneiden. Ich habe vorgesorgt, so raffiniert wie ich ist nicht leicht jemand! - sie wollte einen Selbstmord vortäuschen. - Dann sei sie wieder hinuntergegangen. Meine Schwester sagte zu mir: „So raffiniert wie ich bist Du nicht! Ich bin noch raffinierter! Sie dachte sich, für den Fall, dass sich Eder nicht verblutet, soll er sich wenigstens noch den Hals abschneiden können. Beim Mittagessen war Eder nicht da, meine Schwester hatte nachgeschaut. Die Frau Stemmer sei ihr nachgegangen, da habe sie sich nicht mehr getraut.

Bei Weggang derselben habe sie deren Abwesenheit ausgenützt und habe sich ins Zimmer des Eder hinaufgeschlichen. Eder sei am Bettrand gesessen, habe sie ganz stier angeschaut und war im Begriff, hinunterzugehen. Am Boden war eine grosse Blutlache. Sie habe sich nun ganz kurz entschliessen müssen, (...) und habe ihm die Gurgel durchgeschnitten. Eder habe sich gewehrt, sie angespuckt. Dann konnte er sich aber nicht mehr wehren. Sie habe ihm 4 Stiche versetzt und einen ins Herz, damit er bestimmt „hin" sei. Sie sagte, „es war für mich schwer, ich musste es machen, mir konnte kein Mensch helfen.

Der andere muss auch noch „weg"! Meine Schwester erzählte mir, der Obermüller sei auch scharf auf sie, dem ginge es noch genauso. Sie erzählte, dass sie mit dem Obermüller auch noch ein Verhältnis habe. Sie wolle ein neues Leben beginnen.-"

Gustis Ehemann drängte auf die Anzeige

„Ich hätte es nicht angezeigt, wenn nicht mein Mann gesagt hätte, ich müsse es anzeigen. Es wäre besser für mich wenn ich es anzeige, damit ich vor meinem Gewissen Ruhe hätte. Meine Schwester sagte, „ich habe es Dir als meine älteste Schwester gesagt, jetzt ist es mir leichter".

Geld für Gusti?

„(Frage des Richters: Haben Sie selbst von dem Obermüller oder vom „Stummerl" Geld erhalten?")
Zeugin Brandl: Nein. Meine Schwester gab mir nicht viel Geld. Ich habe keine 2000 Mk bekommen! Es ist alle nicht wahr! Ich sage nochmal, ich habe ausser kleinen Geldbeträgen nichts erhalten! - Meine Schwester hat mir einen Brief geschrieben, sie habe Geld gebraucht, sie habe dem Zeitler angegeben, sie brauche das Geld für mich. Meine Schwester hat mir den Brief aufgeschrieben. Von Zeitler hat mir meine Schwester erst nach dem Mord erzählt.
(Einwand der Angeklagten: „Ich habe meiner Schwester das Geld gegeben zum Aufheben. Ich wollte den Zeitler heiraten. Die Pläne sind alle von meiner Schwester!") Die Zeugin Brandl fährt fort: Meine Schwester schrieb mir lange Briefe, ich solle mich bei Zeitler bedanken und schreiben „Lieber Schwager"! Ich möchte schon wissen, wieviel meine Schwester von Zeitler in meinem Namen zu leihen genommen hat! Ich wusste nichts vom Geld. Ich musste schreiben: „Lieber Schwager! Ich habe das Geld erhalten". Den Brief musste ich an meine Schwester schreiben, meine Schwester gab ihn dann dem Zeitler. Meine Schwester sagte, Zeitler kenne ihre Schrift, ich möge ihn schreiben. - Ich wusste, dass meine Schwester von Zeitler Geld verlangt hat. Ich wusste nicht, dass dass sie vom „Stummerl" Geld hatte. Meine Schwester sagte, sie wolle allen Zweien nichts. Ich vermute, dass das Geld der Vater oder die Geschwister in der Hand hatten. Mein Vater ist mir böse, ich ihm nicht."

Beschaffung der Schlaftabletten durch Gusti?

„Bloss damit ich Ruhe hatte, habe ich meiner Schwester Tabletten zugesagt. Ich habe meiner Schwester immer abgeredet, ich möchte meinen Kopf nicht hineinbekommen. Sie sagte aber, sie nehme alles auf sich. Der „Stummerl" tut mir leid."

Geldfluss an Gusti

„In der ganzen Zeit habe ich von meiner Schwester höchstens 500.-Mk. erhalten und zwar in Teilbeträgen von einmal 20.-, einmal 15.-Mk usw. Einmal habe ich 100.- Mk erhalten, im September. Meine Schwester gab sie mir aus freien Stücken. Ich wunderte mich selbst. Sie sagte aber, sie schenke sie mir, sie habe mir schon so lange nichts mehr gegeben. Sie sagte, das Geld sei von ihr. Ich wollte das Geld nicht nehmen. Meine Schwester sagte aber immer, das Geld sei von ihr. Ich hatte entbunden gehabt, das habe ich ihr geschrieben."

Gustis Rolle bei der Tat

„Ich wollte absolut nicht nach Wasserburg fahren. Ich habe meiner Schwester umziehen geholfen. Meine Schwester sagte, ihre Sachen müssten auf dem schnellten Weg von Stemmer weg.
Ich habe halt die Tabletten meiner Schwester verschafft, ich dachte nicht, dass sie so was Dummes mache. Meine Schwester wollte es mit dem Umziehen so haben. Ich sagte öfter zu ihr, wir können die Sachen ja auch aufheben oder einstellen. Ich wollte nicht fortfahren. Meine Schwester nahm jede Woche Zitherstunde, da bin ich mitgefahren. (Angeklagte sagte, bei den Zusammenkünften habe alles ihre Schwester bezahlt!) Meine Schwester hat mir einmal erzählt, dass sie das Geld eingegraben habe. Sie sagte, sie habe das Geld letzten Endes bei Froschmeier, dem Zitherlehrer, hinterlegt."

Cäzilie hatte jegliche Glaubwürdigkeit verspielt

Bemerkung

Begründungen von Urteilen in Strafprozessen weisen bis heute eine klaren, einheitlichen Aufbau auf - so auch das Urteil gegen Cäzilie Bauer. Zunächst würdigt das Gericht den persönlichen Hintergrund der Beschuldigten. Es werden die Hintergründe und die Vorgeschichte der Tat ausführlich beschrieben, wie es sich aus den Ermittlungen der Polizei und des Staatsanwaltes ergibt, sowie die Ergebnisse der Beweisaufnahme vor Gericht. Danach geht die Urteilsbegründung auf die Urteilsfindung, die Strafzumessung und die rechtliche Würdigung ein.

Freitag, 23. Oktober 1942: Aus der schriftlichen Urteilsbegründung

Geständnis und Beweisaufnahme ausschlaggebend

„(…) 1. Obiger Sachverhalt steht auf Grund des glaubhaften Geständnisses der Angeklagten im Zusammenhalt mit der Beweisaufnahme und den ganzen Tatumständen zur Überzeugung des Gerichts fest. Die Angeklagte hat nach anfänglichem Leugnen zugegeben, den Eder in der oben geschilderten Weise betrogen und, wie geschildert, getötet zu haben, bringt aber zu ihrer Entschuldigung vor, daß die größere Schuld ihre Schwester Auguste treffe, da diese „alles geplant" hätte. Sie behauptet, daß auch diese von Eder Geld bekommen habe, daß auch sie dessen Geliebte gewesen sei."

Cäzilie als zweifelsfreie Heiratsschwindlerin

„a) Daß die Anklagte diesen alten Mann, der überdies taubstumm war, nicht heiraten wollte, kann sie ernstlich nicht in Abrede stellen. Dies liegt klar zu Tage. Denn ihre Auslassungen gegenüber der Zeugin Kandler, die bekundet hat, dass sich die Angeklagte ihr gegenüber geäußert habe, sie werde den Eder nicht heiraten, sie werde ihn schon ein Trankerl herrichten, daß er verrecke, daß die Angeklagte wiederholt erklärt habe: „Alte zieht man aus, Junge heiratet man!" - dieselbe Wendung ist auch der Zeugin Reihofer gegenüber gefallen - sprechen hierfür eine zu deutliche Sprache. Wenn die Angeklagte anfänglich glauben machen wollte, der

Getötete habe nicht sie, sondern ihre Schwester, die sich als ledig ausgegeben habe, heiraten wollen, so haben demgegenüber die Zeugen glaubhaft dargetan, daß Eder durch Zeichen und Gebärden in unmißverständlicher Weise die Angeklagte und keine andere Frauensperson als seine zukünftige Ehepartnerin bezeichnet hatte; er habe, wenn er von ihr als seiner zukünftigen Frau gesprochen habe, nicht nur ihren Bubikopf angedeutet, sondern auch auf ihre Schlafkammer gewiesen und wenn sie in der Nähe gewesen sei, in diesem Zusammenhang auch auf sich selbst gedeutet."

Alles sprach gegen Cäzilie

„b) Die Angaben der Angeklagten hinsichtlich der Ausführung der Mordtat sind nicht nur durch ihre früheren Geständnisse gegenüber dem Kriminalbeamten, dem Zeugen Koppmair, vom 19., 20. u. 23. Mai 1942, sondern auch durch ihr richterliches Geständnis vom 27. Mai 1942 erhärtet worden. Aber auch sonst hat sich insoweit die Richtigkeit ihrer Angaben erwiesen; dabei kann von dem ihrer Schwester, der Zeugin Brandl gegenüber nach der Tat abgelegten Geständnis, das diese im einzelnen wiedergegeben hat, ganz abgesehen werden. Die Angaben der Angeklagten stimmen auch mit den Bekundungen der Zeugen, von denen zwar keiner die Angeklagte bei Ausführung der Tat selbst unmittelbar beobachtet hat, die aber vor und nach der Tat in Zusammenhang mit derselben Beobachtungen gesammelt haben, durchaus überein. Dabei ist bezeichnend, daß die Angeklagte, die gegen 10 Uhr von dem Zeugen Breu beobachtet wurde, als sie aus dem Nebengebäude, wo Eder seine Schlafkammer hatte, herauskam, gerade diesen Vorgang, der von dem Zeugen glaubhaft unter Eid wiedergegeben wurde, zunächst in Abrede zu stellen versuchte. Auch der Umstand, daß die Angeklagte nach der Tat in die Waschküche ging, um sich vom Blut zu reinigen, und erst hernach ruhig und gelassen den angeblichen Selbstmord, den sie mit eigenen Augen noch beobachtet haben will, bekannt gab, spricht ebenfalls eindeutig gegen sie, zumal sie auch diesen Vorgang zunächst zu ver-

schweigen versucht hatte.
Auch das Gutachten des Sachverständigen, des Universitätsprofessors Dr. Merkel, der die Sektion der Leiche durchgeführt hat, sagt ausdrücklich, daß nichts gegen die von der Angeklagten in ihren Geständnissen niedergelegte Darstellung der Tötung spreche.
Als Todesursache ist vom Sachverständigen in überzeugender Weise Verblutung nach außen festgestellt worden, die in erster Linie in Folge einer völligen Durchtrennung der großen linken Halsschlagader und der großen linken Halsblutader eingetreten ist.
Der von der Angeklagten geschilderte Geschehensverlauf, daß sie dem Eder erst die Pulsadern geöffnet, später die Halsschlagader durchschnitten habe, wird durch verschiedene Zeugen bestätigt, die, als sie den Getöteten auffanden, wahrgenommen haben, daß entgegen der blutenden Halswunde die Blutungen an beiden Händen bereits geronnen waren. Die 16 Phanodormtabletten mögen Vergiftungserscheinungen hervorgerufen haben, waren aber nach dem Gutachten des Sachverständigen zur Tötung nicht ohne weiteres geeignet."

Klare Betrugsabsicht an Zeitler

„2. Wenn die Angeklagte geltend macht, daß sie bis zuletzt die ernstliche Absicht gehabt habe, den Zeugen Zeitler zu heiraten, so ist dieses Vorbringen unglaubhaft. Das Gericht hat nach Sachlage keinen Zweifel, daß die Angeklagte auch ihn nur als Geldquelle benutzen wollte, wie sie ihn auch tatsächlich als solche benutzt hat. Dabei ist kennzeichnend, daß sie mit Eder, den sie nicht heiraten wollte, geschlechtlichen Umgang gepflogen, dem Zeugen Zeitler hingegen, den sie angeblich heiraten wollte, einen Geschlechtsverkehr unter den verschiedensten Ausreden stets zu verweigern verstanden hat. Ganz abgesehen davon ist der Zeuge Zeitler nach seiner glaubhaften Bekundung nicht nur durch das Heiratsversprechen, sondern nicht zuletzt auch durch die „ehrenwörtlichen" Rückzahlungserklärungen der Angeklagten zur Hingabe der Geldsummen bewogen worden. Daß die Angeklagte an eine Rückzahlung

nicht dachte, erhellt auch klar daraus, daß sie die
Beträge entgegen ihrem Versprechen nicht für die be-
haupteten Zwecke (Anschaffung von Möbeln u.s.w.) verwendet hatte."

Feststellung der begangenen Delikte

„(...) 1.) Die Angeklagte hat sich damit im Falle Eder
eines fortgesetzten Vergehens des Betrugs gemäß § 263
StGB. und eines fortgesetzten Verbrechens des Mordes
gemäß § 211 StGB. in der Fassung des Gesetzes zur Ände-
rung des StGB. vom 4.9.1941 schuldig gemacht. Sie hat
ihren Liebhaber zunächst betrogen, ihn dann aus Habgier heimtückisch und grausam getötet. Sie ist darum
als Mörderin zu bestrafen. Es war ihr darum zu tun, im
Besitze der Geldsumme von nahezu 3000 M zu verbleiben;
deshalb mußte Eder sterben. Sie hat diesem Menschen, der
ihr nur Gutes getan hatte, der ihr bei ihren Arbeiten
stets hilfsbereit zur Seite stand, ihr blindlings vertraute, heimtückisch und grausam umgebracht, indem sie
dem schlafenden, durch Betäubungsmittel geschwächten
Mann zunächst die Pulsadern aufschnitt und hernach die
furchtbaren tödlichen Verletzungen am Hals beibrachte; tags zuvor hatte sie ihn, wenn auch ohne Erfolg,
schon mit Phanodormtabletten zu töten beabsichtigt.
Die Angeklagte hat in Ausübung eines einheitlichen,
auf einen Gesamterfolg gerichteten Entschlusses, so-
hin fortgesetzt gehandelt; sie hat mit diesen Ausfüh-
rungshandlungen bereits im Herbst 1941 begonnen und
die Tat schließlich am 2. Februar 1942 vollendet. Ein
Nachweis dafür, daß die Angeklagte außer Sichorol Ende
des Jahres 1941 weitere Tötungsversuche mit ähnlichen
Mitteln unternommen hätte, hat sich nicht erbringen
lassen. Die Angeklagte hat sich weiterhin im Falle
Zeitler eines fortgesetzten Vergehens des Betrugs gemäß § 263 StGB. schuldig gemacht."

Fast nur erschwerende Faktoren bei der Strafzumessung

„2. Bei der Strafzumessung sind folgende Erwägungen maß-
gebend gewesen:
a) Zum Mord: § 211 StGB. bestimmt, daß der Mörder mit

dem Tode bestraft wird. Ein besonderer Ausnahmefall
im Sinne des Abs. III a.a.O liegt nicht vor. Die Angeklagte hat sich durch ihre Handlungsweise, die an
Hinterhältigkeit und Grausamkeit kaum zu übertreffen
ist, eindeutig als Mörderin charakterisiert. Es war
deshalb auf Todesstrafe zu erkennen.
b) Zu den Betrügereien: Die Angeklagte hat sich hier
sowohl im Falle Eder als auch im Falle Zeitler als
Heiratsbetrügerin erwiesen. Diese Betrugsart, an sich
schon äußerst verwerflich, offenbart bei einer Frau
einen besonderen Tiefstand ethischer Werte. Dabei hat
die Angeklagte in beiden Fällen auch besonders arglis-
tig gehandelt. Sie hat sich als junge Frauensperson an
alternde Männer herangemacht, deren Schwäche für sie
in schamloser Weise ausgenutzt und damit in einer über
den üblichen Rahmen hinausgehenden Weise zwei Männer,
von denen einer überdies noch an einem Gebrechen litt,
ausgebeutet und um einen Großteil ihrer Ersparnisse
gebracht.
Es liegt deshalb in beiden Fällen ein besonders schwerer Fall im Sinne des § 263 StGB. vor. Das Gericht
hat hier bei der Strafzumessung strafmindernd berücksichtigt, daß die Angeklagte noch nicht bestraft, auch
noch verhältnismäßig jung ist. Zu Ihren Ungunsten ist
aber in Betracht gekommen, daß sie beide Männer um
ganz erhebliche Beträge geschädigt hat. In Abwägung
dieser Umstände ist eine Zuchthausstrafe von je einem
Jahr und sechs Monaten schuldangemessen und ausreichend.
Beide Strafen sind gem. § 74 StGB. auf eine Gesamtstrafe von zwei Jahren Zuchthaus zurückgeführt worden.
Eine Anrechnung der Untersuchungshaft kam nicht in Frage;
§ 60 StGB.
3.) Die zutage getretene ehrlose Gesinnung rechtfertigt
die Aberkennung der bürgerlichen Ehrenrechte auf
Lebensdauer; § 32 StGB. (...)"

Bemerkung

Absatz 3 des sog. Mordparagrafen (§ 211 Strafgesetzbuch) besagte in der damals gültigen Fassung, dass bei einem Mord lebenslanges Zuchthaus als Strafe
auszusprechen sei, wenn in besonderen Ausnahmefällen die Todesstrafe nicht
angemessen sei. Vgl. Deutsches Reichsgesetzblatt 1941 S. 549.

Hintergrund:
Rechtsanwalt Dr. Robert Bandorf

Cäzilie wurde von dem am 10. August 1884 in Dachau geborenen Dr. Robert Bandorf verteidigt. Seine Kanzlei befand sich in München in der Bayerstraße 9/I und wurde am Kriegsende ausgebombt, so dass seine Anwaltsunterlagen aus der Zeit vor 1945 vernichtet wurden. Informationen über ihn finden sich vor allem in der Akte seines Entnazifizierungsverfahrens sowie seiner Rechtsanwaltspersonalakte. Manche Aussagen von ihm können durch verschiedene Strafverfahrensakten gestützt werden.

Verteidiger in Straf- und politischen Verfahren
Seit 1910 war er schwerpunktmäßig als Strafverteidiger tätig. Wie Cäzilies Vater und Bruder auf ihn stießen, ist nicht überliefert. Er verfügte über Erfahrungen in Prozessen vor dem Sondergericht, denn er verteidigte neben Kriminalfällen v.a. seit Beginn seines Berufslebens politische Strafsachen: Nach 1918 vertrat er mehrere hundert Räteanhänger, u.a. den führenden Räterevolutionär und Schriftsteller Erich Mühsam. In der Weimarer Republik suchten auch die Anhänger der Nationalsozialisten seine Hilfe. Da er es, nach eigener Aussage, aber ablehnte, sich bei der Verteidigung auf den Standpunkt der nationalsozialistischen Ideologie zu stellen, seien keine Mandate mehr an ihn ergangen. Nach 1933 verteidigte er Angeklagte in politischen Prozessen vor dem Sondergericht München und übernahm auch Mandate für Juden. Dabei fühlte er sich von den anwesenden Gestapobeamten überwacht, latent bedroht und verfolgt. Auch vor dem Volksgerichtshof trat er in einem Hochverratsprozess als Anwalt auf und es gelang ihm ein Todesurteil abzuwenden. Seither hatte ihn der Volksgerichtshof als Verteidiger ausgeschlossen. Nach 1948 übernahm er wieder politische Mandate, diesmal für Menschen, die wegen ihrer Rolle während der NS-Zeit zur Rechenschaft gezogen wurden.

Erpressung von Anwaltskollegen im Jahr 1937
Rechtsanwalt Bandorf war ein facettenreicher Charakter: Im März 1950 hob der Bayerische Ehrengerichtshof für Rechtsanwälte ein Urteil des Ehrengerichts der Rechtsanwaltskammer vom September 1949 auf. In dem ersten Urteil wurde Robert Bandorf wegen der Verletzung seiner anwaltschaftlichen Pflicht zu einem Verweis und zu einer Geldstrafe von 5000 DM verurteilt. Als Vorwurf stand Erpressung eines anderen Anwaltes im Jahr 1937 im Raum. Der Ehrengerichtshof stellte das Verfahren aus formaljuristischen Gründen ein. Dieser betonte dabei aber ausdrücklich, dass auch er eine schwere Verfehlung

von Robert Bandorf gegen seine Standespflichten sah.

Im Mittelpunkt der Vorwürfe stand sein Verhalten gegenüber seinen damaligen Kanzleikollegen - seinem Kanzleipartner Dr. Josef Panholzer und dem angestellten Anwalt Dr. Philipp Mittermeier. Beide waren ausgesprochene Gegner des Nationalsozialismus und hielten sich mit diesbezüglichen Äußerungen auch nicht zurück. Dr. Bandorf selbst, ein überzeugter Anhänger des Militärs, Offizier im 1. Weltkrieg und von 1918 bis 1945 Vorstand des Vereins des bayerischen Reserve-Infanterie-Regiments 18, stand aufgrund seiner Verteidigung in politischen Straffällen im Visier der Gestapo. Er musste befürchten, selbst als Staatsfeind und Gegner des 3. Reiches verhaftet zu werden. Seine Kanzlei galt als gefährdet. Er wurde mehrfach von Kollegen und Freunden gewarnt und versuchte alles, um nicht gegenüber der Gestapo auffällig zu werden. Ein bekannter Staatsanwalt hatte ihn u.a. in Traunstein ausdrücklich davon abgeraten Juden zu verteidigen.

Auch der Münchner Oberlandesgerichtspräsident Neidhardt warnte ihn vor der Gestapo und veranlasste ihn, eine Verpflichtungserklärung zu unterschreiben. Darin sicherte er zu, zukünftig die nationalsozialistische Gesetzgebung und Praktiken der Rechtspflege nicht mehr zu kritisieren. Dies hatte Bandorf bis dahin regelmäßig als Verteidiger vor Gericht getan. Hätte Bandorf die Unterschrift verweigert, dann wäre er von Neidhardt der Gestapo übergeben worden.

Im Jahr 1937 wurde nicht nur ein Angehöriger von Bandorfs Kanzleipersonal wegen Hochverrates verhaftet, sondern auch sein Kanzleipartner Dr. Panholzer, der spätere Vorsitzende der Bayernpartei und bayerische Finanzstaatssekretär (1954-1957), kam wegen eines politischen Deliktes für drei Monate in das KZ Dachau. Er soll bei einem Besuch in Prag in Begleitung seines Kollegen Dr. Mittermeier in das Fremdenbuch eines Hotels geschrieben haben, dass Deutschland ein Zuchthaus sei. Da Dr. Panzholzer wegen dieses politischen Delikts im Juli 1937 aus der Anwaltskammer ausgeschlossen wurde, musste Bandorf die seit 1922 bestehende Kanzleigemeinschaft mit ihm auflösen. Über die Art dieser Trennung gab es unterschiedliche Aussagen.

Während Rechtsanwalt Bandorf sein Verhalten Dr. Panzholzer gegenüber als korrekt und vornehm empfand, rechnete Dr. Panholzer in einem späteren Verfahren nach 1945 mit seinem ehemaligen Kanzleiteilhaber ab. Darin spiegelte sich v.a. Dr. Panholzers menschliche Enttäuschung wieder. Denn Bandorf setzte sich während Panholzers KZ-Aufenthaltes für diesen kaum ein und ging zu ihm öffentlich auf Distanz. Gleichzeitig wurde deutlich, dass Dr. Bandorf und Dr. Panholzer aus gegensätzlichen politischen Richtungen kamen. Dr. Panholzer war seit seiner Jugend Pazifist und schon seit 1921 ein ausgesprochener Gegner Hitlers. Seinen ehemaligen Kanzleiteilhaber

Dr. Bandorf bezeichnete er später nicht nur als Militaristen, sondern als Nazi, wenn auch nicht nach der Form, dann zumindest nach der Gesinnung. Er attestierte ihm starke antisemitische Tendenzen. Bei Dr. Bandorfs Eintreten für politisch Verfolgte unterstellte er ihm sowohl ausschließlich berufliche Motive als auch mit den Nationalsozialisten sympathisiert zu haben.
Während die Auseinandersetzung zwischen den beiden Kanzleiteilhabern v.a. eine zwischenmenschlich-charakterliche Angelegenheit gewesen sein mag, hatte das Verhalten von Dr. Bandorf gegenüber seinem angestellten Anwalt Dr. Mittermeier juristische Brisanz mit weitreichenden Folgen. Dr. Mittermeier, als ausgesprochener Gegner der Nationalsozialisten, verhielt sich sehr unvorsichtig, er äußerte sich abfällig über die Nazis und tat dies in der Kanzlei vor Mandanten und Mitarbeitern. Vor Gericht verweigerte er den zwingend geforderten deutschen Gruß. Dr. Bandorf fürchtete um die Existenz seiner Kanzlei, wenn diese noch stärker in Misskredit und in den Focus der Gestapo geraten wäre. Dr. Mittermeier räumte nach 1945 selbst ein, dass sein Verhalten eine Gefährdung für die Kanzlei hätte darstellen können. Ebenso bestätigte er, dass Dr. Bandorf seine politische Gesinnung niemals kritisiert hatte, obwohl dieser die Mitarbeiter seiner Kanzlei dazu angehalten haben soll, Hitler zu wählen. Dr. Mittermeier und Dr. Bandorf gerieten 1937 über die Frage in Streit, ob Dr. Mittermeier den Diebstahl persönlicher Gegenstände seines Kollegen Dr. Panholzers durch einen Kanzleibediensteten verschleierte. Außerdem stritten die beiden Anwälte um die Abrechnungspraxis von Dr. Mittermeier innerhalb der Kanzlei. Dies führte dazu, dass die gemeinsame Zusammenarbeit zwischen den beiden aufgelöst wurde. Dr. Mittermeier klagte vor dem Arbeitsgericht gegen Dr. Bandorf auf eine Entschädigungssumme von 3000 Mark. Eine Auseinandersetzung vor der Anwaltskammer lehnte Dr. Mittermeier ab und bestand auf eine arbeitsgerichtliche Regelung.
Dr. Bandorf bat in mehreren Briefen seinen ehemaligen Sozius Dr. Panzholzer um Vermittlung und schlug eine geringere Vergleichssumme vor. In diesen Briefen drohte Dr. Bandorf mehrfach damit, falls ein Vergleich scheiterte, werde er politisches Material gegen Dr. Mittermeier öffentlich machen. Dr. Panholzer lehnte die Vermittlung auch vor dem Hintergrund solcher Methoden ab und warnte seinen Kollegen Dr. Mittermeier. Auch vor dem Arbeitsgericht wiederholte Dr. Bandorf diese Drohungen, die für Dr. Mittermeier natürlich die Verhaftung durch die Gestapo mit daraus unabsehbaren Folgen bedeutet hätten. Selbst der Vorsitzende des Arbeitsgerichts versuchte vergeblich auf Dr. Bandorf einzuwirken, kein politisches Material gegen Dr. Mittermeier vorzubringen. Dr. Mittermeier beugte sich und stimmte letztlich der von Rechtsanwalt Bandorf gewünschten Vergleichssumme von 1000 Mark zu. Dr. Bandorf gab diese Vorfälle nach dem Krieg zu und rechtfertigte sich damit,

dass dies zu seinem eigenen Schutz und seiner Kanzlei notwendig gewesen sei.

Spruchkammerverfahren

Dieser Vorfall aus dem Jahr 1937 war auch Gegenstand eines Entnazifizierungsverfahrens gegen Dr. Robert Bandorf vor der Spruchkammer München. Die US-Besatzungsmacht richtete solche Kammern ursprünglich in jedem bayerischen Landkreis ein. Sie sollten der Entnazifizierung der Deutschen dienen. Die Spruchkammern fällten keine Strafurteile, sondern dienten der politischen Säuberung. Sie teilten die Beschuldigten in eine der vorgegebenen Kategorien „Hauptschuldiger, Belasteter, Minderbelasteter, Mitläufer oder Entlasteter" ein und ordneten die entsprechende Sühnemaßnahmen an. Jede Spruchkammer sollte u.a. aus drei Richtern und einem öffentlichen Ankläger bestehen. Gegen die Sprüche war Berufung bei den sog. Berufungskammern möglich. Die Verfahren konnten auch von dem eigens geschaffenen Ministerium für politische Befreiung überprüft werden.

Aufgrund dieses Vorwurfes aus dem Jahr 1937, einen anderen Anwalt erpresst zu haben, beantragte der öffentliche Kläger der Spruchkammer München die Einreihung Bandorfs in die Gruppe der Belasteten. Als Sühne forderte er Sonderarbeit für ein Jahr, 30 Prozent Vermögensentzug und Verbot der Berufsausübung für fünf Jahre. Die Spruchkammer betrachtete Bandorf allerdings als minderbelastet. Für Rechtsanwalt Bandorf bedeutete dies während einer zweijährigen Bewährungsfrist u.a. nur noch 10 Prozent Vermögenseinzug und der Verlust von bürgerlichen Ehrenrechten. Einschränkungen in seiner Berufsausübung als Anwalt wurden nicht verhängt.

Verteidiger in der NS-Zeit und danach

Dass sich Dr. Bandorf überhaupt in einem Spruchkammerverfahren rechtfertigen musste, war für viele Menschen aus seinem Umfeld erstaunlich. Dies geht aus den Zeugenaussagen während der Spruchkammerverhandlung hervor. Zur dieser waren auch ehemalige Mandanten unaufgefordert erschienen. Sie erfuhren von dem Verhandlungstermin aus der Zeitung und kamen, um ihren ehemaligen Anwalt zu helfen. Vielen Zeugen war Dr. Bandorf durch den Jesuitenpater Rupert Mayer bekannt, der als ehemaliger Kriegskamerad und regelmäßiger Sonntagsgast zu Dr. Bandorfs Bekanntenkreis gehörte und politisch Verfolgte an diesen vermittelte.

Rechtsanwalt Bandorf galt in den dem Nationalsozialismus kritisch eingestellten Kreisen als Anwalt, der sich auch fast aussichtsloser Prozesse von politisch Verfolgten annahm und mutig vor Gericht für seine Mandanten eintrat; und dies nicht ausschließlich aus beruflichen Interessen. Er übernahm nämlich auch Mandate von Menschen, die wenig oder nichts zahlen konnten, um deren Existenz zu erhalten. So war er für so manche Juden die letzte Rettung, deren Verteidigung andere Anwälte ablehnten oder nur eingeschränkt wahrgenommen hätten. Alle diese Zeugen attestierten Dr. Bandorf uneingeschränkte Menschlichkeit und Einsatz für ihre Sache.

Insgesamt zeichnet sich folgende Entwicklung bei Dr. Bandorf in der Ablehnung des Nationalsozialismus ab. War er vor 1933 zwar kein Anhänger Hitlers, so wurde er mit zunehmender nationalsozialistischer Rechtsbeugung ein Gegner des Regimes. Es ging ihm um die Verteidigung des Rechts.

Der Druck und die Bedrohung, die Dr. Bandorfs Situation prägten, gingen nicht spurlos an ihm vorüber. So litt er nach Zeugenaussagen mehrfach unter Nervenzusammenbrüchen. Tiefgehende Spuren schienen die Hinrichtungen im Gefängnis München-Stadelheim auf ihn hinterlassen zu haben. Er äußerte, er könne unter diesen Umständen nicht mehr weiterleben, die Arbeit unter solchen Verhältnissen und Gesetzen sei ihm unmöglich. Nach dem Krieg setzte er sich für viele ein, denen wegen ihrer Nähe zum oder ihrer Verstrickungen mit dem NS-Regime strafrechtliche, finanzielle oder berufliche und gesellschaftliche Nachteile drohten. Beispielsweise versuchte er durch einige eindringliche positive Stellungnahmen, den ehemaligen Vorsitzenden am Sondergericht München und Cäzilies Richter Michael Schwingenschlögl zu unterstützen.

Verteidiger von Cäzilie Bauer

In Kontrast zu diesem von seinen Mandanten einhellig beschriebenen Verhalten erscheint Dr. Bandorfs Rolle im Verfahren gegen Cäzilie Bauer. Über seine Rolle in der Hauptverhandlung kann keine Aussage getroffen werden, da dies nur bei einem Wortprotokoll möglich wäre. Während der staatsanwaltlichen Ermittlungen sind jedoch in den Akten keine Spuren eines anwaltlichen Wirkens dokumentiert. Außer der Anzeige seiner Beauftragung und der Kostenabrechnung finden sich keinerlei Anträge von ihm in der Ermittlungsakte. Er beantragte z.B. keine Untersuchung des Geisteszustandes seiner Mandantin. Sein Wirken zeugt nicht von großem Engagement für Cäzilie, es ging nicht über das Maß eines Pflichtverteidigers hinaus. Auch nach dem verkündeten Todesurteil schloss sich der Anwalt lediglich einem bereits laufenden Gnadenverfahren an und zwar erst an dem Tag, an dem das Reichsjustizministerium das bereits laufende Gnadenersuchen ablehnte. Als Grund für sein spätes Handeln nannte Dr. Bandorf, dass seine Überzeugung, Cäzilie Bauer sei ein schizophrener Mensch, an dem Gutachten des Gerichtsarztes scheitern würde. Rechtsanwalt Dr. Bandorf verstarb im Jahr 1960.

Quellen
StAM, OLG München 2890.
StAM, Spruchkammern Karton 64 Bandorf, Robert.
StAM, Staatsanwaltschaften 9115.
StAM, Staatsanwaltschaften 2131.
Schorlemer, Andreas von, Das Sondergericht München als Bstandteil der Strafjustiz 1939 bis 1945, Hausarbeit zur Erlangung des Grades eines Magister Artium an der Ludwig-Maximilians-Universität München, München 1985.
https://www.deutsche-biographie.de/sfz93723.html (abgerufen am 22.07.2019).

Hintergrund:
Staatsanwalt Dr. Karl Manchot

Cäzilie Bauer wie ihre Schwester Gusti Brandl wurden vor dem Sondergericht München von dem Staatsanwalt Dr. Karl Manchot angeklagt. Einblicke in seine Person sind im Wesentlichen in seiner vom Bayerischen Justizministerium geführten Personalakte überliefert.

Dr. Manchots nationalsozialistisches Engagement

Karl Manchot kam am 25. März 1906 in Würzburg als Sohn eines Chemikers und Hochschullehrers zur Welt. Als er acht Jahre alt war, zog die Familie nach München, da sein Vater eine Professur an der Technischen Hochschule München antrat. Dr. Manchot wuchs in München auf, studierte hier Rechtswissenschaft und promovierte an der Universität Erlangen. Während seines Studiums trat er einer Studentenverbindung, dem Corps Vitruvia im Weinheimer SC, bei. Bis 1933 wählte er stets die nationalliberale Deutsche Volkspartei (DVP). Mit der Machtergreifung trat er in verschiedene nationalsozialistische Organisationen ein, wie Anfang 1934 dem NS-Rechtswahrerbund, seit 1936 der nationalsozialistischen Volkswohlfahrt (NSV) und dem Reichsluftschutzbund, Anfang 1937 dem Reichsbund Deutscher Beamten, dem nationalsozialistischen Reichsbund für Leibesübungen wie dem Reichskolonialbund seit 1938 sowie dem Verein für deutsche Kulturbeziehungen im Ausland. Die entscheidenden Mitgliedschaften waren sein Beitritt zur NSDAP im Mai 1933 (unter der Mitgliedsnummer 1928302) und am 1. November zur SA, wo er zum Oberscharführer befördert wurde.

Staatsanwalt in der NS-Diktatur

Beruflich brachte das Jahr 1933 für ihn eine Wende. Von 1928 bis 1931 leistete Dr. Manchot seinen Vorbereitungsdienst ab, den er mit der Großen juristischen Staatsprüfung abschloss. Von da an war er bis 1935 als Rechtsanwalt tätig und lebte ledig in der Wohnung seiner Eltern. Seit 1931 bemühte er sich vergeblich um eine Aufnahme in den höheren Justizdienst, scheiterte aber wegen der schlechten Wirtschaftslage.

Ab 1933 stellte man ihm von zuständiger Stelle in Aussicht, dass er nach einer kurzen Wartezeit von zwei Monaten für eine Staatsstelle berücksichtigt werden könnte, wenn er der NSDAP beitrete. Doch auch nach seinem Parteieintritt dauerte es noch zwei Jahre. Zuerst wurde er als Gerichtsassessor in der Gefangenenanstalt nach Landsberg am Lech geschickt. Danach wurde er in Landsberg ab 1. Mai 1936 Staatsanwalt. Nachdem seine Dienststelle dort 1940 aufgelöst wurde, arbeitete er bis zum 8. Mai 1945 in München als Staatsanwalt. Hier war er auch als Ankläger am Sondergericht tätig.

Seine dienstlichen Beurteilungen geben keinerlei Hinweise auf eine politisch unzuverlässige Haltung. So wurde in seiner Beurteilung von 1939 erwähnt, dass seine politische Gesinnung als einwandfrei gelte und er die Gewähr dafür biete, vorbehaltlos für Staat und Bewegung einzutreten. Auch seine Beurteilungen aus dem Jahr 1942 und 1943, in denen Dr. Manchot mittlerweile Staatsanwalt am Sondergericht war, betonten, er habe sich so schnell und gründlich in das Sachgebiet der politischen Abteilung eingearbeitet, dass er das Erstaunen seiner Mitarbeiter errege. Seine staatsbürgerliche Gesinnung sei einwandfrei und man ging davon aus, dass er vorbehaltlos für die Staatsführung und Bewegung eintrete.

Im Sommer 1943 sollte Dr. Manchot als Aushilfsstaatsanwalt nach Augsburg abgeordnet werden. Dies konnte er allerdings verhindern, man versetzte ihn stattdessen in die Abteilung für Gnadensachen in München. Im Jahr 1945 wurde seine Wohnung, in der er mit Frau und Kind lebte, zerstört, so dass er nach Ammerland am Starnberger See zog.

Entnazifizierung und die Rückkehr in den Staatsdienst

Am 8. Mai 1945 schied Dr. Manchot aus dem Staatsdienst aus. Er leistete für die Gemeinde Ammerland Holzfällerarbeiten, arbeitete an einem wirtschaftswissenschaftlichen Buch und unterstützte seine Frau bei der Heimarbeit. Im Juni 1948 bat er um Wiedereinstellung in den Justizdienst.

Sein Entnazifizierungsverfahren (zu den Spruchkammerverfahren vgl. Hintergrundkapitel Dr. Robert Bandof) hatte sich aus einer Verkettung von Umständen ungewöhnlich lange verzögert. Zunächst bereitete die für Ammerland zuständigen Spruchkammer Wolfratshausen sein Entnazifizierungsverfahren vor, um es dann nach München abzugeben. Dort begann das Verfahren wieder von vorne. Unerklärlicherweise ist heute das Spruchkammerverfahren gegen Dr. Manchot nicht mehr überliefert. Im Bestand der Spruchkammer Wolfratshausen ist nur noch der Nachweis vorhanden, dass es ein Verfahren gab. Bei der Überlieferung der Spruchkammer München fehlt sogar der Nachweis eines Spruchkammerverfahrens gegen Dr. Manchot. Unterlagen aus dem Verfahren sind noch in dessen Personalakte vorhanden.

Daraus geht hervor, dass man ihn im April 1948 gegen eine geringe Geldsühne von 50 Mark als Mitläufer einstufte. Im September 1948 wurde er in die Gruppe der Entlasteten zurückgestuft. Dr. Manchot hatte in seinem Verfahren geltend gemacht, trotz seiner Zugehörigkeit zur NSDAP und SA in seinem Amt als Staatsanwalt aktiven Widerstand gegen die nationalsozialistische Gewaltherrschaft geleistet zu haben. Er führte an, wegen der Führung

seiner Gerichtsverfahren oft beanstandet und niemals befördert worden und schließlich auf Verfügung des Generalstaatsanwaltes im Sommer 1943 fast strafabgeordnet und auf einen Nebenposten abgeschoben worden zu sein. Dr. Manchot räumte ein, zwar Parteimitglied gewesen zu sein, sich jedoch weitgehend nur auf geringe Zahlungen beschränkt und beispielsweise nie ein Amt bekleidet zu haben. Seine Aktivität für die Partei sei so gering gewesen, dass ihn der Ortsgruppenleiter der NSDAP in München mit einem Einsatz bei der Heimatflak oder einer Verhaftung nach Dachau gedroht habe. Auch gegen den Antisemitismus habe er sich gewehrt, in dem er an seinem jüdischen Hausarzt festgehalten und weiter mit Juden verkehrt habe. Ebenso habe er seine Beziehung zur evangelischen Kirche aufrecht erhalten, er ließ sich kirchlich trauen und seine 1937 geborene Tochter taufen. Zu seinem Beitritt in einen neu zu bildenden SA-Gebirgssturm habe er sich als begeisterter Bergsteiger überreden lassen. Bald sei ihm klar geworden, dass es sich um eine arglistige Täuschung gehandelt habe, und seinen Austritt erwogen. Diesen Schritt habe er sich aber mit Rücksichtnahme auf seinen Vater nicht mehr getraut. Dieser hatte als Hochschulprofessor der TH München große Schwierigkeiten mit den Nationalsozialisten und wurde 1935 wegen mangelnder nationalsozialistischer Einstellung aus seinem Lehramt entlassen. Dr. Manchot wollte die Probleme seines Vaters nicht noch durch seinen Austritt aus der SA vergrößern. Dr. Manchot betonte im Spruchkammerverfahren, dass er keine Vorteile durch seine Parteizugehörigkeit gehabt und jede Karrieremöglichkeit aufgrund seiner Mitgliedschaft ausgeschlagen habe, da dies mit seiner Ablehnung des Nazi-Regimes nicht vereinbar gewesen wäre. Auch eine Abordnung in die Rechtsabteilung der Parteikanzlei habe er erfolgreich verhindern können. Als Staatsanwalt habe sein Bestreben darin bestanden, vor allem gegen einen Missbrauch der Justiz für die Ziele der NSDAP zu arbeiten. In diesem Sinne habe er als Staatsanwalt Einfluss auf die Beweisfrage genommen und somit so manchem Angeklagten geholfen. Er sei somit einer besonderen Gefahr durch die Gestapo ausgesetzt gewesen.
Einige Anwälte bestätigten dieses staatsanwaltliche Wirken von Dr. Manchot. Auch manche Sondergerichtsvorsitzende beklagten, dass Dr. Manchot ihnen Schwierigkeiten bereitet habe. Die Spruchkammer kam daher u.a. zu der Schlussfolgerung, Dr. Manchot habe seinen Posten als Staatsanwalt so ausgefüllt, dass er auch unter Druck seine Funktion nicht zu Gunsten der NSDAP Gewaltherrschaft gebraucht und deshalb die größten Schwierigkeiten bekommen habe.
Der Oberstaatsanwalt befürwortete in einer Stellungnahme an das Bayerische Justizministerium vom 6. Juli 1948 eindringlich, Dr. Manchot wieder als Staatsanwalt in den Justizdienst aufzunehmen. Im Dezember 1948

wurde Dr. Karl Manchot erneut als Staatsanwalt berufen. Drei Jahre später kam er 1951 als Landgerichtsrat an das Landgericht München I. Nach einer fünfmonatigen Abordnung 1953 an das Bayerische Justizministerium wurde er zum 1. Januar 1954 zum Landgerichtsdirektor am Landgericht München I befördert. Ende März 1971 ging er in Pension. Ein Todesdatum enthält seine Personalakte nicht mehr.

Quellen
BayHStA, MJu 25628.

Hintergrund:
Sondergerichte in der NS-Zeit

Historische Entwicklung

Die Existenz von Sondergerichten ist im deutschen Justizsystem nicht ungewöhnlich. Sondergerichte ergänzen die allgemeinen Gerichte und entscheiden in bestimmten und klar umrissenen Sachgebieten. Dazu zählen beispielsweise die Ehrengerichte. Daneben gab es in verschiedenen Epochen der deutsche Geschichte, besonders in politischen Ausnahmezeiten, auch außerordentliche Strafgerichte; zu nennen sind hier u.a. die Kriegsgerichte oder die Volks- und Standgerichte bis 1919. Auch die Weimarer Republik kannte z.B. mit den Wuchergerichten Formen von Sondergerichten.

Die Entwicklung der Sondergerichte in der NS-Zeit

Bei den Sondergerichten im Dritten Reich handelte es sich um Gerichte, die der Gesetzgeber mit dieser Bezeichnung eingeführt hatte, um politische und besonders schwere Straftaten abzuurteilen. Diese Sondergerichte wurden unmittelbar nach der Machtergreifung eingerichtet. Sie zielten zunächst darauf, die politischen Gegner, insbesondere Sozialdemokraten und Kommunisten, auszuschalten. Die rechtliche Grundlage für diese Sondergerichte wurde bereits im Jahr 1931 noch während der Weimarer Republik gelegt. Damit sollten demokratiefeindliche Bestrebungen abgewehrt werden. Von dieser Rechtsgrundlage machten später die Nationalsozialisten im März 1933 nach dem Reichstagsbrand Gebrauch. Für den Bezirk des Oberlandesgerichts München wurde ein Sondergericht beim Landgericht München I geschaffen.

Bis zum Jahre 1936 dienten die Sondergerichte dazu, aus Sicht des NS-Regimes politisch unerwünschte Straftaten abzuurteilen. Allerdings waren die Sondergerichte nicht für Hoch- und Landesverrat zuständig. Diese Delikte blieben bei den Oberlandesgerichten oder dem Reichsgericht bzw. später dem Volksgerichtshof. Regelmäßig stuften neue Verordnungen bisher strafrechtlich irrelevante Verhaltensweisen oder Äußerungen der Menschen als Verbrechen und Vergehen ein, die vor den Sondergerichten abgeurteilt wurden. Abweichendes, nichtkonformes Verhalten, wie z.B. Beschimpfungen oder unwahre Aussagen über das Reich, die Reichsregierung oder die NSDAP, wurden somit zunehmend kriminalisiert.

Waren die Sondergerichte zunächst klar von den ordentlichen Gerichten abgegrenzt, so wurde ab 1938 den Sondergerichten immer mehr Strafverfahren übertragen, für die bisher die ordentliche Gerichtsbarkeit zuständig war. Eine Reichsverordnung vom November 1938 erweiterte nämlich die Zuständigkeit der Sondergerichte. Somit konnte die Staatsanwaltschaft „gewöhnliche"

Verbrechen, die bisher von Schwurgerichten oder der niederen Gerichtsbarkeit abgeurteilt wurden, beim Sondergericht anklagen. Sie musste die Auffassung vertreten, dass es sich um besonders schwere und verwerfliche Verbrechen handelte oder diese in der Öffentlichkeit besondere Unruhe hervorrufen würden, so dass ein schneller Prozess notwendig war. Dadurch konnten auch Morde oder andere aufsehenerregende Gewaltverbrechen vor die Sondergerichte gebracht werden. Mit Ausbruch des Krieges 1939 wurde dies nochmals gestärkt: Beispielsweise hielt eine sog. Gewaltverbrecherordnung vom Dezember 1939 u.a. fest, dass bei schweren Gewalttaten, die mit einer Waffe verübt wurden, nicht nur die Todesstrafe zu verhängen war, sondern diese Taten auch bei den Sondergerichten angeklagt werden mussten. Während des Krieges wurde die Zuständigkeit der Sondergerichte durch eine Flut weiterer Verordnungen permanent ausgeweitet.

Die veränderte Stellung der Prozessbeteiligten vor den Sondergerichten
Für die Anklagten bedeuteten Verfahren vor den Sondergerichten einen erheblichen Einschnitt ihrer Rechte im Vergleich zu den ordentlichen Gerichten. Dies verschärfte sich im Laufe der Jahre immer mehr. Denn die Absicht hinter den Sondergerichten lag darin, „kurzen Prozess" zu machen, also die Verfahren zu straffen. Beispielsweise fiel der Rechtsanspruch auf einen Pflichtverteidiger für den Angeklagten oder die Pflicht zur Zustellung der Anklage weg, ebenso wurden die Ladungsfristen auf 24 Stunden verkürzt. Die früher übliche gerichtliche Voruntersuchung wurde als unnötige Doppelarbeit abgeschafft, ab 1935 auch innerhalb der ordentlichen Gerichtsbarkeit. Die alleinige Verantwortung für die Anklage lag nun bei der Staatsanwaltschaft. Um das Verfahren noch weiter zu beschleunigen, wurde der Umfang der Beweisanträge in das Ermessen des Gerichts gestellt. Für die Angeklagten von großer Bedeutung war zum einen die Regelung, dass die Untersuchungshaft ohne erneute Prüfungen unbefristet ausgedehnt werden konnte und zum anderen, dass gegen die Urteile des Sondergerichts keine Rechtsmittel möglich waren: Die Urteile waren sofort rechtskräftig. Die Verurteilten konnten lediglich eine Wiederaufnahme des Verfahrens anstreben. Dieses Verfahren wäre dann vor einer Strafkammer des Landgerichts neu verhandelt worden. Die Voraussetzungen dafür waren jedoch sehr unklar umschrieben. Über den Antrag entschied die Strafkammer des Landgerichts, an dem das Sondergericht ansässig war. Insgesamt sah man die bisherigen Rechte der Angeklagten vor Gericht nur als Hemmnisse an, die eine Wahrheitsfindung im Sinne des Regimes erschwerten.
Auch die Rolle des Anwaltes wurde in der NS-Zeit entwertet. Grundsätzlich wurden politisch unzuverlässige Anwälte aus der deutschen Anwaltschaft ausgeschlossen. Der Anwalt sollte zwar Diener am Recht bleiben, auch wenn

er einen Verbrecher verteidigte, doch er durfte sich nicht mit der Person des Angeklagten identifizieren. Persönliche und politische Nähe zum Mandanten galten als Standesverfehlung. Ein deutscher Anwalt durfte keine Juden vertreten. Er hatte bei seiner Tätigkeit als Verteidiger weniger die Interessen seiner Mandanten, sondern primär die des Deutschen Reiches und Volkes zu berücksichtigen und er sollte sich an der Wahrheitsfindung beteiligen. Am Münchner Sondergericht waren insgesamt 105 Rechtsanwälte zugelassen.

Der deutsche Richter musste Nationalsozialist sein. Durch Eingriffe des Reichsjustizministeriums wurde die richterliche Unabhängigkeit immer mehr beschnitten und spätestens 1942 endgültig aufgehoben. Am Sondergericht München waren 17 verschiedene Vorsitzende Richter tätig.

Die Stellung der Staatsanwaltschaft wurde massiv gestärkt. Sie sollte die Ermittlungen ohne richterliche Kontrolle und Befugnisse durchführen können. Besonders seit Kriegsausbruch bekam die Staatsanwaltschaft eine bisher ungekannte Machtfülle eingeräumt. In München kamen 46 Staatsanwälte zum Einsatz.

Literatur und Quellen

Schorlemer, Andreas von, Das Sondergericht München als Bestandteil der Strafjustiz 1939 bis 1945, Hausarbeit zur Erlangung des Grades eines Magister Artium an der Ludwig-Maximilians-Universität München, München 1985.
Bentz, Christian, Die Rechtssprechungspraxis des Sondergerichts München von 1939-1945. Dissertation Jena 2003.
Reichsgesetzblatt 1939, Teil I, S. 2378.

Hintergrund:
Richter Michael Schwingenschlögl

Cäzilies Richter, Michael Schwingenschlögl, hatte im Jahr 1942 bereits einige Erfahrungen am Sondergericht gesammelt und war u.a. auch Beisitzer im Verfahren gegen Pater Rupert Mayer 1937 gewesen. Sein beruflicher Werdegang und zentrale Stationen seines Lebens können den Unterlagen zu seinem Entnazifizierungsverfahren und seiner Personalakte des Bayerischen Justizministeriums entnommen werden.

Beruflicher Werdegang

Schwingenschlögl, am 19. April 1898 in Landshut als Sohn eines Eisenbahntechnikers geboren, verbrachte seine gesamte Schulzeit in Landshut. Zum Studium der Rechtswissenschaft kam er nach München. Im Juli 1921 legte er die erste juristische Staatsprüfung und 1924 die zweite Große Staatsprüfung ab. Bis 1925 war er zunächst Mitarbeiter in einer Landshuter Rechtsanwaltskanzlei. Im Dezember des gleichen Jahres wurde er in den Staatsdienst übernommen. Man setzte ihn als Amtsanwalt in Kronach, Memmingen und Kitzingen ein.

Ab 1. Juli 1933 arbeitete er als I. Staatsanwalt in Memmingen. Zum 1. Januar 1936 wechselte er an das Landgericht München I und mit Kriegsbeginn 1939 an das Oberlandesgericht München, wo er ab April 1944 den Vorsitz des 2. Strafsenats innehatte. Am Landgericht war er zunächst als Beisitzer (Mai 1936 bis Dezember 1937 und April 1942 bis Februar 1943) und später als Vorsitzender Richter (März 1943 bis März 1944) am Sondergericht eingesetzt. Im Jahr 1938 erweiterte sich seine sondergerichtliche Verwendung: Das Reichsjustizministerium berief ihn als beisitzenden Richter an das Sondergericht für die sudetendeutschen Gebiete.

Noch im April 1945, kurz vor dem Ende des NS-Regimes, übertrug man ihm in München den Vorsitz eines Standgerichts. Diese Gerichte wurden mit sich verschlechternder Kriegslage durch das NS-Regime eingerichtet, um im Schnellverfahren solche politische Straftaten abzuurteilen, die die Kampfentschlossenheit der Bevölkerung einzuschränken drohten.

Daneben fungierte er von 1939 bis 1944 als stellvertretendes Mitglied des Deutschen Ärztegerichtshof in München. 1941 wurde er zum Oberlandesgerichtsrat befördert. Seine Karriere macht deutlich, dass er durch und durch in dem nationalsozialistischen Staat verankert war.

Nationalsozialistisches Engagement

Mit der Machtergreifung trat er in zahlreiche nationalsozialistische

Organisationen ein. Seit Mai 1933 war er Mitglied der NSDAP und nahm ab Juli 1936 bis Kriegsende das Amt des Blockleiters der Ortsgruppe München-Borstei wahr. Seine Tätigkeit bestand im Wesentlichen aus dem Kassieren von Mitgliedsbeiträgen, Einladungen zu Parteiversammlungen, Verteilen von Flugblättern, Meldungen über die Belegungsfähigkeit von Wohnungen und das Beschaffen von Unterlagen für politische Beurteilungen. Außerdem wurde er 1933 Mitglied des NS-Rechtswahrerbundes, wo er seit Oktober die Funktion des Hauptvertrauensmannes des Kreisabschnittes Justizpalast und seit April 1939 die eines Unterabschnittsführers innehatte. Im Jahr 1944 erledigte er für einige Monate als Krankheitsvertretung die Geschäfte des Gaugeschäftsführers. Seine Funktion im NS-Rechtswahrerbund erstreckte sich vor allem auf die Bekanntmachung von Anordnungen, das Laden zu Schulungsveranstaltungen und das Beschaffen von Unterlagen für die politische Beurteilung der Juristen. Der Nationalsozialistischen Volkswohlfahrt (NSV) und dem Reichsluftschutzbund trat er 1934 bei. Ab 1941 war er beim Reichsrechtsamt als Lektor für Strafrecht tätig. Er prüfte Neuerscheinungen u.a. unter dem Blickwinkel, ob sie nationalsozialistischen Auffassungen entsprachen.

Seine dienstlichen Beurteilungen aus der Zeit des NS-Regimes betonten regelmäßig neben seiner beruflichen Tüchtigkeit, dass er sich am Sondergericht bestens bewährt habe und dass er fähig sei, im Bereich der Rechtspflege als Träger des nationalsozialistischen Gedankengutes eine führende Stellung einzunehmen. Seine Äußerungen als Richter in den Verhandlungen zeigten eine einwandfreie nationalsozialistische Gesinnung und seine Großzügigkeit bei Sammlungen sowie sein allgemeines Verhalten ließen den Schluss zu, dass er ein überzeugter Nationalsozialist sei. Daneben war er mit Dr. Walter Stepp, der vor dem Krieg mehrere Jahre die Gestapo in München geleitet hatte und 1943 Oberlandesgerichtspräsident in München wurde, seit ihrer gemeinsamen Assessorenzeit 1925 befreundet.

Entnazifizierung und Werdegang nach 1945

Nach dem Krieg beantragte der öffentliche Ankläger im Entnazifierungsverfahren gegen Schwingenschlögl vor der Spruchkammer Kempten, diesen in die Gruppe der Hauptschuldigen einzureihen (zu den Spruchkammerverfahren, vgl. Hintergrundinformation zu Rechtsanwalt Bandorf). Neben seiner formalen Belastung durch Partei- und Justizämter, legte ihm der öffentliche Ankläger zur Last, einen Kollegen denunziert sowie aus nationalsozialistischer Gesinnung heraus ein Gnadenersuch bei einem Todesurteil abgelehnt zu haben. Im letzten Fall hatte er als Vorsitzender des 2. Strafsenates beim Oberlandesgerichts einen Angeklagten wegen politischer Äußerungen zum Tode verurteilt. Der Generalstaatsanwalt in München hatte darin einen minderschweren Fall gesehen und sich für eine Begnadigung des Verurteilten eingesetzt. Doch Richter Schwingenschlögl hatte dies abgelehnt. Im ersten Fall hatte er einen Kollegen im September 1944 beim Oberlandesgerichtspräsidenten gemeldet, weil sich dieser Kollege kritisch über die Richter am Sondergericht geäußert hatte. Dies geschah zu einem Zeitpunkt, als kritische Äußerungen bereits mit großer Härte geahndet worden waren. Dem von Schwingenschlögl gemeldeten Kollegen drohte die Dienstverpflichtung als Arbeiter in einer Rüstungsfirma. Auch wenn der Kollege dem entgehen konnte, war er für lange Zeit in seiner Sicherheit gefährdet.

Die Spruchkammer Kempten gruppierte im Dezember 1948 Schwingenschlögl zunächst in die Gruppe der Minderbelasteten ein. Die Kammer wertete zwar die Meldung des Kollegen beim Oberlandesgerichtspräsidenten sowie die Ablehnung der Begnadigung als aktives Eintreten für den Nationalsozialismus. Doch die Milderungsgründe sah man für so stark an, dass er in die Gruppe der Minderbelasteten eingereiht wurde. Vor allem wegen der erlittenen Schädigungen nach dem Krieg, die u.a. die Entlassung aus dem Staatsdienst mit sich brachten, stufte man ihn in die Gruppe der Mitläufer ein. Als Sühnemaßnahme erhielt Schwingenschlögl eine Zahlung von 1500 DM auferlegt. Gegen diesen milden Spruch legte der öffentliche Ankläger bei der Spruchkammer in Augsburg Berufung ein. Diese Kammer verwarf die Berufung im März 1949 insoweit, als dass sie die Sühnemaßnahmen auf 500 DM herabsetzte und im Wesentlichen die Einschätzung der Kemptener Spruchkammer bestätigte.

Die Meldung eines Kollegen beim Oberlandesgerichtspräsidenten 1944 stuften beide Kammern (Kempten und Augsburg) nicht als eine Denunziation ein. Schwingenschlögl sei von dem Kollegen ohne äußeren Anlass als Richter am Sondergericht drastisch angegangen worden und habe in einer spontanen Verärgerung reagiert. Der Oberlandesgerichtspräsident Stepp sei ihm unmittelbar nach diesem Vorfall zufällig begegnet und Schwingenschlögl habe auch keinen Namen preisgegeben. Erst als er später von dem befreundeten Stepp dazu gedrängt wurde, habe er den Namen genannt. Dabei sei ihm zugesichert worden, Stepp werde gegen den Kollegen dienstrechtlich nicht vorgehen. Es konnte nicht erwiesen werden, dass die drohende Zwangsverwendung des Kollegen in einer Rüstungsfirma auf Betreiben oder mit Wissen von Schwingenschlögl erfolgt sei.

Durch seine Funktion beim Rechtswahrerbund hatte Schwingenschlögl auch bei der Beurteilung von Kollegen mitzuwirken und es zeigte sich während der Spruchkammerverhandlungen, dass sich dieser immer sehr wohlwollend verhalten und gegnerische Einstellungen zum Regime nicht weitergegeben habe.

Schwierigkeiten bereitete es, die Ablehnung des Gnadengesuches für den zum Tode Verurteilten zu rechtfertigen. Zur Entlastung Schwingenschlögls argumentierte man im Entnazifizierungsverfahren, dass er, kurz bevor er das Gnadengesuchs abgelehnt habe, von einer Schulung gekommen sei und unter diesem frischen Eindruck nationalsozialistischer Ideologie gehandelt habe. Man hielt ihm auch zugute, dass eine Befürwortung des Gnadengesuchs nach der damaligen Praxis des Reichsjustizministeriums die Vollstreckung kaum verhindert hätte. Man stellte außerdem fest, dass dieses Todesurteil völlig aus dem Rahmen des sonstigen Verhaltens von Schwingenschlögl als Richter herausfalle und er als äußerst milder Richter gegolten habe.

Im Spruchkammerverfahren in Kempten traten auch eine große Zahl von früheren Verteidigern, Richtern und auch Angeklagte vor dem Sondergericht auf. Diese attestierten Schwingenschlögl einstimmig anhand konkreter Vorfälle, dass er sein Amt objektiv und sachlich versehen habe. In vielen gerade auch politischen Verfahren sei er bemüht gewesen, die Angeklagten zu schonen und die richterliche Sachlichkeit nie der Parteidoktrin zu opfern. Ihm wurde auch bescheinigt, sich oft geradezu Mühe gegeben zu haben, eine günstige Darstellung oder Auslegung von Zeugenaussagen zu erhalten, um so politisch Verfolgten zu helfen. Zu diesen freiwilligen Fürsprechern Schwingenschlögls zählte u.a. auch Cäzilies Anwalt Dr. Bandorf. Deshalb kam man zu der Einschätzung, dass Schwingenschlögl sein Amt als Richter nicht missbraucht habe.

Keine Belastung lag für die Spruchkammern durch die Ernennung Schwingenschlögls zum Vorsitzenden eines Standgerichtes vor, da Schwingenschlögl selbst durch Verschleppungstaktik irgendwelche Tätigkeiten dieses Gerichts verhindert habe.

Schwieriger fiel die Rechtfertigung von Schwingenschlögls Parteiaktivitäten, insbesondere sein Blockleiteramt. Es war kaum von der Hand zu weisen, dass die Parteistellen in ihm einen überzeugten, vertrauensvollen und engagierten Nationalsozialisten gesehen hatten. Man hielt ihm zugute, dass er sich dabei korrekt und zurückhaltend benommen habe und als Nationalsozialist nie besonders hervorgetreten sei. Im Gegenteil habe er als Richter über Angeklagte, die schlimme Strafen erwarteten, milde Urteile gesprochen, über die sich Angeklagte und Verteidiger gewundert hätten.

Schwingenschlögl, der von Mai bis Ende August 1945 mit Aufräumarbeiten beschäftigt und ab September 1945 aus dem Staatsdienst entlassen worden war, versuchte wieder in den Staatsdienst aufgenommen zu werden. Von 1945 bis 1946 arbeitete er als Gartengehilfe. Er erkrankte an Rippenfellentzündung, seine lungenkranke Frau, die er bis zu ihrem Tod pflegte, starb im Dezember 1946. Danach war er für wenige Monate 1947 erneut als Gartengehilfe tätig, bis er mehrere Monate in einem Lungensanatorium verbrachte.

Seit 1948 konnte er als anwaltlicher Hilfsarbeiter in der Kemptener Anwalts-
praxis Dr. König und Dr. Meitner unterkommen, wo er monatlich 180 DM
verdiente. Im Dezember 1948 schloss er eine zweite Ehe. Seine Ersparnisse
waren durch sein geringes Einkommen und die Währungsreform auf 400 DM
zusammengeschmolzen, so dass er deshalb und auf Grund seines Alters keine
Chance sah, sich als Rechtsanwalt niederzulassen.

Kurz nach dem Spruch der Berufungskammer Augsburg stellte Schwingenschlögl noch im März 1949 einen Antrag auf Wiederaufnahme in den Staatsdienst. Dazu nahm auch der damalige Oberlandesgerichtspräsident Dr.
Welsch Stellung. Bereits während des Spruchkammerverfahrens setzte sich
dieser für Schwingenschlögl wegen dessen anständiger Gesinnung ein und er
empfahl dem Bayerischen Justizministerium, den ehemaligen Richter wieder
einzustellen. Allerdings sollten zunächst Richter und Staatsanwälte mit gerin-
gerer Affinität zum Nationalsozialismus vorgezogen werden. Auch plädierte
er dafür, Schwingenschlögl nicht mehr wie vor 1945 in München, sondern
als Staatsanwalt auf Probe nach Kempten zu schicken. In Kempten hatte
Schwingenschlögl mittlerweile seinen Lebensmittelpunkt. Daher dürfte dies
kein Nachteil für ihn gewesen sein.

Doch das Entnazifizierungsverfahren für Michael Schwingenschlögl war noch
nicht ausgestanden. Der Spruch der Berufungskammer Augsburg wurde
durch den vorgesetzten Minister für politische Befreiung bzw. das Bayerische
Staatsministerium für Sonderaufgaben in Bayern im Jahr 1950 überprüft.
Man rügte, dass Schwingenschlögl nicht als Belasteter eingereiht wurde. Die
Meldung des Kollegen beim Oberlandesgerichtspräsidenten wertete man
durchaus als Denunziation und beanstandete, wie beide Kammern (Kempten
und Augsburg) Schwingenschlögls Ablehnung des Gnadenersuches bewertet
hatten. Das Ministerium stufte beide Sprüche als fehlerhaft ein und hob den
Spruch der Berufungskammer Augsburg auf. Da die Augsburger Kammer
mittlerweile aufgelöst war, ging das Verfahren an die Berufungskammer in
München. Diese ging noch weiter als die vorherigen Instanzen: Sie hob mit
dem Urteil vom 8. Januar 1951 den Spruch der Kammer in Kempten auf und
stellte das Verfahren gänzlich ein. Man folgte im wesentlichen den bisherigen
Kammern in Kempten und Augsburg. Doch man ging sogar soweit, aufgrund
der Vielzahl der Entlastungszeugen Schwingenschlögl jetzt zum partiellen
Gegner des Nationalsozialismus zu erklären. Dies reichte dafür aus, dass er in
die Gruppe der Minderbelasteten hätte eingereiht werden müssen. Verfahren
gegen Minderbelastete mussten jedoch ab 1950 eingestellt werden.

Im Dezember 1951 war Michael Schwingenschlögl am Ziel. Das Bayerische
Justizministerium nahm ihn in den Staatsdienst auf. Er wurde zunächst
„beauftragter" Staatsanwalt, wenige Monate später ab 1. August 1952 wieder

Beamter auf Lebenszeit. Seine Dienstzeit verbrachte er in Kempten, zunächst bei der Staatsanwaltschaft bis 1956 und dann bis zu seiner Pensionierung im Jahr 1963 als Landgerichtsrat beim Landgericht. Am 14. März 1977 verstarb er im Alter von fast 79 Jahren.

Quellen
BayHStA, MJu 26163.
StAM, Spruchkammern Karton 1743, Michael Schwingenschlögl.

Hintergrund:
Auguste Brandl

Auguste (Gusti) Brandl, am 21. Dezember 1911 in Wolfratshausen geboren, war das älteste Kind des Ehepaars Josef und Cäzilie Bauer. Über sie existieren heute nur Informationen aus den Akten über das Strafverfahren gegen ihre Schwester Cäzilie sowie aus Unterlagen des Verfahrens gegen sie selbst.

Augustes Familienleben

Gusti musst bereits als 12-Jährige nach sechs Jahren Volksschule ihr Elternhaus verlassen. Sie wurde zu ihrer Tante nach München-Pasing geschickt, um in deren Gastwirtschaft zu helfen. Nebenbei besuchte sie in Pasing noch die letzten beiden Volksschuljahre. Eine Berufsausbildung bekam sie wie viele Mädchen nicht. Nach der Schulentlassung arbeitete sie bei ihrer Tante als Bedienung und Kassiererin, bis sie im Dezember 1930 den Straßenbahnschaffner Otto Brandl (geb. 1903) heiratete.

Das Ehepaar lebte 1942 in München in der Fachnerstraße 31/0. Aus der Ehe gingen drei Kinder hervor: das älteste Kind wurde im Jahr 1931, das jüngste 1941 geboren. Die finanziellen Verhältnisse der Familie Brandl waren von Anfang an schwierig. Gusti war bereits vor der Eheschließung schwanger und fiel als Mitverdienerin aus, von ihren Eltern konnte sie keine finanzielle Unterstützung erwarten und Otto Brandls Lohn von monatlich 300 M reichte nicht aus, um eine ganze Wohnungseinrichtung zu finanzieren. Das gemeinsame Eheleben wurde bereits bei der Eheschließung mit 1400 Mark Schulden überschattet.

Mit ihren Geschwistern verstand sich Auguste stets gut und stand in Kontakt zu ihrer Schwester Cäzilie, von der sie hin und wieder finanzielle Unterstützung und Lebensmittel erhielt, vor allem nach der Geburt des dritten Kindes.

Gustis Beziehung zu Cäzilie nach Eders Tod

Nachdem Cäzilie Bachmehring verlassen hatte, wohnte sie mit der jüngeren Schwester Frieda bei Gusti und ihrer Familie. Vor allem Otto Brandl stieß sich daran, dass Cäzilie und Frieda, zum Teil in Begleitung von Gusti, abends weggingen, Cäzilie scheinbar viel Geld ausgab, der Familie Brandl aber kein Haushaltsgeld abführte. Otto Brandl äußerte seinen Unmut gegenüber seiner Frau, genauso wie seinen Verdacht, dass Cäzilies Geld mit dem Verbrechen in Bachmehring in Zusammenhang stehe. Er verbot daher seiner Frau, Geld von ihrer Schwester anzunehmen. Auf den Verdacht angesprochen kam es zum Streit mit Cäzilie. Daraufhin erzählte Gusti ihrem Mann, dass Cäzilie ihr den Mord an Leonhard Eder gestanden habe. Otto Brandl forderte seine Frau auf, zu ihren Eltern nach Wolfratshausen zu fahren und dort alles zu berichten, auch wenn das für Gusti ein schwerer Schritt sei. Cäzilie hatte mittlerweile die Fachnerstraße verlassen und war zu ihren Eltern zurückgekehrt. Gusti kam der Aufforderung ihres Mannes nach und fuhr zu ihrem Vater, um ihm alles zu erzählen. Josef Bauer glaubte Gusti nicht, reagierte erbost und drohte ihr, sie hinaus zu werfen. Am Sonntag, den 10. Mai 1942, kam Gusti erst kurz vor Mitternacht nach Hause. Da sie es mit ihrem Gewissen nicht mehr vereinbaren konnte, war sie zur Polizei gegangen und hatte die Tat ihrer Schwester angezeigt.

Gusti in den Mühlen der Justiz

Während der Ermittlungen gegen Cäzilie gingen Polizei und Staatsanwaltschaft zwar nicht davon aus, dass Gusti in irgendeiner Weise bei der Durchführung des Mordes beteiligt war, doch ihre Rolle im Vorfeld der Tat blieb zweifelhaft. Der Staatsanwalt erließ am Ende von Cäzilies Gerichtsverhandlung Haftbefehl gegen Gusti.

Nach einem kurzen Ermittlungsverfahren wurde sie ebenfalls vor dem Sondergericht München I angeklagt. In der öffentlichen Gerichtsverhandlung vom 14. Dezember 1942 wurde Auguste Brandl wegen Nichtanzeige eines Mordes, wegen Beihilfe zum Betrug und wegen Sachhehlerei zu einer Gesamtstrafe von vier Jahren und sechs Monaten Zuchthaus verurteilt. Darüber hinaus wurden ihr die bürgerlichen Ehrenrechte für die Dauer von drei Jahren aberkannt. Gusti trat ihre Haft im Frauenzuchthaus Aichach an und verbüßte ihre Strafe bis zum 24. April 1945.

Nach fast 2 Jahren und fünf Monaten wurde sie entlassen. Hintergrund war eine Entschließung des Reichsjustizministeriums, nach der die Strafanstalten vor den einmarschierenden alliierten Truppen geräumt werden sollten. Nachdem nach Ende des Krieges die Staatsanwaltschaft München ihre Tätigkeit wieder aufgenommen hatte, betrieb sie seit Mitte Januar 1946 den weiteren Strafvollzug. Gusti trat am 6. März 1946 die Verbüßung des Strafrestes im Frauenzuchthaus Aichach wieder an. Ihre Haft wäre am 24. Mai 1948 verbüßt gewesen. Vor allem Gustis Vater bat um einen bedingten Straferlass für den Strafrest.

Für Gusti sprach ihre gute Führung im Strafvollzug: ihr Verhalten war natürlich und bescheiden, sie arbeitete fleißig, gewissenhaft und geschickt. Ihr wurde eindeutig ein Besserungswille attestiert. Gegen das Gesuch sprach aus Sicht des Zuchthauses und der Staatsanwaltschaft, dass noch ein großer Strafrest ausstand. Eine besondere Rolle spielten für die Staatsanwaltschaft ihre persönlichen Verhältnisse. Die Familie war erheblich fliegergeschädigt. Gustis Mann wohnte in München-Pasing und arbeitete als städtischer

Bezirksbote. Um den Haushalt mit den drei Kindern kümmerte sich Otto Brandls Schwester. Dieser beantragte mittlerweile die Scheidung von Gusti, weil sie bereits vor ihrer Verurteilung den Haushalt vernachlässigt habe. Aber, so Otto Brandl, sei die Ehe nicht so zerrüttet, um eine Rückkehr seiner Frau auszuschließen. Wegen der Kinder war Otto Brandl bereit, die Ehe aufrecht zu erhalten, wenn sich Gusti bei einer Entlassung wieder um den Haushalt kümmern würde.

Am 21. Juni 1946 begnadigte das Bayerische Staatsministerium der Justiz Auguste Brandl und setzte die Vollstreckung des Strafrestes auf Bewährung bis 1. Juli 1950 aus. Ausschlaggebend waren ihre minderjährigen Kinder und die Tatsache, dass offensichtlich andere entlassene Strafgefangene mit gleich hohem Strafrest ihren Strafvollzug bisher noch nicht nicht wieder angetreten hatten.

Quellen
StAM, Staatsanwaltschaften 11570.
StAM, Staatsanwaltschaften 10600.

Teil IV

Der Weg zur Hinrichtung

Der Kampf ums Überleben

Der Vater flehte den Führer um Hilfe an

Samstag, 17. Oktober 1942: Brief von Josef Bauer an Adolf Hitler

```
„(...) Bitt-Gesuch!
Herrn Führer u. Reichskanzler Adolf Hitler!
Mein Herr Führer und Kriegskammerad mit aufgehobenen
Händen bitte ich Sie und meine Frau, indem meine Toch-
ter Cäcilia Bauer, geb. am 6.5.17, angeklagt wegen
Mordes am 15.10.42 hier in München, von dem Sonder-
gericht die Verhandlung stattfand und betreffende zum
Tode verurteilt wurde, bitte ich nochmals mit Frau für
dieselbe, in Anbetracht ihres Jugendlichen alters, 25
Jahre (...) meine Tochter Cäcilia Bauer, unüberlegt
in ihrem sehr aufgeregtem Temperament, kränklichem
Zustand ausgeführt haben wird den Mord, sonst war ja
meine Tochter eine sehr sparsame, arbeitsfreudige,
willige Persohn im Übrigen, soweit es ja ihr kränkli-
cher Zustand zuließ und hat uns noch niemals Schande
gemacht in der Familie ist auch noch nicht Wer be-
straft, nicht im geringsten und bitte daher mit frau
nochmals, Herrn Führer u. Kriegskammeraden in diesem
Falle um Gnade für sie, habe erst meinen ältesten Sohn
verloren bei den schweren Kämpfen im Osten, Infante-
rist Josef Bauer, und Herr Führer u. Kriegskammerad,
weis ja selbst meine ganzen armutlichen Verhältnisse
und dazu sich noch solche schwere Fälle über die Fami-
lie kommen, was das heißt und bitte nochmals mit frau,
hab Erbarmen mein Herr Führer und Kriegskammerad lasse
Gnade walten bei meiner Tochter und bewahre uns Eltern
doch vor der allergrößten Schande.
Es grüßt mit der herzlichsten Bitte unter treudeut-
schem Gruß! Der sehr dankbare Kriegskammerad mit frau
Josef Bauer.“
```

Bemerkung
Einen Hinweis auf eine Antwort von Hitler enthält die Akte nicht.

Die Übergabe der Leiche musste noch zu Lebzeiten geklärt werden

Montag, 19. Oktober: Nachfrage der Staatsanwaltschaft bei Josef Bauer wegen der Übergabe der Leiche der Hingerichteten in spe

„(...) Bauer Zäzilie ist rechtskräftig zum Tode verurteilt.
Der Herr Reichsminister der Justiz hat nunmehr zu entscheiden, ob er von seinem Begnadigungsrecht Gebrauch macht oder ob er der Gerechtigkeit freien Lauf läßt. Diese Entscheidung ist noch nicht getroffen.
Schon jetzt habe ich bestimmungsgemäß bei Ihnen anzufragen, ob Sie für den Fall, daß der Herr Reichsminister der Justiz von seinem Begnadigungsrecht keinen Gebrauch macht, den Leichnam der Verurteilten zur einfachen, ohne Feierlichkeiten auf Ihre Kosten vorzunehmenden Bestattung zu übernehmen wünschen. Der Leichnam würde Ihnen vom Polizeipräsidium München zur Verfügung gestellt werden.
Ich ersuche Sie, sich hierzu bis spätestens 23. Oktober 1942 schriftlich oder mündlich zu äussern.
Geht mir bis zu dem angegeben Zeitpunkt keine Mitteilung zu, so nehme ich an, dass Sie für den Fall der Vollstreckung des Urteils den Leichnam nicht übernehmen wollen. Die schriftliche oder mündliche Erklärung ist zu richten an: Staatsanwaltschaft München I, München 7, Mariahilfplatz 17a, Zimmer 100/I. Stock. (...) "

Donnerstag, 22. Oktober 1942: Persönliche Vorsprache von Josef Bauer

Cäzilies Vater erschien persönlich bei der Staatsanwaltschaft und erklärte, dass er den Leichnam seiner Tochter nicht übernehmen könne, da ihm die Mittel zur Begleichung der Bestattungskosten fehlen würden.

Cäzilie rechtfertigte sich zum letzten Mal

Donnerstag, 29. Oktober 1942: Cäzilies Gesuch an das Gericht

Cäzilie verfasste einen handschriftlichen Brief an das Gericht. In diesem schrieb sie in zum Teil unzusammenhängenden Gedankensprüngen sehr wortreich alle Schuld ihrer Schwester Auguste zu und bezeichnete sich als deren Opfer.

Rechtsanwalt Bandorfs sehr spätes Engagement für seine Mandantin

Dienstag, 24. November 1942: Gnadengesuch des Anwalts an das Reichsjustizministerium

„(…) Betreff: Bauer Cäzilie wegen Mord Sondergericht München.

(…)In bezeichneter Sache ist das Gnadenverfahren bereits im Gang. Ich habe es bisher unterlassen, ein Gnadengesuch einzureichen, da ich bisher auf dem Standpunkt gestanden habe, dass meine Überzeugung, Cäzilie Bauer ist ein schizophrener Mensch, an dem Gutachten des Gerichtsarztes scheitert.

Ich bin nun nach der Verurteilung mehrmals bei der Verurteilten im Gefängnis gewesen, konnte sie weiterhin beobachten und wurde meine Auffassung, dass ich einer geisteskranken Person gegenüberstehe, ganz besonders gestärkt.

Typisch, wie schizophrene spricht die Bauer über ihre Tat, wie wenn sie diese nicht selbst begangen, sondern ein anderer Mensch.

Es fehlen ihr alle normalen Einstellungen auf charakterlichen und sittlichen, aber auch vernunftsgemässen Gebieten, gegenüber ihrer Tat und deren Folgen. Aus dieser Überzeugung heraus stelle ich das Gesuch, es wolle das Todesurteil nicht vollstreckt und die Bauer begnadigt werden. (...)"

Der Reichsjustizminister entschied:
Nur Aufschub für Cäzilie als Zeugin

Dienstag, 24. November: Schreiben des Reichsministers der Justiz an die Staatsanwaltschaft München I

„(...) Sofort! In der Strafsache gegen die (...) zum Tode verurteilte Cäcilie Bauer übersende ich Reinschrift und begl. Abschrift des Erlasses vom 24. November 1942. Sofern die Verurteilte in der Hauptverhandlung gegen Auguste Brandl als Zeugin benötigt wird, bitte ich, die Vollstreckung bis zum Abschluß dieses - beschleunigt durchzuführenden - Verfahrens aufzuschieben, alsdann jedoch unverzüglich das Weitere zu veranlassen. Die Vornahme der Hinrichtung ist dem Scharfrichter Reichhart zu übertragen. Bei der Überlassung des Leichnams an ein Institut (...) ist das Anatomische Institut der Universität München zu berücksichtigen. Der öffentlichen Bekanntmachung ist die volle Fassung der anliegenden Pressenotiz zu geben. Der Herr Generalstaatsanwalt hat Abschrift erhalten. (...)"

Dienstag, 24. November: Erlass des Reichsjustizministers

„In der Strafsache gegen die vom Sondergericht 1 in München am 15. Oktober 1942 wegen Mordes zum Tode verurteilte Cäcilie Bauer habe ich mit Ermächtigung des Führers beschlossen, von dem Begnadigungsrecht keinen Gebrauch zu machen, sondern der Gerechtigkeit freien Lauf zu lassen. (...)"

Dienstag, 8. Dezember: Eine Gesprächsnotiz des Staatsanwaltes über Cäzilie als Zeugin

Der Staatsanwalt teilte mit, dass die Verurteilte Cäzilie Bauer als Zeugin in der Hauptverhandlung gegen Auguste Brandl benötigt werde. Diese sollte am 14. Dezember 1942 stattfinden.

Montag, 14.12.1942: Eine (folgenreiche) handschriftliche Notiz des Staatsanwaltes

Dr. Manchot hielt fest, dass Auguste Brandl heute vom Sondergericht rechtskräftig verurteilt wurde und Cäzilie Bauer jetzt nicht mehr als Zeugin benötigt werde.

Die Hinrichtung:
eine Verwaltungsangelegenheit

Viele Details waren zu organisieren

Mittwoch, 16. Dezember 1942: Vorbereitungen der Pressemitteilung

Die Staatsanwaltschaft teilte dem Oberlandesgericht mit, dass Cäzilie Bauer am 22. Dezember 1942 in Stadelheim hingerichtet wird und leitete diesem den vom Reichsjustizministerium vorgeschriebenen Wortlaut für die Presseerklärung zu.

Mittwoch, 16. Dezember 1942: Ankündigung der Übergabe des Leichnams

Die Staatsanwaltschaft informierte unter „der Verpflichtung zur strengsten Geheimhaltung" den Vorstand des Anatomischen Instituts der Universität München, dass die Leiche einer am 22. Dezember 1942 hinzurichtenden Person dem Institut unmittelbar nach der Hinrichtung zur Verfügung stehen wird.

Mittwoch, 16. Dezember 1942: Aushang von Plakaten

Die Strafvollstreckungsabteilung der Staatsanwaltschaft München I übermittelte dem Polizeipräsidium München die öffentliche Bekanntmachung von der Hinrichtung der Cäzilie Bauer und forderte diese auf, davon 460 Plakate zum öffentlichen Aushang über die Städtereklame München herstellen zu lassen.

Samstag, 19. Dezember 1942: Mitteilung an das Oberlandesgericht über den Hinrichtungsablauf

Die Staatsanwaltschaft teilte dem Präsidenten des Oberlandesgerichtes mit, dass durch den Erlass des Reichsministers der Justiz eine Begnadigung von Cäzilie Bauer abgelehnt worden sei. Dieser Erlass sei der Verurteilten am Dienstag, den 22. Dezember 1942 um 9 Uhr im Strafgefängnis Stadelheim bekannt zu geben und am gleichen Tag um 17 Uhr das Todesurteil zu vollstrecken.

Der Scharfrichter erhielt ein offizielles Schriftstück

Dienstag, 22. Dezember 1942: Auftrag an den Scharfrichter

Der Staatsanwalt beauftragte schriftlich Johann Reichhart, Cäzilie Bauer mit dem Fallbeil hinzurichten.

Cäzilie kämpfte noch einmal um ihr Leben: Wieder Rolle rückwärts - Widerruf

Dienstag, 22. Dezember 1942: Niederschrift über die Bekanntgabe der Vollstreckung des Todesurteils an Cäzilie Bauer

„(...) Gegenwärtig:
Erster Staatsanwalt Schmucker als Leiter der Strafvollstreckung, Justizinspektor Sebold als Urkundsbeamter der Staatsanwaltschaft.
In Gegenwart des Gefängnisvorstands Oberregierungsrat Dr. Koch, des Gefängnisarztes Reg.Obermedizinalrat Dr. Grüber, des Gefängnisgeistlichen Kaplan Sperr wurde in der Zelle 14 des Gefängnisses München-Stadelheim Cäzilie Bauer heute um 9 Uhr eröffnet, dass der Herr Reichsminister der Justiz mit Erlass vom 24.11.42 beschlossen habe, von seinem Begnadigungsrecht keinen Gebrauch zu machen, sondern der Gerechtigkeit freien Lauf zu lassen und daß das Todesurteil heute um 17.00 Uhr im Gefängnis München-Stadelheim vollstreckt werde. Der Verurteilten wurde nahegelegt, ihre Angelegenheiten zu ordnen. Die Verurteilte gab keine Erklärung ab. (...)"

Dienstag, 22. Dezember 1942:
Protokoll eines Wiederaufnahmeantrages von Cäzilie

„Betreff: Bauer, Cäzilie wegen Mordes (...)
Heute erscheint vor dem unterfertigten Urkundsbeamten im Gefängnis Stadelheim die Verurteilte Cäzilie Bauer, geb. am 6.5.1917, u. erklärt:
Durch rechtskräftiges Urteil des Sondergerichts bei dem Landgerichte München I vom 15. Okt. 1942 wurde ich zum Tode u. zum Verlust der bürgerlichen Ehrenrechte auf Lebenszeit verurteilt. Ich beantrage (...) die Wiederaufnahme des Verfahrens u. bitte die Strafkammer die Strafvollstreckung auszusetzen oder zu unterbrechen. Zur Begründung meines Antrages bringe ich vor:

Was ich bisher vor der Polizei u. vor Gericht eingestanden
habe ist nicht wahr. Ich widerrufe diese Geständnisse.
Die tödlichen Verletzungen hat meine Schwester Auguste Brandl dem Eder beigebracht. Ich hatte mit Eder
kein Verhältnis, insbesondere nie Geschlechtsverkehr,
ich bin heute noch jungfräulich. Dagegen hatte meine
Schwester mit Eder, den sie (…) 10 mal in Bachmehring
besuchte, ein Liebesverhältnis mit Geschlechtsverkehr. Am 2.2.42 vorm. gegen 10 h, als ich ins Zimmer
des Eder kam, fand ich meine Schwester bei ihm. Sie
verließ das Zimmer wieder u. versteckte sich im Ge-
treidekasten. Zu dieser Zeit hatte Eder noch keine
Verletzungen. Mittags um 12 Uhr kam ich wieder zu Eder
ins Zimmer, meine Schwester war bei ihm. Eder blu-
tete stark am Hals, meine Schwester putzte ihn, zog
ihn aus dem Bett u. legte ihn auf den Boden. Ich habe
bisher die Tat auf mich genommen weil mir die drei
Kinder meiner Schwester leid taten. Ich habe aber dem
Eder weder die Schlaftabletten gegeben noch irgendwelche Verletzungen beigebracht. Meine Schwester hat
mir eingestanden, daß sie den Eder die Pulsadern aufgeschnitten u. die Verletzungen am Hals beigebracht
habe.
Ich übergebe ein Schriftstück in dem ich alles wahr-
heitsgemäß angegeben habe. (…) "

Bemerkung
Eine Reaktion der Justiz über diesen Wiederaufnahmeantrag findet sich in der
Akte nicht.

Der Ablauf der Hinrichtung wurde präzise dokumentiert

Dienstag, 22. Dezember 1942: Niederschrift über den
Hinrichtungsablauf von Cäzilie Bauer

„ (…) Gegenwärtig:
Erster Staatsanwalt Schmucker (…)
Justizinspektor Sebold (…).
Die vorgenannten Beamten der Staatsanwaltschaft begaben

sich heute um 17 Uhr in den zur Vollstreckung zur Todesstrafe bestimmten, überdachten und ummauerten Raum
des Gefängnisses München-Stadelheim.
Dortselbst hatten sich eingefunden:
Der Gefängnisvorstand Oberregierungsrat Dr. Koch,der
Gefängnisarzt Reg.Obermedizinalrat Dr. Grüber, der
Scharfrichter Reichhart mit seinen Gehilfen so wie das
zur geordneten Durchführung der Hinrichtung unbedingt
erforderliche Gefängnispersonal. Der Hinrichtungsraum
war gegen den Einblick und Zutritt Unbeteiligter voll-
ständig gesichert. Die Fallschwertmaschine war, durch
einen schwarzen Vorhang verdeckt, verwendungsfähig
aufgestellt.
Um 17. Uhr wurde die Verurteilte durch zwei Gefängnis-
beamte vorgeführt. Der Leiter der Vollstreckung stellt
die Personengleichheit der Vorgeführten mit der Verurteilten fest. Sodann wurde die Verurteilte dem Scharfrichter übergeben. Die Gehilfen des Scharfrichters
führten ihn (gemeint ist „sie", Anm. d. Verf.) an die Fallschwertmaschine, auf welcher er (gemeint ist „sie", Anm.d.Verf.) unter
das Fallbeil geschoben wurde. Scharfrichter Reichhart
löste sodann das Fallbeil aus, welches das Haupt der
Verurteilten sofort vom Rumpfe trennte. Der Gefängnisarzt überzeugte sich vom Eintritt des Todes. Die
Verurteilte war ruhig und gefasst.
Von der Übergabe an den Scharfrichter bis zum Fall des
Beiles vergingen 15 Sekunden.
Der ganze Hinrichtungsvorgang, der sich ohne Zwischen-
fall vollzog, dauerte vom Verlassen der Zelle an gerechnet 0 Minuten 55 Sekunden.
Nach der Abnahme von der Fallschwertmaschine wurden
der Körper und das Haupt der Verurteilten in einen
bereitstehenden Sarg gelegt und dem Beauftragten des
anatomischen Instituts München, Herrn Dr. Schmid übergeben. (...)"

Ende der Akte

Der Verwaltungsvorgang der Hinrichtung endete im April 1943. Noch am 23. Dezember 1942 ordnete die Staatsanwaltschaft der Gendarmerie in Wasserburg an, das Plakat mit der Bekanntmachung von der Hinrichtung in Bachmehring für vier Tage auszuhängen.
Am 24. Dezember 1942 wurde vorschriftsmäßig das Reichsjustizministerium von der Staatsanwaltschaft über die vollzogene Hinrichtung informiert. Am 29. Dezember sammelte man die Zeitungsberichte über die Hinrichtung und die Staatsanwaltschaft beglich bis April 1943 alle Kosten für die Veröffentlichungen.

Damit wurde die Akte Cäzilie Bauer geschlossen.

Hintergrund:
Das Amt des Scharfrichters

Cäzilies Todesurteil wurde in München-Stadelheim mit der Guillotine vollstreckt. Die Hinrichtung führte ein sog. Scharfrichter aus.

Gesellschaftliche Stellung der Scharfrichter

Das Amt eines Scharfrichters bildete sich seit dem 13. Jahrhundert aus. Schon bald vererbte sich das Amt innerhalb einer Familie, so dass regelrechte Scharfrichterdynastien entstanden. Der Beruf gehörte bis in die Neuzeit zu den „unehrlichen" Gewerben. Scharfrichter waren gesellschaftlich stigmatisiert. Sie wohnten mit ihren Familien meist außerhalb der Stadt. Im Gasthaus oder in der Kirche waren ihnen besondere Plätze zugewiesen und an ihrer Kleidung sollten sie sofort zu erkennen sein. Scharfrichter wurden gebraucht, dennoch verachtet. Ihren Kindern war es nur schwer möglich ein anderes Handwerk zu erlernen. Es blieb ihnen somit oftmals nichts anderes übrig, als ebenso Scharfrichter zu werden oder in ein anderes, zwar benötigtes, aber stigmatisiertes Gewerbe zu wechseln.

Neben dem Scharfrichteramt verübten deren Inhaber oft noch weitere geächtete Tätigkeiten. Sie arbeiteten teilweise noch als Wasenmeister oder Abdecker. Diese entsorgten Tierkadaver, die nicht mehr für den menschlichen Verzehr geeignet waren. Außerdem führten die Scharfrichter auch die Foltermaßnahmen an den Beschuldigten durch, um ein Geständnis zu erzwingen. Dabei erwarben die Scharfrichter ein erhebliches anatomisches Wissen. Daneben stellten sie aus den Tierabfällen heilkundige Substanzen, wie z.B. Hundefett, her, so dass sich so mancher Scharfrichter ein Zubrot als Heilkundiger dazu verdiente. Noch im 20. Jahrhundert waren Scharfrichter gesellschaftlich geächtet.

Die Ausübung des Amtes bis zu seiner Abschaffung

Auch in Bayern wurde das Scharfrichteramt jeweils innerhalb einer Familie vererbt. Eine Zäsur stellte das Jahr 1854 dar, als in Bayern die Einführung der Guillotine die Hinrichtung mit dem Handschwert ablöste. Der bis dahin tätige Scharfrichter musste krankheitsbedingt sein Amt aufgeben. Neuer Scharfrichter wurde Joseph Kieslinger, der mit der Familie seines Vorgängers verwandt war. 1894 übernahm sein bisheriger Gehilfe und Verwandter, Franz Xaver Reichhart, das Scharfrichteramt, das er 1924 an seinen Neffen Johann übergab.

Die Hinrichtungen im gesamten Deutschen Reich folgten einem vorgegebenen Ablauf, der in einer eigenen Vollstreckungsordnung festgelegt war und in

Bekanntmachung.

Am 22. Dezember 1942 ist die am 6. 5. 1917 in Wolfratshausen geborene

Cäcilie Bauer

hingerichtet worden, die das Sondergericht in München zum Tode verurteilt hat.

Sie hatte einen 60 jährigen, taubstummen Fuhrmann, dem sie unter dem Versprechen, ihn zu heiraten, seine gesamten Ersparnisse herausgelockt hatte, heimtückisch ermordet.

München, den 22. Dezember 1942.

Der Oberstaatsanwalt München I.

Einzelheiten, v.a. in der Zeit des Nationalsozialismus, immer wieder modifiziert wurde. Grundsätzlich war für den Strafvollzug und damit auch für die Todesstrafe die anklagende Staatsanwaltschaft zuständig. Sie legte Tag, Uhrzeit und Ort der Vollstreckung fest und informierte den Scharfrichter. Dieser musste daraufhin die nötigen Vorbereitungen treffen, insbesondere die Guillotine überprüfen.

Für den gesamten Freistaat Bayern gab es eine einzige Hinrichtungsmaschine, die im Gefängnis München-Stadelheim untergebracht war. Dort hatte der Scharfrichter die Guillotine und ihre Messer vor jedem Einsatz auf ihre Funktionstüchigkeit zu begutachten. Für Hinrichtungen außerhalb Münchens wurde die Guillotine mit der Bahn an die jeweiligen Hinrichtungsstätten gebracht und in der Nacht vor der Hinrichtung vom Scharfrichter und seinen Gehilfen im Gefängnishof aufgebaut.

War bis in die Weimarer Republik das Amt des Scharfrichters kein Beruf, mit dem seine Inhaber alleine den Lebensunterhalt bestreiten konnten, besserte sich die wirtschaftliche Stellung der Scharfrichter im Dritten Reich erheblich. Denn sofort nach der Machtergreifung Hitlers am 30.1.1933 stieg die Zahl der Todesurteile, mit denen die politischen Gegner des NS-Regimes ausgeschaltet werden sollten. Gnade und Milde waren die Ausnahme, und ihm Laufe der Jahre wurde die Todesstrafe auf immer mehr politische Taten ausgeweitet. Als mit der Gründung der Bundesrepublik 1949 die Todesstrafe de facto abgeschafft wurde, erübrigte sich auch das Amt des Scharfrichters.

Literatur

Martin Illi: Scharfrichter. In: Historisches Lexikon der Schweiz.
Matthias Blazek: Scharfrichter in Preußen und im Deutschen Reich 1866–1945. Stuttgart 2010.

Hintergrund:
Der Scharfrichter Johann Reichhart

Johann Reichhart entstammte einer Scharfrichterfamilie, die sich bis ins 18. Jahrhundert in diesem Amt nachverfolgen lässt. Er wurde am 29. April 1893 in der Einöde Wichenbach im Landkreis Regensburg geboren. Sein Leben und Wirken ist in zahlreichen Veröffentlichungen und Quellen dokumentiert.

Prekäre Lebensverhältnisse
Sein Vater betrieb eine kärgliche Landwirtschaft und war auf einen Nebenerwerb angewiesen. Als Abdecker (Wasenmeister, Schinder) entsorgte er nicht mehr verzehrbare Tierkörper. Johann Reichhart lernte Metzger, ging auf Wanderschaft bis nach Norddeutschland, nahm am 1. Weltkrieg teil. Nach Kriegsende führte er sein unstetes Leben weiter, versuchte sich als Fabrikarbeiter, Metzger, Wirt und gründete in Neubiberg ein Fuhrwerksunternehmen. Mittlerweile verheiratet blieben seine wirtschaftlichen Verhältnisse prekär. In dieser Situation bekam er von seinem Onkel Franz Xaver Reichhart ein Angebot. Der Onkel war bisher Scharfrichter in Bayern gewesen und mit 73 Jahren allmählich für dieses Amt zu alt. Er hatte sich dem Bayerischen Justizministerium gegenüber verpflichtet, einen Nachfolger vorzuschlagen. Im Gegensatz zu seinem Bruder nahm Johann Reichhart das Amt an und wurde ab 1. April 1924 Bayerns neuer Scharfrichter. Doch das Amt bedeutete keine Festanstellung beim bayerischen Staat, geschweige denn eine Beamtenstelle oder ein festes Gehalt. Beschäftigt wurde er von der Staatsanwaltschaft beim Landgericht München I als Scharfrichter für den Freistaat Bayern, der die Todesurteile mit dem Fallbeil zu vollstrecken hatte. Für jede Hinrichtung bekam er 150 Mark, für Einsätze außerhalb Münchens erhielt er noch einen festen Betrag an Spesen und die Zugfahrt erstattet. Außerdem musste er zwei Gehilfen vorschlagen.
Das Scharfrichteramt des Freistaates Bayern verbesserte Johann Reichharts wirtschaftliche Situation zunächst nicht, sondern verschärfte sie noch, auch wenn seine Vergütung ab 1926 auf 300 Mark pro Hinrichtung aufgestockt wurde. Neben den wenigen Hinrichtungen kam noch hinzu, dass er mit seiner Tätigkeit als Scharfrichter prahlte. Dies führte dazu, dass sich die Kundschaft seines Fuhrbetriebs sowie sein soziales Umfeld von ihm abwandten. Er musste sein Fuhrwerksunternehmen in Neubiberg aufgeben, zog nach München in eine Dienstwohnung und versuchte sich als Wirt. Doch blieben die Gäste weg, als seine Tätigkeit bekannt wurde. Auch seine Ehe scheiterte und Reichhart zog alleine nach Deisenhofen. Er bemühte sich vergeblich um eine Festanstellung im Justizdienst. Zeitweilig war er als Bezirksgeneralvertreter für Südbayern eines katholischen Verlages tätig, doch auch hier wurde ihm seine Renomier-

sucht mit seinem Scharfrichteramt zum Verhängnis.

Er bat mehrfach die Justizverwaltung um finanzielle Unterstützung. Denn seit seinem Dienstantritt hatte Reichhart bis Ende 1928 wegen der Begnadigungspraxis während der Weimarer Republik gerade einmal 23 Hinrichtungen vollzogen. Diese wurden von Jahr zu Jahr immer weniger. Daher erzielte er durch die Hinrichtungen nur so spärliche Einnahmen, dass er sich und seine Familie nicht ernähren konnte. Das Bayerische Justizministerium hob zwar seinen Vertrag als Scharfrichter nicht auf, was Reichhart erreichen wollte, doch neben einmaligen Sonderzahlungen, verzichtete es auf dessen Residenzpflicht in Bayern. So war es ihm möglich, im Jahr 1929 nach Den Haag zu gehen, um dort einen Gemüsehandel aufzubauen. Er verpflichtete sich, im Falle einer Hinrichtung unverzüglich nach Bayern zu reisen. Für einige Zeit konnte Reichhart in Den Haag friedlich leben und gute Geschäfte machen. Doch ein Artikel über ihn in einer deutschen Zeitung, die den Weg nach Den Haag fand, beendete diese glücklichere Phase wieder. Jetzt wandten sich die Leute auch in den Niederlanden von ihm ab. Von einem Scharfrichter wollte keiner Gemüse mehr kaufen. Es blieb ihm nichts anderes übrig, als nach Deisenhofen zurückzukehren.

Wohlstand in der NS-Zeit

Das war allerdings im Jahr 1933 und bedeutete für den Scharfrichter Reichhart die Wende in seinem Leben. Für ihn begann jetzt eine gewisse Karriere.

Im Juni 1933 wurde zwischen Reichhart und der bayerischen Justiz ein neuer Vertrag geschlossen. Dieser gewährte ihm ohne Festanstellung oder Verbeamtung ein festes Jahresgehalt von 3000 Reichsmark. Gleichzeitig wurde er Scharfrichter in Sachsen. Er verfügte nach den entbehrungsreichen Jahren nun über Einnahmen, die dem Gehalt eines Oberregierungsrates entsprachen. Während der NS-Zeit stiegen seine Einnahmen immer weiter, auch sein Zuständigkeitsbereich wurde über Bayern und Sachsen hinaus erweitert und reichte phasenweise bis nach Wien.

Insgesamt gab es in der Zeit des Nationalsozialismus drei Scharfrichter im Deutschen Reich, unter denen die Hinrichtungsstätten nach festen Zuständigkeitsbereichen aufgeteilt waren.

Der Krieg sorgte dafür, dass der Scharfrichter Reichhart bald ein kleines Vermögen verdiente, denn die Todesurteile stiegen erheblich und sein Einsatzgebiet erstreckte sich im Laufe des Krieges auch auf Württemberg, Baden, Hessen, Österreich und Böhmen. Reichharts Einkommen mit Sonderzahlungen ermöglichten es ihm, sich bei Deisenhofen ein Haus zu kaufen.

Abstieg nach 1945

Als die Amerikaner am 30. April 1945 in München einmarschierten, verhafteten sie Reichhart und inhaftierten ihn zunächst in dem Gefängnis München-Stadelheim, in dem er selbst über 1200 Todesurteile vollstreckt hatte. Doch seine Haft dauerte nicht lange, da ihn amerikanische Soldaten ins Gefängnis nach Landsberg a. Lech brachten. Dort hatte er die von der Besatzungsmacht zum Tode verurteilten deutschen Kriegsverbrecher durch den Strang hinzurichten. Am 1. April 1946 hängte Reichhart die letzten deutschen Kriegsverbrecher, bevor er sich weigerte, weitere Hinrichtungen vorzunehmen. Ihm war zu Ohren gekommen, dass zwei Hingerichtete unschuldig gewesen und aufgrund einer Namensverwechslung gestorben waren. Solange Reichhart für die Besatzungsmacht hängte, war er selbst vor Strafverfolgung verschont. Nach Beendigung seiner Tätigkeit wurde er im Mai 1947 von der Militärpolizei verhaftet und in das Internierungslager Moosburg, zeitweise auch in das von ehemaligem deutschen SS-Personal geführten Internierungslazarett nach Garmisch, gebracht. Dort traf er auf Hoheitsträger der NSDAP und höhere SS- und SA-Angehörige. Diese sahen in dem Henker deutscher Kriegsverbrecher einen Verräter und misshandelten Reichhart körperlich. Zurück in Moosburg wartete Reichhart auf sein Spruchkammerverfahren in München, das Ende 1948 begann. Er wurde als Belasteter eingestuft. Neben einer Verurteilung zu Arbeitslager verlor er z.B. die Hälfte seines Vermögens, Renten- und Pensionsansprüche, durfte kein öffentliches Amt mehr bekleiden und bekam ein Berufsverbot von fünf Jahren außer für gewöhnliche Arbeiten in nichtselbständiger Tätigkeit. Reichharts Berufung konnte immerhin einen restlichen Arbeitslageraufenthalt verhindern und die Vermögenseinziehung auf 30 Prozent reduzieren. Ohne Rente und ohne nennenswerte Arbeit musste er vom restlichen Erlös, der von der Vermögenseinziehung blieb, sein Leben bestreiten. Er lebte bei einer langjährigen Freundin in Deisenhofen, stellte Haarwasser her, züchtete Hunde und war auf die Zuwendungen seiner Schwester und Freundin angewiesen. Freunde konnte er bei seiner Vergangenheit keine mehr gewinnen. In den 1960er Jahren erhielt er wieder eine spärliche Invaliden- und Militärrente. Am 26. April 1972 verstarb er einsam in einem Krankenhaus in Dorfen bei Erding.

Literatur und Quellen

Johann Dachs: Tod durch das Fallbeil. Der deutsche Scharfrichter Johann Reichhart (1893-1972). Regensburg 2012, 2. Auflage.

StAM, Staatsanwaltschaften 21953, 14131-14166, 21857, 21953.

StAM, Generstaatsanwalt beim OLG München 6315.

StAM, PolDir 10135.

StAM, Spruchkammern, Karton 1393 Reichhart, Johann.

StAM, AG München NR 1934/1651.

BayHStA, MJu 9208/a.

Abkürzungen

AG München NR	Bestand Nachlassakten des Amtsgerichts München im Staatsarchiv München
BayHStA	Bayerisches Hauptstaatsarchiv
MJu	Bestand bayerisches Staatsministerium der Justiz im Bayerischen Hauptstaatsarchiv
OLG	Oberlandesgericht
PolDir	Bestand Polizeidirektion München im Staatsarchiv München
StAM	Staatsarchiv München

Danksagung

Ich habe vielen Menschen für ihre Unterstützung zu danken: meiner Familie, lieben Freunden und Bekannten. Besonders erwähnen möchte ich meinen achtjährigen Sohn Johannes, der das Entstehen des Buches mit großem Interesse begleitete und mich immer wieder auf Ungenauigkeiten und inhaltliche Fehler hinwies. Durch geduldiges Zuhören gab er mir z.B. wertvolle Tipps zum Buchtitel. Gönul sensibilisierte mich für die Perspektive des Lesers. Ohne Karl hätte ich die Brisanz des Obduktionsberichts nicht verstanden und sein kreativer Blick schärfte meine Gedanken. Und ohne Brigitte mit ihrem Können, ihren Ideen und ihrer Geduld wäre aus dem Manuskript nie das vorliegende Buch entstanden.

Ulrike Claudia Hofmann